Gute Beziehungen

Roger Fisher, Scott Brown

Gute Beziehungen

Die Kunst der Konfliktvermeidung, Konfliktlösung und Kooperation

Aus dem Englischen von Linda Gränz

Campus Verlag
Frankfurt/New York

Die amerikanische Ausgabe »Getting together« erschien 1988 im Verlag Houghton Mifflin Company, Boston, Massachusetts.

CIP-Titelaufnahme der Deutschen Bibliothek

Fisher, Roger:
Gute Beziehungen : die Kunst der Konfliktvermeidung,
Konfliktlösung und Kooperation / Roger Fisher ; Scott Brown.
Aus d. Engl. von Linda Gränz. – Frankfurt/Main ; New York :
Campus Verlag 1989
Einheitssacht.: Getting together < dt. >
ISBN 3-593-34116-6
NE: Brown, Scott:

Umschlaggestaltung: Atelier Warminski, Büdingen
Satz: Norbert Czermak, Geisenhausen
Druck und Bindung: Fuldaer Verlagsanstalt, Fulda
Printed in Germany

Für Caroline Fisher

Carrie, Scott hat großzügigerweise zugestimmt,
dir dieses Buch zu widmen:
zum 40. Jahrestag einer Arbeitsbeziehung,
die immer besser funktioniert.

Dank

Ausgangspunkt für die Entstehung dieses Buches war unsere Sorge um die amerikanisch-sowjetischen Beziehungen und unsere Überzeugung, daß das eigentliche Problem des Verhältnisses zwischen unseren beiden Ländern nicht in den eher technischen Fragen von Rüstungskontrolle und Waffenmaterial liegt, sondern darin, wie wir miteinander und mit unseren Meinungsverschiedenheiten umgehen. Als wir uns Gedanken darüber machten, welche Hilfen wir den Regierungsverantwortlichen beider Seiten anbieten könnten, erkannten wir, daß eine Analyse von Beziehungsproblemen umfassender und überzeugender ausfallen würde, wenn wir uns dabei nicht nur auf internationale, sondern auch auf geschäftliche und persönliche Beziehungen stützen könnten. Aus diesem Grund haben wir auf die Erfahrung, das Urteilsvermögen und die Einfälle vieler anderer Menschen zurückgegriffen.

Wir haben uns ohne Skrupel Ideen unserer Familien, Freunde, Mitarbeiter und Studenten, von anderen Autoren, Fachleuten und Laien zunutze gemacht. Sie alle haben uns geholfen, unsere Thesen zu entwickeln und auszuarbeiten: manchmal ganz bewußt im Rahmen eines gemeinsamen Experimentes, manchmal auch zufällig und ohne es zu wissen. Ihnen allen sind wir sehr dankbar. Wir hoffen, daß wir bei unserem Bemühen, zu erforschen, wie man Beziehungen aufbaut, keine tatsächlich existierenden Beziehungen zerstört haben.

So haben Carol Gilligan und Victor Kremenyuk in den letzten Jahren sehr dazu beigetragen, uns verständlich zu machen, wie verschieden Menschen die gleichen Dinge sehen können. Danken möchten wir darüber hinaus unseren Verlegern und allen Mitarbeitern von Houghton Mifflin, die uns während der gesamten Entstehungszeit dieses Buches ermutigt und angesichts entstandener Verzögerungen viel Geduld gezeigt haben. Insbesondere gilt hier unser Dank Robie Macauley, die uns bei den ersten Manuskriptentwürfen zur Seite stand, und Luise Erdmann, deren gnadenloser Rotstift den Lesern ein Übermaß an langatmigen Sätzen und Wiederholungen erspart hat. Wir danken ferner Ulrich Egger, dessen sorgsame Durchsicht und Empfehlungen der Klarheit der deutschen Übersetzung zugute gekommen sind.

Besonderer Dank gebührt auch der Carnegie Corporation aus New York, ohne deren fortgesetzte Unterstützung die Entstehung dieses Buches nicht möglich gewesen wäre. Fritz Mosher und Deana Arsenian gaben uns immer dann Hilfestellung, wenn wir ihrer bedurften, ließen uns aber ansonsten ohne Einmischung oder Druck unseren manchmal mühseligen Weg weiterverfolgen.

Auch unsere Familien und Freunde haben eine wichtige Rolle gespielt. Caroline Fisher, Francis Fisher und Mary Kendall opferten viel Zeit, sparten nicht mit Kritik und Vorschlägen und gewährten uns stets moralische Unterstützung. Von ihnen erhielten wir jenes so weitreichende Feedback, das uns nicht nur half, uns klarer auszudrücken, sondern auch, klarer zu denken.

Schließlich haben wir von allen am Harvard Negotiation Project beteiligten und im Umfeld arbeitenden Kollegen jene intellektuelle Herausforderung, Kooperationsbereitschaft und Unterstützung erfahren, durch die das Projekt zu einer solch anregenden und produktiven Arbeitsaufgabe wurde. Francine Pillemer und Michael Keane leisteten einen besonders wichtigen Beitrag, indem sie uns zu der Einsicht verhalfen, daß Emotionen in einer gut funktionierenden Beziehung eine wichtige Rolle spielen. Bruce Allen half uns, ob er sich nun in Moskau oder in Cambridge aufhielt, Verständnis für sowjetische Sichtweisen zu entwickeln. Wayne Davis, der unter keinen Umständen ein verworrenes Konzept oder eine vage Aussage akzeptieren würde, arbeitete ebenso hart wie wir, um jeden Gedanken auszufeilen. Bruce Patton half uns nicht nur beim Brainstorming und beim Umstrukturieren und Redigieren jedes Kapitels und jedes Gedankens, sondern übernahm auch andere anfallende Aufgaben, so daß wir ungestört an diesem Buch arbeiten konnten.

Roger Fisher
Scott Brown

Inhalt

III. Die einzelnen Elemente und das Ganze

Einleitung

Ob alt oder jung, reich oder arm, ob Amerikaner, Brasilianer oder Russen – alle haben wir für uns wichtige Beziehungen zu anderen Menschen. Sogar Robinson hatte seinen Diener Freitag. Erst durch unsere Beziehungen zu anderen können wir arbeiten, spielen, unseren Lebensunterhalt verdienen, eine Familie gründen, uns mit Problemen auseinandersetzen und das Leben genießen. Nicht nur Kinder sind von anderen abhängig. Jeder von uns ist es.

Die Welt fängt nicht jeden Morgen von vorne an. Jeden Tag haben wir mit Menschen zu tun, die wir bereits vorher gekannt haben und die wir später wiedersehen werden. Wir beschweren uns bei unserem Vermieter, hören uns an, was unser Chef uns zu sagen hat, kümmern uns um einen Kunden, regeln einen Familienstreit oder besuchen einen Freund. Fast immer wird das Resultat einer solchen Begegnung dadurch beeinflußt, daß die betreffende Beziehung längerfristiger Natur ist. Ohne derartige Beziehungen hätten wir keine Familie, keine Freunde, keine Kollegen, keine Angestellten, keine Vorgesetzten, keine Regierung, keine Kunden und keinen, der uns Briefe schreibt oder mit uns zum Lunch geht.

Manche Beziehungen funktionieren besser als andere. Wir alle kennen Menschen, bei denen wir uns wohl und sicher fühlen und mit denen wir vertrauensvoll über ein Problem sprechen können. Bei anderen ist uns unbehaglich zumute, wir fühlen uns von ihnen enttäuscht, haben kein Vertrauen zu ihnen. Aber nur selten verstehen wir auch, warum manche Beziehungen gut funktionieren und andere nicht. Wir sehen die Qualität zwischenmenschlicher Verhältnisse als etwas Schicksalsgegebenes an: »Es ist leider so. Wir kommen einfach nicht miteinander zurecht.« Wir machen den anderen für alle Probleme verantwortlich und gehen davon aus, daß wir kaum etwas tun können, um unseren Umgang miteinander zu verbessern.

Obwohl zu einer Beziehung zwei Personen nötig sind, bedarf es nur einer, um die Qualität eines solchen zwischenmenschlichen Verhältnisses zu ändern. Denn ebenso wie wir auf andere reagieren, reagieren sie auch auf uns. Wenn wir unser Verhalten ändern, werden wir auch bei ihnen andere Reaktionen hervorrufen. Dieses Buch baut auf der Überzeugung auf, daß Veränderung möglich ist, und daß jeder von uns etwas tun kann, um mit anderen besser zurechtzukommen.

Jedoch kann niemand von uns Beziehungen aufbauen, mit denen wir in absoluter Harmonie durchs Leben kommen und alle Meinungsunterschiede elegant lösen können. In dieser oft harten Welt gibt es eben Umstände, die außerhalb unserer Kontrolle liegen. Sogar unserer Fähigkeit zur Selbstkontrolle sind Grenzen gesetzt. Aber wir haben die Wahl. Wir können unser Verhalten ändern. Was wäre also unter diesen Voraussetzungen – wenn wir objektiv analysieren und unseren gesunden Menschenverstand gebrauchen – das beste Verhalten?

Eingeschränkte Entscheidungsmöglichkeiten: drei Dilemmata

Wenn wir versuchen, eine Beziehung aufzubauen und *gleichzeitig* bemüht sind, uns mit unmittelbar anstehenden Problemen auseinanderzusetzen, neigen wir häufig zu der Annahme, daß wir gezwungen sind, zwischen unattraktiven Optionen zu wählen. Wir stellen uns dann folgende Fragen:

Wie lassen sich Unstimmigkeiten am besten vermeiden? Soll ich nachgeben oder die Probleme unter den Teppich kehren?

(Annahme: Die Vermeidung von Unstimmigkeiten ist in einer Beziehung ein erstrebenswertes Ziel.)

Soll ich die Beziehung aufs Spiel setzen, um das zu erreichen, was ich will oder soll ich meine Interessen um der Beziehung willen opfern?

(Annahme: Die Durchsetzung von Sachinteressen läßt sich nicht mit einer guten Beziehung vereinbaren.)

Soll ich den ersten Schritt tun, um die Beziehung zu verbessern und hoffen, daß der andere positiv darauf reagiert, oder soll ich abwarten, wie er sich verhält und mich danach richten?

(Annahme: Man muß andere Menschen nach dem Prinzip der Gegenseitigkeit behandeln.)

In diesem Buch sollen bessere Entscheidungsmöglichkeiten und Antworten aufgezeigt werden. Es setzt das langjährige Bemühen der Verfasser fort, Menschen dabei zu helfen, sich mit ihren gemeinsamen und divergierenden Interessen auseinanderzusetzen. Ein 1981 erschienenes Buch, *Getting to YES, Negotiating Agreement Without Giving In* (dt.: *Das Harvard-Konzept* 1984), beschäftigte sich vornehmlich mit dem Aushandeln von konkreten Geschäftsabschlüssen. Nun wissen wir aber alle, daß das Ergebnis hierbei nicht nur von unserem Verhandlungsgeschick, sondern auch von unserem Verhältnis zu jenen, mit denen wir verhandeln, abhängig ist. In diesem Buch werden einige Grundkonzepte vorgestellt, die es allen Menschen erleichtern sollen, eine Beziehung aufzubauen und aufrechtzuerhalten, durch die sie die Möglichkeit erhalten, das zu erreichen, was sie wollen.

Streben Sie nach einer »funktionierenden« Beziehung

Zu Beginn müssen wir erklären, was wir unter einer »guten« Beziehung verstehen. Jeder von uns hat hier sehr unterschiedliche Erwartungen. Doch ganz gleich ob ich mir nun Liebe, Geld, Sicherheit oder etwas anderes erhoffe: Irgendwann werden immer einander entgegengesetzte Interessen, Auffassungen und Wertvorstellungen auftauchen. Und wir werden das was wir wollen niemals erreichen, wenn wir nicht fähig sind, mit solchen Meinungsunterschieden umzugehen. In allen unseren Beziehungen – sei es zwischen Einzelpersonen, Wirtschaftsunternehmen, Religionsgemeinschaften oder Regierungen – sollten wir nach jenen Qualitäten streben, die gute »funktionierende« Beziehungen ausmachen. Diese These wird in Kapitel 1 erörtert werden.

Sehen Sie Menschen und Probleme getrennt voneinander

Je schwerwiegender die Meinungsunterschiede zwischen zwei Personen oder zwei Regierungen sind, desto leichter beeinträchtigen sie das Verhältnis der betroffenen Parteien. Was also tun, wenn diese Divergenzen wie im Falle der USA und der Sowjetunion, besonders gravierend sind? Um zu einer Beziehung zu gelangen, die unter diesen Umständen funktioniert, müssen wir, unabhängig von den anstehenden Sachfragen, die Beziehungsabläufe verbessern.

Beziehungsprobleme betreffen die Art und Weise, wie wir mit Menschen umgehen: unmißverständlich oder zweideutig, aufrichtig oder unehrlich, logisch oder emotional usw. Sachprobleme sind jene, die typischerweise Gegenstand einer Übereinkunft sind – Geld, Verabredungen, Termine, Eigentum, Fristen und Vertragsbedingungen. Es erscheint den Verfassern am besten, an den Beziehungsabläufen – daran, *wie* wir miteinander umgehen – unabhängig von allen sachlichen Differenzen zu arbeiten. Wir müssen lernen, mit beiden Problemen – mit den menschlichen *und* den Sachproblemen – umzugehen, ohne sie miteinander zu verquicken. Diese These soll in Kapitel 2 ausgeführt werden.

Seien Sie vorbehaltlos konstruktiv

Ausgehend von der Annahme, daß eine funktionierende Beziehung ein erstrebenswertes Ziel ist und daß Beziehungsprobleme sinnvollerweise von Sachproblemen getrennt werden sollten, wird in Kapitel 3 eine Methode oder Strategie vorgeschlagen, um eine zur Problemlösung fähige Beziehung zu schaffen. Diese Methode baut nicht darauf auf, daß andere unserem Beispiel folgen oder wir dem ihren. Sie besteht vielmehr darin, »vorbehaltlos konstruktiv zu sein«. Das heißt, ich tue Dinge – und nur solche Dinge –, die sowohl für die Beziehung als auch für mich selbst von Vorteil sind – ohne Rücksicht darauf, ob Sie ebenso handeln oder nicht.

In diesem Buch soll hauptsächlich versucht werden, diese Methode näher auszuführen und deutlich zu machen, inwiefern sie jene

Qualitäten fördert, die eine gute funktionierende Beziehung ausmachen.

Jedes zwischenmenschliche Verhältnis ist einzigartig. Das gilt jedoch nicht für jene grundlegenden Eigenschaften, mit deren Hilfe wir leicht und problemlos mit Meinungsunterschieden zurechtkommen könnten. Vorbehaltlos konstruktives Verhalten ist eine Strategie, die gleichermaßen von Regierungen, Wirtschaftsunternehmen und Einzelpersonen angewandt werden kann. Sie kann dazu beitragen, eine neue Beziehung aufzubauen und eine schon bestehende Beziehung zu verbessern. Und obwohl diese Leitlinien wahrscheinlich eher für längerfristige Beziehungen von Bedeutung sind, lassen sie sich auch bei einmaligen Verhandlungen zwischen fremden Geschäftspartnern anwenden, wo das in den allerersten Minuten geschaffene Verhältnis sehr wohl darüber entscheiden kann, was für ein Ergebnis, wenn überhaupt eines, am Ende erreicht wird.

Wenn Sie nicht gerade auf einer einsamen Insel leben, müßte die auf diesen wenigen Seiten beschriebene Methode Ihnen eigentlich helfen, alles zu erreichen was Sie wollen.

I. Ein Überblick

1. Das Ziel

Eine Beziehung, die trotz Meinungsverschiedenheiten funktioniert

Wir alle kommen mit manchen Menschen besser zurecht als mit anderen. Wir sind auch fähig zu erkennen, ob eine Beziehung gut funktioniert. Doch wir verstehen nicht unbedingt, welche Eigenschaften sie zu einer guten Beziehung machen. Je weniger wir uns aber darüber im klaren sind worin unser Ziel eigentlich besteht, desto schwieriger ist es zu erreichen.

Was wir in einer Beziehung wollen und brauchen, ist unklar

Die Beziehungen die wir uns vorstellen entsprechen häufig nicht denjenigen, die wir eigentlich bräuchten, um das zu bekommen, was wir wollen. Das hat zur Folge, daß uns nicht genau bewußt ist, welche Ziele wir nun eigentlich anstreben.

Wir verwenden den Begriff »Beziehung« in vielerlei Bedeutung. Einerseits haben wir »Beziehungen« zu den Menschen, die uns durch Blutsverwandtschaft oder Heirat verbunden sind. Andererseits spricht man auch von »Beziehungen«, um das Verhältnis zwischen zwei Staaten zu bezeichnen. Wenn ein Paar sagt, daß es »eine Beziehung hat«, dann meint es wahrscheinlich, daß es zusammenlebt. Wenn ein Bankangestellter feststellt, daß seine Bank »eine besondere Beziehung« zu einem Kunden hat, dann werden sogar schon seine Kollegen sehr unterschiedlicher Auffassung darüber sein, was das bedeutet. Von etwa einem Dutzend Angestellter ein und derselben Bank bekamen wir sehr verschiedene Definitionen einer »guten« Beziehung:

»Langjährige Geschäftsbeziehungen.«
»Wir haben bei unseren Geschäften mit ihnen gut verdient.«
»Große Finanzkraft.«
»Unser Präsident spielt mit ihrem Vorstandsvorsitzenden Golf.«
»Sie zahlen ihre Rechnungen; wir können ihnen vertrauen.«
»Wir schulden ihnen besondere Aufmerksamkeit, weil sie uns in der Vergangenheit häufiger einen Gefallen erwiesen haben.«

Manche Unternehmen bemühen sich, ihre Beziehungen zu ihren Kunden genauer zu bestimmen. So gibt es zum Beispiel eine Unternehmensberatungsfirma, die bei ihren einzelnen Kunden genau mitverfolgt, wie lange die Geschäftsbeziehungen schon bestehen, um wieviel Geld es dabei geht, wieviele Personen auf beiden Seiten an den Geschäften beteiligt sind und wie häufig und ausgiebig über die Geschäfte verhandelt wird. Aber solche annähernden Versuche, eine Geschäftsbeziehung zu beschreiben, sind selten.

Wenn Menschen die Beziehungen zwischen einzelnen Personen oder Staaten mit solch vagen Begriffen wie »kühl«, »formell« oder »freundlich« umschreiben, dann deshalb, weil sie oft über keine passende Definition für eine gute Beziehung verfügen.

Wir verwechseln gute Beziehungen mit gegenseitigem Einverständnis. Eine Möglichkeit, seine Verärgerung über das Verhalten eines anderen auszudrücken, ist der Abbruch der Beziehung: »Nach dem, was sie getan hat, spreche ich nie mehr ein Wort mit ihr!« Eine solche »Verbannung« kommt in persönlichen, geschäftlichen und diplomatischen Beziehungen häufig vor. So kann es sein, daß eine Firma keine Geschäfte mehr mit einem anderen Unternehmen machen will, wenn ein Auftrag mangelhaft ausgeführt wurde oder sie sich betrogen fühlt. Eine Regierung ruft möglicherweise ihren Botschafter zurück und »bricht die diplomatischen Beziehungen ab«, um ihr Mißfallen über das Verhalten einer anderen Regierung auszudrücken. Es ist also nicht überraschend, daß Menschen daraus häufig den Umkehrschluß ziehen, daß die Schaffung oder Aufrechterhaltung einer Beziehung ein Zeichen dafür sei, daß man mit dem Betragen des anderen einverstanden ist.

Doch seiner Verärgerung durch den Abbruch der Beziehung Ausdruck zu verleihen, ist nur in seltenen Fällen sinnvoll – sofern überhaupt. Die Weigerung, sich mit jemandem auseinanderzusetzen, wird kaum ein anstehendes Problem lösen und fast immer die Klärung zukünftiger Meinungsverschiedenheiten beeinträchtigen. Wenn ich mir bewußt bin, daß die Umstände weiterhin den Umgang zwischen mir und einer anderen Person oder einer Institution erforderlich machen – ob nun in der Familie, im Büro oder auf weltpolitischer Ebene – dann sollte ich mich trotzdem weiterhin mit dem jeweiligen Gegenüber auseinandersetzen, auch wenn ich sein Verhalten mißbillige.

Zwei Staaten, die in einen eskalierenden Konflikt verwickelt sind, sollten auf gar keinen Fall ihre diplomatischen Beziehungen abbrechen, ganz gleich, wie ungeheuerlich sie das Vorgehen der Gegenseite auch finden mögen. Kluge Eltern erhalten auch dann eine enge Beziehung zu ihrem Sohn aufrecht, wenn sie sein Benehmen rügen:

»Johnny, du weißt, daß ich dich lieb habe, aber du *darfst* die Tapeten nun mal nicht mit deinen neuen Buntstiften beschmieren. Ich muß sie dir für heute Nachmittag fortnehmen. Bleib' bitte hier, während ich mit dir rede, damit du auch verstehst, warum du das nicht darfst«.

Wir schätzen die Bedeutung übereinstimmender Wertvorstellungen falsch ein. Je ähnlicher meine und Ihre Wertvorstellungen und Auffassungen sind, desto weniger Meinungsverschiedenheiten werden wir haben, und desto leichter werden wir eine von beiden Seiten als fair empfundene Grundlage finden, um uns mit eventuell dann doch einmal auftretenden Divergenzen auseinanderzusetzen. Aus diesem Grund neigen wir dazu, eine gute Beziehung mit gemeinsamen Wertvorstellungen gleichzusetzen.

Es wäre jedoch ein Irrtum, eine Beziehung nur dann als »gut« zu bezeichnen, wenn beide Beziehungspartner meist der gleichen Meinung sind, ebenso wie es ein Irrtum wäre zu glauben, daß eine leicht zu bauende Straße eine gute Straße sei. Denn obwohl es leichter ist, eine Straße im Flachland zu bauen als im Gebirge, kann eine Gebirgsstraße unter Umständen nützlicher sein als eine Straße in der Ebene. In ähnlicher Weise kann eine gute Beziehung zwischen Parteien mit ausgeprägten Meinungsunterschieden nützlicher sein als zwischen Parteien, die leicht zu übereinstimmenden Auffassungen gelangen.

Wir betrachten es als unser Ziel, Unstimmigkeiten zu vermeiden. Viele von uns lernen schon als Kinder, daß es »unartig« ist zu streiten. Man bringt uns bei, daß die »richtige« Beziehung jene ist, in der es offensichtlich keine Unstimmigkeiten gibt. Sowohl schwerwiegende als auch geringfügige Meinungsverschiedenheiten werden unter den Teppich gekehrt. Es ist also zu einem Teil Ergebnis dieser Beziehung, daß vielen Menschen jegliche Art von Konflikt unangenehm ist.

Allein schon das Wort *disagreeable** hat seine ursprüngliche Bedeutung verloren und bezeichnet nun etwas, das Unbehagen verursacht. Selbst Familienmitglieder oder enge Freunde vermeiden es, über auftauchende Meinungsunterschiede zu sprechen. Für manche Menschen ist es das Ziel einer guten Beziehung, eine Sphäre zu schaffen, in der scheinbar keine divergierenden Auffassungen existieren: »Wir haben eine wunderbare Beziehung: Wir sind immer der gleichen Meinung.«

Manch einer hält eine Beziehung für noch besser, wenn der eine genau das tut, was der andere will. So könnte ein Vater beispielsweise sagen: »Ich habe eine außerordentlich gute Beziehung zu meinem Sohn; er tut alles, was ich ihm sage und widerspricht mir nie.« Viele autoritäre Regierungen, von der Sowjetunion bis Südkorea, befinden sich in dem Glauben, daß in einer guten Beziehung – ob nun zu einem Verbündeten oder zu den eigenen Bürgern – keine abweichenden Meinungen auftreten dürften. Sogar in den USA sind manche Menschen offensichtlich der Auffassung, daß zum Beispiel das Verhältnis zu Honduras besser sei als das zu Frankreich, weil sich Honduras häufiger als Frankreich nach der Politik der USA richtet.

Doch so überzeugt wir auch sein mögen, daß wir wissen, was für jemand anderen das beste ist – wenn wir versuchen, ihm unsere Überzeugungen aufzuzwingen, dann schaffen wir eher die Basis für zukünftige Probleme als für eine erfolgreiche Beziehung.

Die Rolle der Parteien ist von vornherein festgelegt. Sobald wir uns mit einer konfliktgeladenen Beziehung auseinandersetzen müs-

---

* *Disagreeable* heißt *unangenehm.* Das Stammverb *to disagree* jedoch bedeutet *nicht übereinstimmen, uneinig sein* (A.d.Ü.).

sen, neigen wir dazu, »sie« (»die anderen«) als jemand »von der anderen Seite« zu betrachten. Wir glauben nicht daran, daß es möglich ist, eine Beziehung aufzubauen, die so effizient arbeitet, daß es bald keine zwei gegnerischen Seiten mehr gibt, sondern zwei Partner, die Seite an Seite die Zukunft in Angriff nehmen.

Wenn wir um unseren Lebenspartner werben, ist uns bewußt, daß wir damit einen Außenstehenden zum Mitglied unserer Familie machen wollen. In anderen Situationen jedoch erkennen wir nicht unbedingt, in welchem Ausmaß ein solcher Wandel möglich ist. Will man nun – ob auf dem Fußballfeld oder im Büro – ein erfolgreiches Team aufbauen, muß man Probleme anders angehen. Anstatt zu fragen »Was will *ich?*« oder »Was sind *meine* Interessen?«, sollte jedes Teammitglied fragen »Was wollen *wir?*« oder »Wie sehen wir *unsere* Interessen?«

Wenn wir eine Rollenveränderung anstreben, dann müssen wir über den Ratschlag jenes Professors hinausgehen, der sagte: »Seien Sie nett zu Ihren Azubis; vielleicht ist eines Tages einer von ihnen Ihr Chef.« Wir müssen uns die Möglichkeit offenhalten, eine Beziehung so weit zu ändern, daß Gegner zu Partnern werden. Solche Veränderungen hat es in der Außenpolitik der USA schon häufig gegeben. Mit manchen seiner einstigen Feinde – Großbritannien, Kanada, Mexiko, Spanien, Deutschland, Japan und China – haben die USA ein konstruktives und funktionierendes Verhältnis aufgebaut. Während ich wohl zunächst versuchen werde, mein eigenes Verhalten ihnen gegenüber zu verändern, kann mein längerfristiges Ziel sein, unsere beiden Parteien zusammenzubringen.

Eine gute Beziehung: Was wir brauchen, um das zu bekommen, was wir wollen

Was wir wollen: gute Sachergebnisse. Wahrscheinlich in jeder Beziehung wollen wir schnell Sachergebnisse erzielen, wie zum Beispiel Geld, Trost, wirtschaftliches Wohlergehen, Gewinn, Besitz oder Sicherheit. Wir wollen also eine für die Verwirklichung dieser Ziele optimale Beziehung.

Was wir noch wollen: inneren Frieden. Nach jeder Zusammenkunft erleben wir auch eine emotionale Reaktion, die genauso wichtig ist wie die erreichten Sachergebnisse. Bei manchen Menschen beispielsweise fühlen wir uns nach einer geschäftlichen Besprechung kompetent, haben Selbstvertrauen und sind zufrieden – solche Gefühle drücken wir aus, wenn wir sagen: »Es ist immer ein Vergnügen, mit Ihnen Geschäfte zu machen!« Bei anderen Verhandlungspartnern hingegen fühlen wir uns unwohl, angespannt oder sind verärgert.

Ob wir nun mit unserem Ehepartner über das nächste Urlaubsziel, mit einem Kunden über Gebühren oder mit den Sowjets über Rüstungskontrolle verhandeln – immer streben wir nach einer Beziehung, die bei uns positive Gefühle hinterläßt. Wir wollen unseren Seelenfrieden, wollen sagen können: »Mit diesen Leuten kann ich zusammenarbeiten.« Wenn wir uns nach einer geschäftlichen Verhandlung nicht wohl fühlen, werden wir wahrscheinlich vor dem nächsten Zusammentreffen Angst haben und noch schwerer damit zurechtkommen.

Was wir brauchen: die Fähigkeit, mit Meinungsunterschieden umzugehen. Wir wissen, daß die andere Partei ebenfalls Interessen hat – Interessen, die von unseren abweichen können. Und wenn wir versuchen, uns mit ihnen auseinanderzusetzen, werden wir entdekken, daß jeweils unterschiedliche Auffassungen und Wertvorstellungen dahinterstehen. Im Laufe der Zeit erfahren wir immer mehr über den anderen, und infolgedessen werden sich die Interessen, Auffassungen und Wertvorstellungen beider Seiten wahrscheinlich verändern. Diese Unterschiede und ihr allmählicher Wandel sind das Wasser auf die Mühlen einer Beziehung.

Angenommen, ich wünsche mir im Büro eine Atmosphäre wie in einer großen glücklichen Familie, während mein Chef auf rein geschäftlichen Umgangsformen besteht. Oder ein Freund oder eine Freundin, zu dem oder zu der Sie eine rein platonische Beziehung unterhalten möchten, wünscht ein intimeres Verhältnis zu Ihnen. Oder ich frage bei einem Verwandten, der die Auffassung vertritt, daß man Familie und Geschäft voneinander trennen sollte, um ein großes Darlehen nach. Oder ein Land strebt eine friedliche, vorwiegend auf Handel und Investitionen aufgebaute Koexistenz an, während sein Nachbar mit seinen Ressourcen eine ganze Region politisch beeinflussen möchte. Wie gut eine Beziehung ist, zeigt sich daran, ob sie mit solchen Meinungsverschiedenheiten erfolgreich umgehen kann. Weist sie diese Fähigkeit zur Problemlösung auf, dann bezeichnen wir sie als »funktionierende« Beziehung.

Konkurrierende und sich wandelnde Interessen schaffen Probleme. Wir brauchen daher eine Beziehung, die Lösungen hervorbringen kann, welche die konkurrierenden Interessen so weit wie möglich zufriedenstellen, und das in einer Weise, die in den Augen aller Partner gerecht erscheint. Diese Lösungen sollten außerdem dauerhaft sein und auf effiziente Weise erreicht werden.

Eine stabile Beziehung sollte in der Lage sein, solche Ergebnisse trotz unterschiedlicher Wertvorstellungen, Auffassungen und Interessen hervorzubringen. Sie sollte fähig sein, mit Situationen fertig zu werden, in denen ich Ihr Verhalten mißbillige und in denen wir beide eher Ärger als Sympathie füreinander empfinden. Sie sollte stark genug sein, um den Problemlösungsprozeß selbst dann in Gang zu halten, wenn wir über das beiderseitige Verhältnis entgegengesetzte Auffassungen entwickeln.

Mit Meinungsunterschieden erfolgreich umzugehen bedeutet nicht, daß diese letztlich einfach verschwinden. Es kann passieren, daß ich genau dann ein Theaterstück im Fernsehen ansehen möchte, wenn Sie das sonntägliche Fußballspiel anschauen wollen; doch sollten wir dann in der Lage sein, eine für uns beide zufriedenstellende Übereinkunft zu erzielen – sei es, daß wir eine Münze werfen, uns gegenseitig abwechseln, einen zweiten Fernseher kaufen oder zusammen Kegeln gehen.

Die Fähigkeit, mit Meinungsunterschieden umzugehen, hängt von einigen grundlegenden Verhaltensweisen ab

Den Gesundheitszustand eines Menschen können wir durch die Untersuchung von einigen elementaren Bestandteilen und Funktionen des Körpers wie dem Blut, dem Atmungssystem, dem Nervensystem und dem Verdauungssystem diagnostizieren. Um den Zustand einer

Beziehung festzustellen, müssen wir die grundlegenden Eigenschaften untersuchen, aufgrund derer diese erfolgreich mit Meinungsunterschieden umgehen kann. Diese Eigenschaften werden wir in diesem Buch nacheinander erörtern, und zwar jetzt zunächst in knapper Form, in den späteren Kapiteln dann ausführlicher.

1. Vernunft und Emotionen ins Gleichgewicht bringen. Viele Aspekte einer Beziehung sind nicht rational. Oft reagieren wir emotional und nicht logisch, wenn wir ein bestimmtes Ziel verfolgen. Emotionen wie Angst, Ärger, Enttäuschung oder sogar Liebe können besonnenes Handeln verhindern. Emotionen sind normal, notwendig und oft von wesentlicher Bedeutung für die Lösung von Problemen. Sie können wichtige Informationen vermitteln, können uns helfen, unsere Kräfte gezielt einzusetzen und stellen oft einen Handlungsanreiz dar. Ohne sie gelangt man selten zu klugen Entscheidungen. Trotzdem sind zwei Menschen um so eher fähig, mit ihren Meinungsunterschieden umzugehen, je stabiler das Gleichgewicht zwischen Vernunft und Emotion ist.

Wir können mit einer anderen Person nicht erfolgreich zusammenarbeiten, wenn unsere Emotionen die Vernunft überwältigen: Ein Wutanfall läßt keine klugen Entscheidungen zu. Doch Logik allein genügt ebensowenig, um Probleme zu lösen und eine Beziehung aufzubauen. Wir brauchen vielmehr sowohl eine von Emotionen durchdrungene Vernunft als auch von der Vernunft kanalisierte und gemäßigte Emotionen. Dieses Gleichgewicht zwischen Logik und Gefühl entspräche einer Definition von praktischer Vernunft.

2. Den anderen verstehen. Wenn wir ein Ergebnis erzielen wollen, das die Interessen beider Seiten in zumindest akzeptablem Maße zufriedenstellt und bei dem sich jeder gerecht behandelt fühlt, müssen beide Seiten die Interessen und Ansichten des anderen und seine Auffassung von Fairness begreifen. Solange ich keine genaue Vorstellung davon habe, wo für Sie ein Problem liegt, was Sie erreichen wollen, warum Sie es erreichen wollen und was Sie als fair empfinden, werde ich im Dunkeln tappen, wenn es darum geht, ein Ergebnis zu erzielen, das sowohl Ihren als auch meinen Interessen entspricht. Und auch für Sie ist es sehr hinderlich, wenn Sie meine Sicht der Dinge nicht verstehen. Ob wir nun die gleichen Auffassungen vertreten oder nicht – je besser wir einander verstehen, desto größer ist unsere Chance, eine für uns beide akzeptable Lösung zu finden.

3. Funktionierende Kommunikation. Voraussetzung für gegenseitiges Verstehen ist eine effiziente Kommunikation. Denn auch wenn wir uns im allgemeinen gegenseitig verstehen, hängen doch sowohl die Qualität unseres Ergebnisses als auch die Frage, ob wir es auf effiziente Weise erreicht haben, wahrscheinlich von der Qualität der Kommunikation über dieses spezielle Problem ab. Je besser es uns gelingt, uns gegenseitig über unsere unterschiedlichen Auffassungen zu informieren, desto besser werden wir die Besorgnisse des anderen verstehen und um so besser sind unsere Chancen, eine für beide Seiten akzeptable Übereinkunft zu finden. Eine funktionierende Kommunikation bewirkt aber mehr als nur ein verbessertes gegenseitiges Verständnis. Je offener wir kommunizieren, desto weniger Grund haben wir zum Mißtrauen. In den USA ist zu bemerken, daß das Mißtrauen gegenüber der Sowjetunion zu schwinden beginnt, weil das Land nun seine Türen zum Westen hin öffnet. Und je mehr wir davon überzeugt sind, daß die andere Seite unsere Ansichten gehört und verstanden hat – und wir umgekehrt auch die ihren –, desto eher werden wir das Gefühl haben, daß unsere Übereinkünfte fair und ausgewogen sind. In vernünftigem Maße betrieben, bewirkt eine funktionierende Kommunikation eine besser funktionierende Beziehung.

4. Vertrauenswürdig sein. Wenn ich Ihnen etwas mitteile und Sie mir keinen Glauben schenken, dann ist das ganze nicht viel wert. Und leichtfertig übernommene oder mißachtete Verpflichtungen sind oft schlechter als gar keine. Blindes Vertrauen ist keine Hilfe für die Zusammenarbeit mit anderen, sondern schadet einer Beziehung mehr als eine gesunde Skepsis. Jedoch kann ein wohlbegründetes Vertrauen, das auf einem über eine längere Zeit fortdauernden, ehrlichen und verläßlichen Verhalten beruht, unsere Fähigkeit mit Konflikten umzugehen erheblich verbessern. Je aufrichtiger und vertrauenswürdiger wir uns zueinander verhalten, desto größere Chancen haben wir, gute Ergebnisse zu erzielen.

5. Lieber überzeugen als Druck ausüben. Bei manchen geschäftlichen Verhandlungen sind wir möglicherweise beide eher an einem raschen Ergebnis als an unserer langfristigen Beziehung interessiert. Jeder von uns wird versuchen, die Entscheidungen des anderen zu beeinflussen und die Art und Weise, in der wir dabei vorgehen, wird tiefgreifende Auswirkungen auf die Qualität unseres Verhältnisses haben. So könnte ich mich bemühen, Sie durch Aufklärung, logische Argumente und durch mein persönliches Beispiel zur Zusammenarbeit zu bewegen. Ich könnte aber auch versuchen, Druck auf Sie auszuüben, indem ich Ihre Alternativen einschränke und mit Warnungen, Drohungen, Erpressungen und physischer Gewalt operiere. Je mehr Druck ich auf Sie ausübe, desto weniger ist es wahrscheinlich, daß das Ergebnis sowohl meinen als auch Ihren Interessen entspricht, und desto ungerechter wird es zumindest einem von uns erscheinen. Je weniger Druck wir aufeinander ausüben, desto leichter können wir zusammenarbeiten.

6. Sich gegenseitig akzeptieren. Um richtig mit unseren Meinungsunterschieden umzugehen, müssen wir uns gegenseitig als Personen akzeptieren, die es wert sind, daß man sich mit ihnen auseinandersetzt. Sich akzeptiert und geschätzt zu fühlen ist ein menschliches Grundbedürfnis. Wenn Sie sich meine Ansichten nicht anhören, wenn Sie mir nicht das Recht zugestehen, andere Auffassungen zu vertreten als Sie, und wenn Sie meine Interessen nicht berücksichtigen, dann werde ich mich wahrscheinlich nicht mit Ihnen auseinandersetzen wollen. In diesem Fall werden wir unsere Meinungsverschiedenheiten nicht einmal im Ansatz klären.

Akzeptiert zu werden ist keine Frage von »entweder ... oder«, sondern von »mehr oder weniger«. Je mehr wir einander akzeptieren, desto größer werden die Chancen, Meinungsverschiedenheiten zu überwinden und gute Ergebnisse zu erzielen. Im großen und ganzen läßt sich sagen: Je mehr der obengenannten Eigenschaften eine Beziehung aufweist, desto eher sind die betroffenen Personen in der Lage, ihre Probleme vernünftig und effizient zu lösen.

Eigenschaften, die für eine gute, funktionierende Beziehung nicht erforderlich sind

Um die zu Beginn dieses Kapitels durchgeführte Analyse der Fehler, die allgemein in Beziehungen gemacht werden, zu vervollständigen, sind noch zwei Eigenschaften zu erwähnen, die *nicht* erforderlich sind, um Meinungsunterschiede meistern zu können.

Gegenseitiges Einverständnis. Diese Eigenschaft ist für eine gute, funktionierende Beziehung entbehrlich, denn diese sollte auch dann nicht scheitern, wenn jede Seite die Wertvorstellungen, Meinungen, Ziele und Verhaltensweisen der anderen Partei scharf *verurteilt.* Hat jemand die Absicht, seine Beziehungen zu jenen, deren Verhalten er mißbilligt, »abzubrechen«, dann meist deswegen, weil er damit Druck ausüben und signalisieren will, daß sie ihre Haltung ändern sollten. Jedoch können wir viel wirkungsvoller auf andere Einfluß nehmen, wenn wir uns weiter mit ihnen auseinandersetzen, so daß wir ihre und sie unsere Interessen verstehen und wir unsere Überzeugungskraft voll auf sie wirken lassen können.

Ablehnung können wir auch anders ausdrücken als dadurch, daß wir die Beziehung abbrechen. So wurde zum Beispiel einmal der berüchtigte Senator Joseph McCarthy in den Metropolitan Club in Washington, D.C. eingeladen und dem vornehmen Rechtsanwalt John Lord O'Brien vorgestellt. Als der Senator O'Brien die Hand geben wollte soll dieser gesagt haben: »Senator, als Zeichen dafür, daß ich Ihr Handeln auf schärfste mißbillige, möchte ich Ihnen lieber nicht die Hand schütteln. Wenn Sie nichts dagegen hätten, würde ich Sie aber gerne einmal in Ihrem Büro besuchen und mit Ihnen über unsere unterschiedlichen Auffassungen diskutieren.«

Rechtsanwälte vertreten für gewöhnlich – und vollkommen zu Recht – Mandanten, deren Taten sie persönlich mißbilligen. Je besser aber die Beziehung zwischen Rechtsanwalt und Mandant funktioniert, desto wirkungsvoller kann der Rechtsanwalt für den Mandanten eintreten. Und je besser das Verhältnis zwischen dem Rechtsanwalt und der Gegenpartei ist, desto mehr ist dem Mandanten gedient.

In den letzten Jahren haben die USA klugerweise ihre diplomatischen Beziehungen zu den Regierungen von Afghanistan und Nicaragua aufrechterhalten, obwohl die politischen Differenzen so massiv waren, daß die USA zur gleichen Zeit jene Kräfte, die diese Regierungen stürzen wollten, militärisch unterstützte.

Da eine gut funktionierende Beziehung Meinungsverschiedenheiten auf friedliche und effiziente Weise beilegen soll, wird es, je gravierender diese Differenzen sind, um so wichtiger, richtig mit ihnen umzugehen. Für die Sowjetunion und die USA ist eine effiziente und gut funktionierende Beziehung von großer Bedeutung – auch wenn sie schwer aufzubauen ist –, da die beiden Staaten sehr unterschiedliche Ideologien und Auffassungen repräsentieren und beide über ein gewaltiges Atomwaffenarsenal verfügen, das sie bei einem bewaffneten Konflikt einsetzen könnten. Je konfliktträchtiger und schwerwiegender die Meinungsunterschiede sind, desto dringender ist es erforderlich, daß die Regierungen beider Länder aufrichtig und verständnisvoll miteinander umgehen, um die Gefahr einer Katastrophe abzuwenden.

Gemeinsame Wertvorstellungen. Eine gut funktionierende Beziehung erfordert nicht unbedingt gemeinsame Wertvorstellungen. Je ähnlicher unsere Weltanschauungen und unsere Vorstellungen von Fairness sind, desto geringer werden wahrscheinlich unsere Meinungsverschiedenheiten sein und desto leichter werden wir sie regeln können. Jene Menschen, zu denen wir ein engeres Verhältnis eingehen, suchen wir uns ja auch danach aus, ob sie ähnliche Wertvorstellungen haben wie wir oder nicht. Doch sollten wir nicht nur in solchen Beziehungen Probleme lösen können, in denen es nur geringe Differenzen gibt. Für amerikanische Geschäftsleute sind der Wettbewerb und die Kooperation mit den Japanern oft schwierig, weil in beiden Ländern unterschiedliche Geschäftsgepflogenheiten und Auffassungen über angemessenes Benehmen herrschen. Doch obwohl die Handelsbeziehungen zwischen Japan und den USA von ernsten, emotionsgeladenen Auseinandersetzungen geprägt sind, sind sich die Betroffenen doch bewußt, daß sie ihre wirtschaftlichen Ziele und gesicherte Handelsabkommen nur erreichen können, wenn sie trotz unterschiedlicher Wertvorstellungen in der Lage sind zusammenzuarbeiten.

Es reicht nicht aus, nur das Ziel zu kennen

In diesem Kapitel wurde herausgearbeitet, daß es unser Ziel sein sollte, in jeder Beziehung mit Meinungsverschiedenheiten zurechtzukommen. Um unsere Sachziele zu erreichen, benötigen wir effizient funktionierende Beziehungen, die sich durch ein hohes Maß an Rationalität, gegenseitigem Verständnis, Kommunikation, Vertrauenswürdigkeit, zwangfreie Formen der Einflußnahme und durch gegenseitiges Akzeptieren der Beziehungspartner auszeichnen. Jeder dieser Faktoren ist Teil eines Interaktionsprozesses zwischen zwei Menschen und hat nichts mit ihren Sachinteressen zu tun. Bevor wir eine allgemeine Strategie zur Verbesserung des Interaktionsprozesses entwickeln, müssen wir also die Interaktionsprobleme von den Sachproblemen trennen.

2. Der erste Schritt

Trennen Sie Beziehungs- und Sachprobleme voneinander

Es geschieht sehr leicht, daß wir eine Beziehung mit den in ihrem Rahmen verfolgten Sachinteressen vermengen: »Ich habe ein gutes Verhältnis zu meinem Chef. Er gibt mir jedes Jahr eine Gehaltserhöhung.« »Die Beziehungen zwischen den USA und Japan verschlechtern sich; schauen Sie sich nur einmal unser Handelsdefizit an.« Die Entwicklung einer Beziehung scheint oft untrennbar mit dem verbunden, was sie hervorbringt.

Betrachten Sie die Beziehung als einen eigenständigen Prozeß

In jeder Situation sind für uns zwei Dinge von Bedeutung: zunächst die Situation selbst (die Entwicklung der Beziehung) und dann die Ergebnisse (die Sache). Das sind zwar verschiedene Dinge, aber sie stehen miteinander in Zusammenhang: Das eine hat Auswirkungen auf das andere. Stellen Sie sich zum Beispiel einen Hörsaal vor: Das Lerngeschehen (Vorlesungen, Übungen, Diskussionen und Prüfungen) hat nichts mit dem Lehrstoff (Geometrie, Shakespeare oder Chemie) zu tun. Und doch hat die Art und Weise, wie ein Fach unterrichtet wird, einen Einfluß darauf, was die Studenten lernen. Wenn wir die Lernergebnisse verbessern wollen, müssen wir zuerst den Lernprozeß verbessern. Und ob wir nun Arithmetik, Französisch oder Mathematik unterrichten – das Konzept effektiven Lehrens und die darauf abzielenden Strategien bleiben immer gleich.

Ebenso können wir in einem kleinen Unternehmen in erster Linie darum bemüht sein, qualitativ gute Rasenmäher zu niedrigen Preisen herzustellen und zu verkaufen. Wir werden hierbei aber sehr wahrscheinlich noch mehr Erfolg haben, wenn wir Fragen, die die unternehmerische Entscheidungsfindung oder den Umgang mit den Angestellten betreffen, gesondert behandeln und nicht mit Sachentscheidungen über Rasenmähertypen und Preisgestaltung vermengen. Gutes Management sollte gute Entscheidungen hervorbringen; doch wenn wir uns nur darum bemühen, gute Rasenmäher zu produzieren, werden wir dieses Ziel wahrscheinlich niemals erreichen. Sogar ein Produktionsleiter sollte, unabhängig von der Lösung technischer Fragen, darüber nachdenken, wie er mit Menschen umgeht.

Um in einer Beziehung zu guten Ergebnissen zu gelangen, müssen wir uns sowohl auf die Ergebnisse selbst als auch auf den Prozeß konzentrieren, der zu diesen Ergebnissen führt. Wir müssen uns fragen, wie eine gut gestaltete Beziehung aussieht und wie wir sie aufbauen können. Jeder von uns fungiert dabei als »Co-Manager«, der in gewissen Grenzen über eine beträchtliche Fähigkeit verfügt, darüber zu bestimmen, wie die Beziehung funktioniert. Wie ein Produktionsleiter müssen wir sowohl über die Art und Weise, wie wir mit Problemen umgehen, nachdenken, als auch über die Probleme selbst.

Wenn wir die Beziehung nicht als einen eigenständigen Prozeß betrachten, dann ordnen wir sie damit fast unweigerlich kurzfristigen Sachinteressen unter. Immer wenn wir mit jemandem in irgendeiner Form verhandeln, fixieren wir uns meist auf das unmittelbare Sachziel. Denn obwohl die *Art und Weise* wie wir miteinander umgehen von großer Bedeutung ist, erscheint sie häufig weniger wichtig als unsere Sachinteressen.

Wir konzentrieren uns meist auf das Ergebnis und nicht darauf, wie wir es erreichen können. Wenn ich im Restaurant sitze, liegt mir vor allem daran, mein Fettucine Alfredo möglichst schnell zu bekommen, und so bringe ich wenig Verständnis dafür auf, daß die Küche dem Kellner das Essen nicht liefert. Sogar zuhause sind wir oft eher mit Alltagsproblemen wie Geldangelegenheiten, Mahlzeiten, Wäschewaschen und Autoreparaturen beschäftigt, als daß wir uns Gedanken darüber machen, was für eine Beziehung wir gern zu unseren Familienangehörigen hätten. Und am Arbeitsplatz findet der Quartalsgewinn mehr Beachtung als das Verhältnis zu Kunden und Angestellten.

Auf weltpolitischer Ebene lenken dringende Probleme häufig in ähnlicher Weise von eigentlich wichtigeren Beziehungsschwierigkeiten ab. Das war zum Beispiel der Fall, als die Sowjetunion nach der Tschernobyl-Katastrophe aus innenpolitischen Gründen ihre von der radioaktiven Wolke bedrohten Nachbarländer nicht informierte; und das ist ebenso der Fall, wenn ein amerikanischer Präsident vor den Wahlen die Sowjetunion kritisiert, um eine Position der Stärke zu demonstrieren.

Aber auch wenn wir über eine Beziehung selbst nachdenken, dann häufig nur in bezug auf das Ergebnis, das wir uns von ihr erhoffen: daß wir z.B. die Rentabilität steigern können, daß unsere Kunden wiederkommen und ihre Rechnungen bezahlen, oder daß die Gewerkschaft nicht streikt; wir versäumen es, darüber nachzudenken, nach welchem Muster unsere Beziehungen zu anderen funktionieren und wie wir sie verbessern könnten. Wenn sich aber der Inhaber einer kleinen Firma hierüber keine Gedanken macht wird er unter Umständen feststellen, daß eines Tages manche Kunden wegbleiben und ihre Rechnungen verspätet zahlen, oder daß die Gewerkschaft jedesmal sofort streikt, wenn ihr Tarifvertrag ausläuft.

Wenn wir uns aber einmal gesondert damit beschäftigen, eine gute, funktionierende Beziehung aufzubauen und aufrechtzuerhalten, dann können wir Sachfragen leichter klären. Manch ein Ehepaar sieht in einem überzogenen Bankkonto nur eine kleine Panne, die sich durch eine verbesserte gegenseitige Absprache vermeiden ließe, während das gleiche Vorkommnis bei einem anderen Paar eine hitzige Diskussion über die Schuldfrage auslöst, so daß jede Lösung des Problems von vornherein vereitelt wird. Es ist leichter eine funktionierende Beziehung aufzubauen, wenn wir uns sowohl um den Beziehungsablauf als auch um die Sachfragen bemühen und beide unabhängig voneinander zielstrebig angehen.

Verfolgen Sie Ihre Beziehungsziele unabhängig von Ihren Sachzielen

Auch Menschen, die Beziehungsablauf und Sachfragen klar voneinander unterscheiden, neigen dazu, mit dem einen um das andere zu feilschen. Wenn ich merke, daß es um so leichter ist, eine gute, funktionierende Beziehung aufzubauen, je geringer die Meinungsverschiedenheiten mit der Gegenseite sind, dann wende ich häufig zwei Strategien an, die leider beide gleichermaßen verfehlt sind: Entweder bestehe ich darauf, daß Sie Ihre Meinung ändern, oder ich selbst gebe in einer Sachfrage nach und hoffe, auf diese Weise unser Verhältnis zu verbessern. Es ist jedoch in jedem Fall der Lösung zukünftiger Probleme abträglich, Sachprobleme mit dem Beziehungsablauf zu vermengen.

Machen Sie die Beziehung nicht von Zugeständnissen abhängig. Wenn wir von einer anderen Person Konzessionen in einer Sachfrage verlangen, formulieren wir dies unter Umständen folgendermaßen:

»Nun machen Sie doch aus einer Mücke keinen Elefanten! Setzen Sie unsere Freundschaft nicht wegen so einer Kleinigkeit aufs Spiel. Stimmen Sie mir doch wenigstens in diesem Punkt zu.«

Sowohl auf geschäftlicher als auch auf politischer Ebene stellt die Forderung nach sachlichen Zugeständnissen eine häufig angewandte Strategie dar, um eine Beziehung aufzubauen. So gaben beispielsweise die USA Nordvietnam zu verstehen, »daß die Beziehungen zu Hanoi sich nicht verbessern würden, bevor das Schicksal der im Vietnamkrieg verschollenen amerikanischen Soldaten geklärt sei und Hanoi seine Truppen aus Kambodscha abgezogen hätte« *(New York Times,* 4. September 1985, S. A8).

Auch andere Regierungen haben in ähnlicher Weise die Aussicht auf bessere bilaterale Beziehungen als Köder benutzt, um die Gegenseite zu Sachkonzessionen zu bewegen. In diesem Sinne hat die Sowjetunion die USA zu einer Einstellung ihrer Atomwaffentests und zur Einhaltung des SALT II-Vertrags aufgefordert. Die USA wiederum verlangten, daß die Sowjetunion sich aus Afghanistan zurückziehen und mehr Dissidenten ausreisen lassen solle. Doch wie löblich auch die Ziele beider Länder sein mögen – wenn ein Land auf solche einseitigen Forderungen des anderen eingeht, dann wird das nicht dazu beitragen, daß die Regierungen in Zukunft besser mit ihren Differenzen zurechtkommen. Wahrscheinlich werden sich daraus nur noch mehr derartige Forderungen ergeben und die Möglichkeit, Probleme gemeinsam zu lösen, wird in weite Ferne rücken.

Warum machen wir diesen Fehler? Wenn wir gerade am Anfang von Verhandlungen stehen, stellen wir uns wahrscheinlich folgende Fragen: »Was sollen *wir* tun? Wo stehen *wir?*« Wenn wir eine bereits bestehende Beziehung verbessern wollen, fragen wir wahrscheinlich zuerst: »Was könnten die *anderen* tun, um die Beziehung zu verbessern?« Diese Denkweise entspricht der weitverbreiteten Annahme, daß es Aufgabe der anderen Seite ist, die Beziehung zu verbessern.

Es wäre sinnvoller, diese Fragen andersherum zu stellen. Wenn wir beim Verhandeln über eine Sachfrage die Entscheidungen der Gegenseite beeinflussen wollen, sollten wir uns zuerst fragen, welche Entscheidung wir uns erhoffen (und daraufhin überlegen, was wir tun könnten, um eine solche uns genehme Entscheidung wahrscheinlicher zu machen). Wenn es darum geht, eine Beziehung aufzubauen, können wir unser eigenes Verhalten leichter steuern als das der anderen, und deshalb sollten wir uns zunächst fragen, was *wir* tun könnten, um die Beziehung zu verbessern.

Versuchen Sie nicht, eine bessere Beziehung zu erkaufen. Während viele Menschen glauben, daß sie als Preis für eine »gute« Beziehung Sachkonzessionen fordern (und bekommen) können, sind andere überzeugt, daß sie durch eigene Zugeständnisse das Verhältnis zum Verhandlungspartner verbessern könnten. Aber auch in diesem Fall trägt es nicht zur Lösung zukünftiger Probleme bei, wenn man bei einem anstehenden Sachproblem nachgibt. Eine gut funktionierende Beziehung läßt sich nicht erkaufen und jegliche Konzession wird hier wahrscheinlich einen kontraproduktiven Effekt haben.

So war es für eine junge Frau unverständlich, warum sich ihr Freund von ihr getrennt hatte. »Die Beziehung war für mich wichtiger als alles andere, deshalb habe ich überall sofort nachgegeben.«

Ein Psychologe versuchte ihr die Entscheidung ihres Freundes etwa folgendermaßen zu erklären: »Zu einer Beziehung gehören zwei Menschen. Wo aber waren Sie? Sie haben immer gleich nachgegeben. Was haben Sie also von sich selbst eingebracht? Wenn Ihr Freund sich eine Frau gewünscht hat, die ihn forderte, eine Frau mit eigenen zu berücksichtigenden Interessen und Ansichten, dann war es anfangs wohl einfach und bequem für ihn, daß Sie immer sofort nachgegeben haben – insgesamt gesehen jedoch war die Beziehung dadurch für ihn weniger befriedigend.«

Nachgeben kann keine gut funktionierende Beziehung schaffen. Zwar lassen sich damit Streitigkeiten vermeiden, doch lernen wir dann ebensowenig, unsere Probleme durchzusprechen und Lösungen zu finden. Ohne diese Fähigkeiten ist die Beziehung zu schwach, um die unweigerlich auftretenden Schwierigkeiten zu überleben. Es reicht nicht aus, unmittelbar anstehende Fragen zu klären. Wir müssen an die Auswirkungen denken, die unser jetziges Verhandlungsergebnis auf das nächste und das übernächste hat. Darum geht es, wenn man eine Beziehung aufbauen will.

Gerade im Geschäftsleben versuchen manche Menschen, Beziehungen zu erkaufen anstatt sie aufzubauen. Und solche geschäftlichen »Gefälligkeiten« können tatsächlich Vorteile und eine bevorzugte Behandlung bringen, aber sie wecken auch schnell Zweifel. Niemand verläßt sich gern auf jemanden, der glaubt, sich aus zukünftigen Schwierigkeiten herauskaufen zu können. Und niemand fühlt sich gern bestochen.

Auf internationaler Ebene erkennen wir leichter, wie gefährlich es sein kann, durch Appeasement-Politik ein gutes bilaterales Verhältnis aufbauen zu wollen. Chamberlains irrige Annahme, »Frieden für unsere Zeit« erkauft zu haben, als er 1938 in München Hitlers Forderungen nachgab, hat sich zu tief in unser kollektives Gedächtnis eingegraben, als daß wir diese Lektion nicht begriffen hätten.

Jene funktionierende Beziehung, die wir – ob nun als Individuen oder Nationen – anstreben, soll mit Meinungsunterschieden zurechtkommen. Sie stellt einen Prozeß dar, der Vernunft, Verständnis, Kommunikation, Vertrauenswürdigkeit, zwangfreie Methoden der Einflußnahme und gegenseitiges Akzeptieren einschließt. Solche Qualitäten lassen sich nicht entwickeln, indem man in Sachfragen nachgibt. Denn wenn wir auf diese Weise demonstrieren, daß die Gegenseite Konzessionen von uns erwarten kann, wird damit der Beziehungsprozeß, der es uns ermöglicht hätte, Streitigkeiten vernünftig und gerecht zu lösen, zerstört.

Versucht man eine Beziehung zu erkaufen, so ist das, als ob man sich erpressen ließe. Je mehr ich zahle, desto mehr wird man mich erpressen. Und um zukünftige faire Ergebnisse zu erreichen, ist Erpressung in keinem Fall ein gutes Mittel.

Um sicherzugehen, kann ich eine gute, funktionierende Beziehung verbessern, wenn ich meine bestehenden Verpflichtungen erfülle – indem ich Ihnen etwas gebe, was Ihnen rechtmäßig zusteht. Das ist aber schon wieder eine Frage der Vertrauenswürdigkeit. Sie bekommen etwas von mir, weil Sie ein Recht darauf haben. Es geht darum, daß ich Ihnen etwas schulde und nicht, daß ich hoffe, ein mir wohlgesonnenes Verhalten zu erkaufen.

Manchmal werden zwei Argumente angeführt, um Sachkonzessionen als Mittel zum Aufbau einer funktionierenden Beziehung zu rechtfertigen. So zunächst die Tatsache, daß um so weniger Probleme übrigbleiben, je mehr Sachkonzessionen beide Seiten machen. Das trifft natürlich insofern zu, als ein Zugeständnis oft dazu beiträgt, ein Einzelproblem zu lösen. Und wenn wir beide schon ein gutes Verhältnis zueinander haben, ist uns wahrscheinlich klar, daß Sie mir, wenn ich Ihnen heute ein Zugeständnis mache, irgendwann in Zukunft als Gegenleistung einen Gefallen erweisen werden. Doch so sollte man nur vorgehen, um letztendlich zur Klärung eines Problems zu gelangen und nicht, weil man die Hoffnung hegt, daß einseitiges Zurückstecken eine schlechte Beziehung in eine gute verwandeln könnte.

Das zweite Argument zugunsten von Sachkonzessionen lautet, daß die Gegenseite dafür zahlen sollte, wenn sie ein gutes Verhältnis zu ihrem Beziehungspartner wünscht. Aber wenn zwei Personen mit ihren gemeinsamen und widerstreitenden Interessen effektiv und klug umgehen können, dann haben beide einen Vorteil davon. In diesem Fall besteht kein Anlaß dazu, daß *eine* von beiden einseitige Konzessionen macht, um eine *für beide Seiten* einträgliche Beziehung aufzubauen. Sogar wenn kurzfristig gesehen die eine Seite mehr als die andere von einem guten Verhältnis profitiert, so wird sich diese doch auf lange Sicht als für beide günstiger erweisen. Wenn man für eine gute Beziehung zum anderen einen Preis verlangt, dann wird man ihr sehr wahrscheinlich gerade dadurch Schaden zufügen.

Unsere Schwierigkeiten bessere Beziehungen aufzubauen erklären sich zum Teil daraus, daß wir uns oft so verhalten, daß unsere Sachinteressen die Beziehung, mit der wir sie erreichen wollen, beeinträchtigen. Entweder bestimmen die kurzfristigen Interessen unser Verhalten derart, daß die langfristigen Ziele zu kurz kommen. Oder wir verquicken unsere sachlichen Differenzen mit dem Beziehungsablauf, indem wir zur Verbesserung des beiderseitigen Verhältnisses Konzessionen fordern oder gewähren. Als ersten Schritt zu einer funktionierenden Beziehung müssen wir deshalb die Frage, *wie* wir Sachprobleme angehen, von diesen Sachproblemen selbst freimachen. Auf dieser Grundlage wird im nächsten Kapitel eine Strategie oder ein Programm entwickelt, das es Ihnen ermöglichen soll, eine gute, funktionierende Beziehung aufzubauen.

3. Eine Strategie

Seien Sie vorbehaltlos konstruktiv

In Kapitel 1 wurde eine Art von Beziehung beschrieben, durch die sich Meinungsverschiedenheiten leichter beilegen lassen. Aber auch wenn wir verstanden haben, was für eine Beziehung wir brauchen, um zu bekommen, was wir wollen, und auch wenn wir Beziehungs- und Sachprobleme voneinander trennen, verhalten wir uns nicht unbedingt so, wie es einer guten, funktionierenden Beziehung zuträglich wäre.

Meist richten wir uns in all unseren Beziehungen nicht bewußt nach irgendeiner Strategie – d.h. nach bestimmten Verhaltensmaßregeln oder Richtlinien, die unserer Meinung nach das Verhältnis zum anderen verbessern könnten. Häufig reagieren wir nur auf das, was unser Gegenüber tut. Oder unsere Emotionen gewinnen über jegliche Logik die Oberhand, so daß wir nicht mehr in der Lage sind, systematisch vorzugehen. Manchmal jedoch verhalten wir uns bewußt nach einer bestimmten Strategie – einer Theorie darüber, wie wir unser Verhältnis zu anderen verbessern könnten –, ohne zu erkennen, wie unzureichend sie ist.

Um zu einer unseren Vorstellungen entsprechenden Beziehung zu gelangen, benötigen wir also einige genauere Leitlinien. Zumindest müssen wir zwei weit verbreitete Fehler vermeiden:

1. Wir ignorieren parteiische Wahrnehmungsweisen, d.h. wir vergessen, wie unterschiedlich Menschen Dinge sehen können.
2. Wir erwarten Gegenseitigkeit, d.h. wir versuchen eine Beziehung aufzubauen, indem wir von anderen erwarten, daß sie unserem Leitbild folgen, bzw. indem wir selber dem ihren folgen.

Hüten Sie sich vor parteiischen Wahrnehmungsweisen; vergessen Sie nicht, wie unterschiedlich Menschen dieselben Dinge sehen können

Jeder von uns braucht Beziehungen zu anderen, die es ihm erlauben, erfolgreich alle möglichen auftauchenden Probleme zu bewältigen. Wenn ich versuche, eine derartige Beziehung zu Ihnen aufzubauen, besteht immer die Gefahr, daß ich mir dabei zu wenig bewußt bin, wie unterschiedlich wir die Welt sehen. Im schlimmsten Fall wird jeder von uns alles mögliche auf seine eigene Weise wahrnehmen: sich selbst, sein Gegenüber, was zwischen uns beiden zur Debatte steht, in welchem Zustand sich unsere Beziehung gerade befindet und wie sie sich entwickeln könnte. Wenn ich diese Unterschiede nicht erkenne, werden sie unsere Fähigkeit, Probleme zu lösen, beeinträchtigen.

Wir alle neigen dazu, Dinge so zu sehen, daß unsere eigenen Interessen einen unverhältnismäßig breiten Raum einnehmen. Und die Tatsachen, die uns am meisten betreffen, nehmen wir am deutlichsten wahr. Je mehr wir über etwas wissen, desto wichtiger wird es uns auch erscheinen. Wenn direkt vor unserem Haus ein Autounfall passiert, dann nimmt uns das mehr mit, als wenn Zehntausende von Kilometern entfernt die Erde bebt; wenn unser Picknick durch einen Regenschauer verdorben wird, beschäftigt uns das mehr als ein Taifun im Fernen Osten.

Die Art, wie wir Dinge wahrnehmen und wie sich unsere Überzeugungen herausbilden, ist ein sehr persönlicher Vorgang. Jeder von uns:

- macht unterschiedliche Erfahrungen;
- richtet seine Aufmerksamkeit jeweils auf verschiedene Aspekte dieser Erfahrungen;
- beachtet vor allem Tatsachen, die seine schon bestehenden Ansichten untermauern;
- siebt und klassifiziert Informationen, um sie leichter speichern zu können;
- ruft Informationen so ab, daß sie ein zusammenhängendes »Bild« ergeben;

- verändert gespeicherte Informationen, um sie neuen Bedürfnissen anzupassen.

Psychologen haben herausgefunden, daß alle Menschen – wenn auch in individuell unterschiedlichem Maße – das Bedürfnis haben, ihre Wahrnehmungen und Überzeugungen in einen kohärenten Zusammenhang zu bringen. An dem Sprichwort: »Wo du stehst, hängt davon ab, wo du sitzt« ist viel Wahres. So sehen Gewerkschaftsführer bei Auseinandersetzungen zwischen Arbeitnehmern und Arbeitgebern meist unterbezahlte Arbeiter, gestiegene Preise und ein feindseliges Management. Die Arbeitgeber hingegen nehmen wahrscheinlich nur gut bezahlte Arbeiter, Kostensteigerungen und zahlreiche Drohungen von gewerkschaftlicher Seite wahr. Sogar zwei Menschen, die sich in einer sehr ähnlichen Position befinden, bemerken und erinnern sich an ziemlich verschiedene Dinge. Wenn wir uns zum Beispiel einmal in einen Vertreter des mittleren Management und in eine höhere Führungskraft hineinversetzen und mitverfolgen, was sie an einem Freitagnachmittag nach einer schlechten Woche denken, werden wir wohl feststellen, daß ihre Gedanken ungefähr denen in der Gegenüberstellung auf der folgenden Seite entsprechen.

Macht man sie beide erst einmal auf ihre unterschiedlichen Wahrnehmungsweisen aufmerksam, dann müßten sie eigentlich ohne Schwierigkeiten imstande sein, einander zu verstehen. Gibt es aber mehr, was zwei Menschen in räumlicher, kultureller und sozialer Hinsicht sowie bezüglich ihrer Rolle voneinander trennt, dann unterscheiden sich ihre Wahrnehmungsweisen weit mehr voneinander, und beide werden es um so schwieriger finden, sich in die Sichtweise des jeweils anderen einzufühlen.

Eine erfolgreiche Strategie für eine funktionierende Beziehung muß berücksichtigen, daß alle Beteiligten ihre Differenzen unterschiedlich wahrnehmen. In dieser Hinsicht ist das Verhältnis zwischen den USA und der Sowjetunion besonders kompliziert. Die Politiker dieser beiden Länder leben in verschiedenen Kulturen und können, je nachdem, manche Ereignisse aus großer Nähe, einige nur aus weiter Entfernung mitverfolgen. Außerdem bewerten sie diese Fakten unter dem Einfluß verschiedener Ideologien, Wertvorstel-

Parteiische Wahrnehmungsweisen

Mittlerer Manager	*Höhere Führungskraft*
Der Chef ändert seine Geschäftspolitik wie ein Chamäläon.	Die Leute, die für mich arbeiten, reagieren furchtbar langsam auf meine Anweisungen.
In dieser Firma gibt es viel zu viel Papierkrieg.	Die Leute sind mit ihrem monatlichen Bericht im Rückstand.
Ich arbeite an den meisten Abenden und Wochenenden, doch mein Chef geht um 6 Uhr nach Hause.	Als ich in ihrer Position war, habe ich Tag und Nacht gearbeitet, um befördert zu werden.
Diese Firma honoriert Berufserfahrung nur, wenn sie anderswo erworben wurde. Neue Leute werden mir vorgezogen.	Die Leute, die wir ausbilden, verlassen die Firma und gehen zur Konkurrenz.
Anderswo könnte ich wahrscheinlich mehr Geld verdienen.	Wir zahlen unseren Leuten weit mehr, als ich in ihrem Alter verdient habe.
In einer höheren Position könnte ich selbständiger arbeiten.	Meine Leute haben ja keine Ahnung, unter was für einem Druck ich stehe.
Wir werden immer erst in letzter Minute über neue Geschäftsstrategien informiert.	Die Leute informieren mich immer erst in letzter Minute, wenn es Probleme gibt.
Mein Chef vertraut mir nicht; immer schaut er mir über die Schulter.	Ich mühe mich ab und widme meinen Leuten Zeit, um sie weiterzubilden.
Sie schätzen meine Arbeit nicht.	Sie schätzen meine Arbeit nicht.

lungen und Interessen. Deshalb können sie die Dinge einfach nicht in derselben Weise wahrnehmen.

Nehmen wir einmal die Frage der Vertrauenswürdigkeit. Es ist für jeden einsichtig, daß es schwierig ist, mit jemandem zusammenzuarbeiten, dem man nicht vertrauen kann, weil er irreführende Stellungnahmen abgibt oder seine Versprechen nicht hält. Für die USA und die Sowjetunion liegt das Problem jedoch nicht nur in mangelnder Vertrauenswürdigkeit, sondern auch in sehr unterschiedlichen Vorstellungen von Vertrauenswürdigkeit. Um das Verhältnis zwischen den beiden Regierungen zu verbessern, benötigen wir eine Strategie, die trotz dieser unterschiedlichen Wahrnehmungsweisen funktioniert. Die Frage, welches von beiden Ländern nun objektiv mehr Vertrauen verdient, ist nur ein Aspekt des Problems (und mag vielleicht später von Historikern und Rechtswissenschaftlern entschieden werden). In einer konkreten Situation wäre das wahrscheinlich nicht einmal von Bedeutung. Entscheidend ist nur, daß leider jede Regierung sich selbst für vertrauenswürdiger hält als die andere; auf jeden Fall aber für vertrauenswürdiger, als sie es nach Auffassung der anderen Regierung ist.

Die Tabellen auf den beiden folgenden Seiten verdeutlichen, wie sich die USA und die Sowjetunion im Jahre 1987 in dieser Hinsicht gegenseitig einschätzten.

Die Tatsache, daß die Sichtweisen beider Länder sich unterscheiden und daß jede Seite positive Vorurteile über sich selbst hegt, stellt ein schwerwiegendes Hindernis für eine zur Konfliktlösung fähige Beziehung dar. Parteiische Auffassungen über Sachfragen führen zu neuen Meinungsverschiedenheiten und erschweren die Beilegung schon bestehender Differenzen.

Parteiische Auffassungen über die Art und Weise, wie wir miteinander umgehen, können sogar noch größeren Schaden anrichten. Wenn ich Kooperationsbereitschaft, Verständnis und Aufrichtigkeit schätze, bin ich meist mehr als Sie davon überzeugt, daß mein Verhalten diesen Maximen entspricht. Und wenn wir ernsthafte Meinungsverschiedenheiten haben, werde ich wahrscheinlich den Eindruck haben, daß es Ihnen an diesen Qualitäten fehlt.

Parteiische Sichtweisen

Die Vertrauenswürdigkeit der USA

Aus der Sicht der USA	*Aus der Sicht der UdSSR*
Der SALT II Vertrag ist nicht bindend, weil er niemals ratifiziert wurde.	Die USA haben zwar den SALT II Vertrag unterzeichnet, dann aber den Senat nie aufgefordert, ihm zuzustimmen.
Die USA haben das Recht, den ABM-Vertrag neu auszulegen, da die UdSSR dies ebenso tun könnte.	Erst haben die USA den ABM-Vertrag unterzeichnet und ihn dann vierzehn Jahre später so »uminterpretiert«, daß er auf das Gegenteil dessen hinausläuft, was die Unterhändler und der amerikanische Senat ursprünglich darunter verstanden.
Da kein umfassender Vertrag über einen Atomteststop geschlossen wurde, haben die USA das Recht, weiter Atomtests durchzuführen.	Die USA haben den Atomwaffensperrvertrag unterzeichnet und sich damit verpflichtet, jegliche Atomtests für immer einzustellen. Nun aber mißachten sie diese Verpflichtung, weil sie weiter Tests durchführen wollen, solange es Atomwaffen gibt.
Angesichts der sowjetischen Bedrohung und Unterwanderung müssen die USA das Recht haben, sich gegen Terrorakte und Aggressionen zu wehren.	Die USA verletzen das Völkerrecht, indem sie die nicaraguanischen Häfen verminen, Libyen bombardieren und sogar versuchen, legale, von ihnen selbst anerkannte Regierungen zu stürzen.

Parteiische Sichtweisen

Die Vertrauenswürdigkeit der UdSSR

Aus der Sicht der USA	*Aus der Sicht der UdSSR*
Die Radaranlage von Krasnoyarsk stellt eine Verletzung des ABM-Vertrages dar.	Diese Radaranlage ist eine im Rahmen des ABM-Vertrages erlaubte Vorrichtung zur Luftraumüberwachung.
Die UdSSR hat wahrscheinlich bei ihren Atomversuchen den 1974 geschlossenen Vertrag zum Verbot unterirdischer Nukleartests mit mehr als 150 kt Sprengkraft gebrochen.	Die Untersuchungen der USA überschätzen fortlaufend das Ausmaß der sowjetischen Atomtests. Inoffizielle amerikanische Experten sind sich einig, daß bei keinem Versuch das 150 Kilotonnen-Limit überschritten wurde.
Die UdSSR bricht ständig ihre Versprechen.	Die UdSSR hält ihre vertraglichen Verpflichtungen exakt ein.
Die UdSSR mißachtet den Geist von Verträgen.	Wir halten jeden Vertrag buchstabengetreu ein.

Folglich werde ich Sie wahrscheinlich für die Probleme in unserer Beziehung verantwortlich machen und meine eigenen Fehler als weniger schwerwiegend einstufen als die Ihren: »Sie hören mir nie zu, also hat es keinen Sinn, mit Ihnen zu reden.« Wenn parteiische Sichtweisen zu negativen Reaktionen führen, verschlechtert sich also das gegenseitige Verhältnis.

Die Konsequenzen parteiischer Sichtweisen sind, wie im nächsten Abschnitt dargestellt, besonders gravierend, wenn jede Seite sich nach dem Prinzip der Gegenseitigkeit verhält.

Verlassen Sie sich nicht auf Gegenseitigkeit, wenn Sie eine Beziehung aufbauen – erwarten Sie nicht, daß die anderen Ihrem Beispiel folgen, und folgen Sie nicht unbedingt dem Beispiel der anderen

Die gute Beziehung, nach der wir streben, beruht auf Gegenseitigkeit. Zwei Menschen werden geschickter mit ihren Meinungsverschiedenheiten umgehen, wenn beide sich rational verhalten, beide die Sichtweise des anderen verstehen, beide effektiv miteinander kommunizieren und vertrauenswürdig sind; wenn keiner von ihnen versucht, den anderen zu erpressen, und jeder den anderen als Person akzeptiert, deren Interessen und Ansichten es wert sind, berücksichtigt zu werden.

Das Prinzip der Gegenseitigkeit ist in Sachverhandlungen, wo eine Gefälligkeit oder ein Zugeständnis einer Seite von der Gegenseite mit ebensolchem Verhalten beantwortet wird, etwas ganz Normales. Wenn ich für meinen Nachbarn im Winter Schnee schaufle, während er verreist ist, dann kann ich mit gutem Recht von ihm verlangen, daß er meinen Rasen mäht, wenn ich im Sommerurlaub bin. Es ist ein Gebot der Fairness, daß die UdSSR, wenn sie die USA auffordert, ihre Atomraketen um 50% zu reduzieren, gleichzeitig anbietet, ihr eigenes Raketenarsenal ebenfalls um 50% zu verringern. Manchmal kann man sich darüber streiten, was nun gerecht ist: Wenn Sie meine Kinder letzte Woche von der Schule abgeholt und nach Hause gefahren haben, bin ich Ihnen dann schuldig, den ganzen Samstag auf Ihren Sohn aufzupassen? Nichtsdestoweniger ist das Prinzip der Gegenseitigkeit bei Sachverhandlungen ein allgemein akzeptierter, objektiver Grundsatz der Fairness.

Da wir ja nun eine auf Gegenseitigkeit beruhende Beziehung anstreben, und da Gegenseitigkeit eine solide Basis für die Regelung von Sachfragen ist, haben wir natürlich die Neigung, Gegenseitigkeit in irgendeiner Form als Schlüssel für eine effiziente, funktionierende Beziehung anzusehen. Diese Neigung ist aber gefährlich. In gewisser Weise gleicht eine solche Strategie der Anwendung jener Goldenen Regel: »Was du nicht willst, das man dir tu', das füg auch keinem anderen zu.« Andererseits kann diese Maxime auch zu einer feindseligen Politik des »Auge um Auge, Zahn um Zahn« führen: »Ich werde dich so schlecht behandeln, wie du mich behandelt hast«. Beide Verhaltensweisen bergen Gefahren in sich.

Die Goldene Regel. Die Goldene Regel dient dazu, mir verständlich zu machen, wie mein eigenes Verhalten auf Sie zurückwirken kann und was für ein Verhalten Sie möglicherweise von mir erwarten. Wenn Sie als Angehöriger des mittleren Management möglichst von Ihren Vorgesetzten konsultiert werden möchten, bevor diese größere, auch für Sie selbst bedeutsame Entscheidungen treffen, dann können Sie sicher sein, daß ich mir als Ihr Untergebener eine ähnliche Behandlung wünsche. Doch beruht die Goldene Regel eben *nicht* auf der Prämisse, daß Sie, wenn ich mich so verhalte wie Sie es gern hätten, mit Sicherheit ebenso handeln werden. Wenn ich es vermeide, Sie öffentlich zu kritisieren, heißt das noch lange nicht, daß sie ebenfalls darauf verzichten werden. Wenn ich von solch einer optimistischen Annahme ausgehend – nämlich daß Sie mein

---

Die Goldene Regel, in extremis angewandt

---

1. *Vernunft.* Da ich möchte, daß Ihr Handeln auf Ihrer Sympathie für mich basiert, lasse ich mich bei meinem Handeln nicht von Vernunft, sondern von meiner Sympathie für Sie leiten.
2. *Verständnis.* Da ich möchte, daß Sie meine Einschätzung der Situation für richtig halten, akzeptiere ich Ihre Einschätzung.
3. *Kommunikation.* Da ich Sie nicht mit meinen Problemen behelligen möchte, ist es nicht erforderlich, daß wir uns über unsere Meinungsverschiedenheiten unterhalten.
4. *Vertrauenswürdigkeit.* Da ich möchte, daß Sie vollkommenes Vertrauen zu mir haben, vertraue ich Ihnen vollkommen.
5. *Druck/Überzeugung.* Da ich möchte, daß Sie meinen Forderungen nachgeben, gebe ich den Ihren nach.
6. *Akzeptieren.* Da ich möchte, daß Sie meine Interessen und Ansichten als vorrangig akzeptieren, erkenne ich die Ihren als vorrangig an.

Verhalten erwidern – versuche, eine funktionierende Beziehung aufzubauen, dann werde ich dabei gefährliche Fehler machen.

Dies läßt sich dann ersehen, wenn man überprüft, wie eine solche Strategie sich auf all die Eigenschaften auswirken würde, die wie im letzten Kapitel festgestellt, für eine gute, funktionierende Beziehung wichtig sind.

Niemand wird diese Strategie ernstlich empfehlen – obwohl das manchen Leuten, die sich um bessere Beziehungen bemühen, vorgeworfen wird, und obwohl andere Leute Teile dieser Strategie für richtig halten, wie zum Beispiel den Grundsatz, daß man nicht über Meinungsverschiedenheiten sprechen sollte. Sein Verhalten vollkommen nach der Prämisse auszurichten, daß andere dem eigenen Beispiel folgen werden, ist unklug und äußerst risikoreich. Mag sein, daß ich mir wünsche, Ihr Verhalten möge weitgehend von Ihrer Sympathie für mich geprägt sein – wenn jedoch mein Handeln nur von meiner Sympathie für Sie geleitet wird, wird uns das trotzdem nicht helfen, schwerwiegende Differenzen zu klären. Und wie sehr ich auch hoffe, daß Sie meine Sicht der Situation uneingeschränkt akzeptieren mögen – die Auseinandersetzung mit der Realität wird für uns dann trotzdem nicht leichter, wenn ich Ihre Auffassungen ohne wenn und aber anerkenne. Wie unerfreulich es auch manchmal sein mag, über divergierende Auffassungen zu diskutieren, so ist es doch die einzige Möglichkeit, sich erfolgreich mit Ihnen auseinanderzusetzen. Und wenn wir jedem nur deshalb vertrauen würden, weil wir es gern hätten, daß jeder uns Vertrauen entgegenbringt, dann wären wir sicherlich enttäuscht – und bald pleite. Auf den beiderseitigen guten Willen zu vertrauen ist keine gesunde Basis für eine funktionierende Beziehung.

Das gilt besonders dann, wenn man die Existenz parteiischer Sichtweisen berücksichtigt. Wenn ich eine Strategie verfolge, die darauf baut, daß Sie sich ebenso verhalten wie ich, dann werden Sie diesen Test wahrscheinlich nicht bestehen. Denn auch dann, wenn Sie überzeugt sind, daß Ihr Verhalten nicht schlechter zu bewerten ist als meines, werde ich selbst es wahrscheinlich negativer beurteilen als Sie. Und das wiederum könnte mich entmutigen und dazu führen, daß ich eine andere, Ihnen gegenüber feindseligere Strategie einschlage.

Auge um Auge. Da blindes Vertrauen auf Gegenseitigkeit offensichtlich Gefahren in sich birgt, halten es manche Leute für sinnvoll, die Aussicht auf reziprokes Verhalten als Druckmittel zu benutzen. Dabei gehen sie davon aus, daß das Beziehungsklima von der Gegenseite bestimmt wird. Wenn Sie mich also gut behandeln, dann gehe ich auch gut mit Ihnen um. Ansonsten behandle ich Sie genauso, wie Sie mich behandeln. Dieses Vorgehen basiert ebenfalls auf dem Prinzip der Gegenseitigkeit und ließe sich folgendermaßen zusammenfassen:

Auge um Auge

1. *Vernunft und Emotion.* Da Ihr Denken von Ärger beherrscht ist, lasse ich mich in meinem Denken ebenfalls davon leiten.
2. *Verständnis.* Da Sie mich mißverstehen, interpretiere ich Ihr Verhalten auch auf die negativste Weise (der beste Weg, um Mißverständnisse hervorzurufen!).
3. *Kommunikation.* Da Sie mir nicht zuhören, höre ich Ihnen auch nicht zu.
4. *Vertrauenswürdigkeit.* Da Sie offensichtlich versuchen, mich hereinzulegen, versuche ich Sie auch zu hintergehen.
5. *Zwangfreie Möglichkeiten der Beeinflussung.* Da Sie versuchen, mich unter Druck zu setzen, versuche ich ebenfalls, Druck auf Sie auszuüben.
6. *Gegenseitiges Akzeptieren.* Da Sie mich und meine Ansichten und Interessen mißachten, bringe ich Ihnen die gleiche Haltung entgegen.

Eine solche Strategie mag daher rühren, daß ich mich frage, warum ich mich konstruktiver verhalten sollte als Sie. Oder auch daher, daß ich überzeugt bin, Sie nur durch Bestrafung zu einem positiveren Verhalten bewegen zu können. Ungeachtet dessen läßt sich durch ein solches Vorgehen eine schlecht funktionierende Beziehung nicht verbessern. Wenn mein Benehmen lediglich das Ihrige widerspiegelt, dann werden wir niemals unsere feindseligen Verhaltensstrukturen verändern, und ich akzeptiere damit die von Ihnen eingeschlagene destruktive Linie.

Auch hier wird wieder die Situation durch parteiische Sichtweisen noch mehr verschärft. Denn mit ziemlich großer Sicherheit werde ich Ihr Benehmen als negativer empfinden als mein eigenes. Wenn wir jeweils das Verhalten des anderen kopieren, wird sich unsere Beziehung durch unsere parteiischen Sichtweisen wie in einer Abwärtsspirale verschlechtern. Ich lege Ihr Handeln negativ aus und verhalte mich Ihnen gegenüber feindseliger. Sie wiederum interpretieren mein Verhalten in gleichermaßen vorurteilsbeladener Weise und legen ebenfalls ein negativeres Benehmen an den Tag. Die Kommunikation reißt ab, es entstehen immer mehr Mißverständnisse, und das Vertrauen schwindet.

Ein deutliches Beispiel hierfür finden wir in persönlichen Beziehungen, wenn zwei Menschen darauf warten, daß sich jeweils der andere entschuldigt. Je mehr Zeit verstreicht, desto größer wird auf beiden Seiten der Ärger und desto mehr sinkt die Bereitschaft, sich als erster zu entschuldigen. Und eine verspätete und wahrscheinlich widerwillige Entschuldigung kann dann ein Problem, das ansonsten schnell hätte beseitigt werden können, auch nicht mehr lösen.

In vielen Situationen, wie zum Beispiel bei der Ausweisung eines nicht allzu hochrangigen Diplomaten, der der Spionage verdächtigt wird, ist eine solche Politik des »Auge um Auge« vielleicht noch kontrolliert einsetzbar. Wenn man in wichtigeren und nicht so eindeutigen Situationen – so zum Beispiel bei Rüstungskontrollverhandlungen und Ehescheidungsfällen, wo die Parteien sich nicht sicher sind, ob die Gegenseite in gutem Glauben verhandelt, ob sie alle wichtigen Fakten offen auf den Tisch legt und ernstgemeinte Vorschläge macht – das Handeln des anderen auf der Grundlage parteiischer Vorurteile interpretiert und einfach nur sein Verhalten kopiert, dann schwindet die Fähigkeit Probleme zu lösen zunehmend.

Ich werde in jeder Situation meine Führungsrolle einbüßen, wenn ich mich so negativ wie mein Gegenüber verhalte. Ich vergebe nämlich auf diese Weise die enorme Chance, unseren Umgangsstil zu bestimmen. Wenn jede Seite darauf wartet, daß die andere den ersten Schritt tut, um die Beziehung zu verbessern, wird es keine Verbesserung geben. Wenn man auf das Handeln der Gegenseite immer nur mit ähnlichem Verhalten reagiert, dann ist es äußerst schwierig, mit Meinungsverschiedenheiten umzugehen. (Wer an Spieltheorie interessiert ist, wird am Ende des Buches einige Erläuterungen finden, die diese Bemerkungen hier auf Argumente beziehen, wie sie zugunsten einer vereinfachten »wie du mir, so ich dir«-Taktik vorgebracht worden sind.)

Wir haben somit also zwei grundlegende Erklärungen für das häufige Scheitern unserer Versuche, eine gute, funktionierende Beziehung aufzubauen: Erstens neigen wir zu parteiischen Sichtweisen; und zweitens gehen wir nach dem Prinzip der Gegenseitigkeit vor. Schon jeder Faktor allein kann eine Strategie zur Verbesserung einer Beziehung zunichte machen. Beide zusammengenommen aber haben fast immer einen fatalen Effekt.

Voraussetzungen für eine erfolgreiche Strategie

Wenn die in den ersten drei Kapiteln dieses Buches durchgeführte Analyse zutrifft, dann muß eine Strategie für eine besser funktionierende Beziehung bestimmten hohen Ansprüchen genügen:

Sie darf nicht von Meinungsunterschieden abhängig sein. Auf keinen Fall sollte sie Übereinstimmung in Sachfragen erfordern. Übereinstimmende Auffassungen sind zwar bequem, aber je gravierender unsere Differenzen sind, desto mehr benötigen wir eine gute, funktionierende Beziehung, um sie in den Griff zu bekommen. Wir brauchen eine »Allwetterstrategie«.

Sie darf nicht von Zugeständnissen abhängig sein. Unsere Strategie sollte weder erfordern, daß wir anderen nachgeben, noch sollte sie dasselbe von anderen verlangen.

Sie darf nicht von parteiischen Auffassungen abhängig sein. Wir sollten uns immer bewußt sein, in welchem Ausmaß wir viele Dinge anders als andere sehen. Unser Verhalten sollte nicht auf der Annahme beruhen, daß wir im Besitz der alleinigen Wahrheit sind und die Gegenseite unrecht hat. Obwohl wir in vielen konkreten Fällen der Überzeugung sein mögen, daß wir im Recht sind, so ist es doch unmöglich, eine Beziehung auf der Prämisse aufzubauen, daß der andere immer im Unrecht ist.

Sie darf nicht auf dem Prinzip der Gegenseitigkeit beruhen. Wir sollten weder erwarten, daß die andere Seite ein beispielhaftes Verhalten an den Tag legt, noch sollten wir davon ausgehen, daß sie unserem Vorbild folgen wird.

Sie sollte nicht auf einer festgefügten »Lagermentalität« beruhen. Wenn wir ein weitgehendes gegenseitiges Verständnis anstreben und offen für überzeugende Argumente sein möchten, dann sollte eine gute Strategie uns die Möglichkeit lassen, unsere Meinung darüber, wer auf unserer Seite ist und wer nicht, zu ändern. Ebenso wie ein Nachbar zu einem Mitglied der Familie werden kann, können Geschäftskonkurrenten zu Partnern und ehemalige Feinde zu militärischen Verbündeten werden. Das Aufbauen von Beziehungen sollte ein Prozeß mit offenem Ende sein.

Eine bewährte Strategie: Seien Sie vorbehaltlos konstruktiv

In diesem Kapitel wurde das Hauptgewicht auf die Beschreibung einer Strategie gelegt, die den oben beschriebenen Ansprüchen standhalten muß. Diese Strategie ist kein Wundermittel, durch das Kriminelle zu vertrauenswürdigen Freunden, Geschäftskonkurrenten zu verläßlichen Kollegen und Feinde zu Verbündeten werden. Eine solche Strategie gibt es nicht. Was wir hier anbieten, ist ein Denkgerüst, ein uns vernünftig erscheinender Ansatz und einige Faustregeln, die sich in manchen Situationen als hilfreich erweisen können.

Ich möchte in jeder Beziehung in der Lage sein, die Chancen für eine Zusammenarbeit zu verbessern und meine eigenen Sachinteressen voranzubringen, ungeachtet dessen, ob die Gegenseite nun so darauf reagiert, wie ich es mir wünsche, oder nicht. Kurz, ich suche nach Verhaltensrichtlinien, die sowohl für die Beziehung als auch für mich selbst von Vorteil sind, unabhängig davon, ob Sie nun auch diesen Richtlinien folgen oder nicht. In diesem Sinne ist die hier vorgeschlagene Strategie »vorbehaltlos konstruktiv«.

Da wir eher in der Lage sein werden, unsere Meinungsverschiedenheiten vernünftig und schnell zu regeln, wenn wir beide konstruktiv an die Beziehung herangehen, möchte ich letztlich, daß diese Verhaltensmaßregeln auch für Sie von Vorteil sind. Ich wünsche mir sogar, daß es für Sie die bestmöglichen sind. Sie sollten für Sie ebenso von Vorteil sein wie für mich.

Kurzgefaßt sieht diese Strategie etwa so aus:

Eine vorbehaltlose konstruktive Strategie

Wir tun Dinge, die sowohl für die Beziehung als auch für uns von Vorteil sind, ohne Rücksicht darauf, ob die Gegenseite ebenso handelt oder nicht.

1. *Rationalität.* Auch wenn die anderen emotional reagieren, sollten wir versuchen, unsere Emotionen durch Vernunft auszugleichen.
2. *Verständnis.* Auch wenn die anderen uns mißverstehen, sollten wir trotzdem versuchen, sie zu verstehen.
3. *Kommunikation.* Auch wenn die anderen uns nicht zuhören, so sollten wir doch mit ihnen Rücksprache halten, bevor wir Entscheidungen treffen, die sie betreffen.
4. *Vertrauenswürdigkeit.* Auch wenn die anderen versuchen, uns zu täuschen, und wir allen Grund haben, ihnen nicht zu trauen, sollten wir doch unsererseits nicht versuchen, sie zu hintergehen; wir sollten selbst vertrauenswürdig sein.
5. *Zwangfreie Methoden der Einflußnahme.* Auch wenn die anderen versuchen, auf uns Druck auszuüben, sollten wir diesem Druck weder nachgeben noch selbst versuchen, sie unter Druck zu setzen; wir sollten offen für überzeugende Argumente sein und selbst versuchen, die anderen zu überzeugen.
6. *Den anderen akzeptieren.* Auch wenn die anderen uns und unsere Interessen nicht der Beachtung wert finden, sollten wir sie und ihre Interessen ernst nehmen, uns mit ihnen auseinandersetzen und bereit sein, von ihnen zu lernen.

Diese Verhaltensmaßregeln sollen Sie nicht zu einem »guten« Menschen im moralischen Sinne machen, sondern Ihnen ein effizienteres Vorgehen ermöglichen. Sie entspringen nüchternen, eigennützigen Motiven und sollen jedem, der nach besser funktionierenden Beziehungen strebt, eine praktische Hilfe sein. Daß ihnen außerdem ein hoher moralischer Stellenwert zukommt, ist noch ein zusätzlicher Bonus, denn ich kann stolz darauf sein, daß wir aufgrund meiner Bemühungen nun besser in der Lage sind, unsere Meinungsverschiedenheiten zu regeln.

In jeder Beziehung werden wir unweigerlich irgendwann mit ernsthaften Interessenskonflikten konfrontiert. Doch fast immer werden wir trotz allem *ein* gemeinsames Interesse haben: das Interesse daran, mit diesen Konflikten so geschickt wie möglich umzugehen. Normalerweise liegt keinem Partner in einer Beziehung daran, daß der andere schlechte Arbeit leistet. Es ist kein Widerspruch, wenn ich meine Eigeninteressen, die den Ihrigen zuwiderlaufen, durchsetzen will und gleichzeitig meine und Ihre Fähigkeit, mit diesen widersprüchlichen Interessen umzugehen, verbessern möchte.

Die Tabelle auf der folgenden Seite verdeutlicht anhand einer Beziehung zwischen zwei Personen, warum jedes Element des hier vorgestellten Ansatzes sowohl für das Verhältnis der beiden Partner als auch für ihre Sachinteressen von Vorteil sein kann.

Wir beide können uns an diese Strategie halten, ohne unsere jeweiligen Sachinteressen aufs Spiel zu setzen. Ganz gleich, wie Sie nun auf mein Verhalten reagieren, ich werde mit dieser Strategie wahrscheinlich besser dastehen als mit irgendeiner anderen. Und wenn Sie nach dieser Methode vorgehen, dann werden Sie, ganz gleich, ob ich darauf eingehe oder nicht, ebenfalls besser dastehen.

Jedes der nächsten sechs Kapitel beschäftigt sich mit einem der sechs Grundelemente einer Beziehung. Jedes behandelt einen Aspekt, der sowohl für eine funktionierende Beziehung als auch für die Strategie zum Aufbau einer solchen Beziehung problematisch sein kann.

Vorbehaltlos konstruktiv

Vorbehaltlos konstruktiv sein – Verhaltensempfehlung:	**Ist von Vorteil für die Beziehung, weil:**	**Ist von Vorteil für mich, weil:**
1. Vernunft und Emotion miteinander ausgleichen.	Ein sinnloses Aufeinandereinschlagen wird weniger wahrscheinlich.	Ich mache weniger Fehler.
2. Den anderen zu verstehen versuchen.	Je besser ich Sie verstehe, desto weniger Konflikte werden entstehen.	Je weniger ich im Dunkeln tappe, desto bessere Lösungen kann ich finden und desto eher bin ich in der Lage, Sie zu beeinflussen.
3. Fragen, Rücksprache halten und zuhören.	Wir beide sind an der Entscheidungsfindung beteiligt. Gute Kommunikation hat einen positiven Einfluß darauf.	Ich laufe weniger Gefahr, Fehler zu machen, ohne jedoch meine Entscheidungsmöglichkeiten zu beeinträchtigen.
4. Vertrauenswürdig sein.	Trägt dazu bei, Vertrauen und Zuversicht aufzubauen.	Was ich sage, wird mehr Gewicht haben.
5. Für überzeugende Argumente offen sein; selbst versuchen, den anderen zu überzeugen.	Wenn Menschen überzeugt anstatt unter Druck gesetzt werden, dann verbessern sich sowohl die Ergebnisse als auch deren Akzeptanz.	Wenn ich offen bin, lerne ich dazu; es ist leichter sich gegen Druck zur Wehr zu setzen, wenn man für überzeugende Argumente offen ist.
6. Den anderen als Person akzeptieren, die es wert ist, daß man sich mit ihr auseinandersetzt, und von der man lernen kann.	Um mit unseren Meinungsverschiedenheiten zurechtzukommen, muß ich mit Ihnen zurechtkommen und aufgeschlossen sein.	Wenn ich mich mit Ihnen und der Realität auseinandersetze, dann lerne ich leichter die Fakten kennen und kann Sie von Fall zu Fall sachgerecht überzeugen.

II. Grundelemente einer funktionierenden Beziehung

4. Vernunft

Bemühen Sie sich um ein Gleichgewicht zwischen Gefühl und Vernunft

Emotionen haben, wenn auch in jeweils unterschiedlichem Maße, auf alle unsere Beziehungen Auswirkungen. Sie beeinflussen unser Denken und unser Verhalten. Ob wir nun gerade eine Zufallsbekanntschaft machen oder einen alten Freund wiedersehen – fast immer wird die Art wie der andere aussieht, lächelt, redet und uns die Hand schüttelt, bestimmte Gefühle bei uns auslösen. Diese reichen von solchen, die wir im allgemeinen als positiv erachten wie Liebe, Bewunderung, Respekt und Interesse, bis hin zu als negativ empfundenen Emotionen wie Angst, Haß, Ärger und Schuldgefühlen. Aber ob es uns nun gefällt oder nicht: Emotionen lassen sich nicht einfach abstellen. Wir können uns unsere Gefühle nicht aussuchen, und wenn wir einmal wütend sind, dann sollten wir das ebensowenig nach moralischen Kriterien beurteilen, wie wenn wir frieren oder Hunger haben. Auf eines haben wir allerdings sehr wohl Einfluß und können uns auch ein Urteil darüber erlauben – nämlich auf die Art und Weise, wie wir unsere Emotionen ausdrücken.

Emotionen können für eine Beziehung hilfreich sein, denn sie vermitteln uns Informationen über uns und andere. Zuneigung und Einfühlungsvermögen können uns dazu bewegen, Meinungsverschiedenheiten beizulegen, doch Enttäuschung oder Angst können den gleichen Effekt haben. Empfinden wir Interesse und Sympathie für jemanden, so hören wir ihm aufmerksamer zu. Wut schließlich kann manchmal zu harter, konstruktiver Arbeit führen.

Andererseits können heftige Emotionen ein Verhalten bewirken, das uns daran hindert, mit Meinungsunterschieden zurechtzukommen. Angst und Kummer können das logische Denkvermögen beeinträchtigen. Wenn ich mich ärgere, bin ich unter Umständen nicht mehr bereit, mit Ihnen an einem gemeinsamen Problem zu arbeiten. Und auch Liebe kann einer Beziehung schaden, wenn Sie zur Folge hat, daß ich allzu bereitwillig Ihren Wünschen nachgebe und damit Entscheidungen ermögliche, die wir später vielleicht bereuen werden.

Rationale Entscheidungsfindung erfordert ein Gleichgewicht zwischen Vernunft und Emotionen

Alle Probleme, ob nun klein oder groß, haben eine emotionale Komponente. Zwei Menschen sollten aber auch dann fähig sein, ihre Meinungsverschiedenheiten klar zu erkennen, wenn sie dabei unterschiedliche und unterschiedlich intensive Gefühle erleben. Diese sollten nicht dazu führen, daß sie nicht mehr in der Lage sind, das Für und Wider der zur Wahl stehenden Optionen abzuwägen, bevor sie Entscheidungen treffen – gleich, ob es nun um die Nutzung des Familienwagens, um einen Rechtsstreit, einen Scheidungsfall, die Neufassung eines Vertrages aufgrund einer veränderten Marktlage oder um Waffenstillstandsverhandlungen zwischen zwei Ländern geht. In jedem Fall sollten Vernunft und Emotionen einander ergänzen und nicht überwältigen.

Ein Zuviel an Emotionen kann das Urteilsvermögen trüben. Wir sind kaum in der Lage klar zu denken, wenn unsere Gefühle überschäumen. Ein Vater, der darüber verärgert ist, daß sein Sohn das Auto zu spät – und mit fast leerem Benzintank – nach Hause bringt, ist nicht unbedingt in der richtigen Verfassung, um für die Zukunft gerechte Regeln für die Nutzung des Wagens festzulegen. Eine Angestellte, die fürchtet entlassen zu werden, sollte sich nicht dann mit ihrem Chef über die bestehenden Meinungsverschiedenheiten auseinandersetzen, wenn dieser gerade einen Streit mit seiner Frau gehabt hat.

Manche Menschen werden leicht von ihren Gefühlen überwältigt. Eine bevorstehende Prüfung, ein Zahnarzttermin oder eine Reise genügen schon, um bei ihnen die Fähigkeit, vernünftige Entscheidungen zu treffen, zu beeinträchtigen. Andere sind auch trotz großer Sorgen oder einer unmittelbar vorausgegangenen Auseinandersetzung in der Lage, klar und vernünftig zu denken und zu argumentieren. Doch irgendwann kommen wir alle einmal in Situationen, die uns so aus der Fassung bringen, daß es für uns schwierig, wenn nicht gar unmöglich wird, bedacht mit Konflikten umzugehen.

Je heftiger unsere Gefühle sind, desto eher werden sie die Oberhand über die Vernunft gewinnen. Je mehr Sie jemanden lieben oder respektieren, desto erzürnter werden Sie sein, wenn diese Person Ihrer Meinung nach zu Unrecht kritisiert wird, und desto weniger werden Sie in der Lage sein, diese Kritik erfolgreich zu widerlegen. Der Besitzer eines kleineren Unternehmens, der vom Bankrott bedroht ist, falls seine Angestellten streiken, wird angesichts dieser Bedrohung nicht so gut in der Lage sein, vernünftig zu verhandeln, wie der Präsident eines großen Firmenkonglomerats, für den ein Streik keine solch verheerenden Folgen hätte. Und der panische Schrecken, der viele weiße Südafrikaner bei der Aussicht auf eine schwarze Mehrheitsregierung ergreift – die für sie gleichbedeutend ist mit Chaos und wirtschaftlichem Zusammenbruch – macht es für sie noch schwerer, mit der gegenwärtigen Situation angemessen umzugehen. Ironischerweise sind es gerade ihre Ängste, die sie daran hindern, jene kleinen praktischen Schritte zu wagen, die die Ursache für ihre Befürchtungen beseitigen könnten.

Sogar Emotionen die wir für positiv halten, können einer vernünftigen Lösung von Problemen entgegenstehen. Falsche Loyalität und ein übertriebener Enthusiasmus für Präsident Reagans Politik brachten Leutnant Oliver North dazu, das Gesetz zu übertreten und den Kongreß zu hintergehen. Die Aussagen von Beamten des Weißen Hauses deuten darauf hin, daß Präsident Reagans Mitgefühl für die amerikanischen Geiseln im Libanon einen Einfluß auf seine Entscheidung hatte, dem Iran entgegen jeder Vernunft Waffen zu liefern und damit einem fest beschlossenen Embargo und seiner eigenen erklärten Politik zuwiderzuhandeln.

Seiji Ozawa, der Leiter des Boston Symphony Orchestra, erklärte einmal, warum er bei seiner Arbeit mit dem Orchester nicht immer die bestmöglichen Ergebnisse erzielt hatte: »Wegen meiner langjährigen Zusammenarbeit mit dem Orchester und meines tiefen Respekts für die Musiker war es für mich schwierig, alles zu fordern, was ich wollte.« *(Boston Globe,* 6. Dez. 1987, S. A25) Im Geschäftsleben kann die Begeisterung über einen möglichen Abschluß die Beteiligten dazu verleiten, wichtigen Detailfragen zu wenig Aufmerksamkeit zu widmen. Jeder von uns hat schon einmal aus Freundschaft oder Begeisterung anderen ein Angebot gemacht, das er später, nachdem er darüber nachgedacht hatte, bereute.

Heftige Emotionen verwirren aber nicht nur unser eigenes Denken, sondern auch das der Menschen, mit denen wir zu tun haben. Eine Tochter im Teenageralter, die von ihrer wütenden Mutter angeschrien wird, gerät dadurch meist ebenfalls in Wut. Wenn sie dann zurückschreit oder davonläuft, haben Mutter und Tochter aber nur eine geringe Chance, ihre Meinungsverschiedenheiten zu klären. Die meisten von uns reagieren, wenn sie mit gefühlsgeladenen Vorwürfen konfrontiert werden, eher mit Ärger und Ablehnung als mit Ruhe, Verständnis und überlegten Antworten.

Wenn in einer Beziehung die Gefühle die Oberhand über das Denken gewinnen, dann hat das oft ein sich wie in einem Rückkoppelungseffekt verstärkendes destruktives Verhalten zur Folge. Je wichtiger die Interessenskonflikte sind, desto heftiger sind die Gefühlsreaktionen. Eine Firma entläßt streikende Arbeiter; die Arbeiter wiederum sabotieren die Produktionsanlagen. Ebenso hat sich der Rüstungswettlauf zwischen den Vereinigten Staaten und der Sowjetunion jahrelang immer mehr zugespitzt, weil das Denken der beiden Regierungen von Angst und Mißtrauen geprägt war.

Ein Mangel an Emotionen hat negative Auswirkungen auf die Motivation und das gegenseitige Verständnis. Doch auch wenn starke Emotionen ein Problem verschärfen können, so wäre es keine Lösung, sie zu unterdrücken. Emotionen sind die Quelle jeder Motivation. Wir alle tun etwas lieber, wenn es uns Freude macht oder eine Herausforderung für uns darstellt, als wenn wir es einfach nur »tun müssen«. Die meisten erfolgreichen Firmen versuchen deshalb, ihre Angestellten sowohl emotional als auch ökonomisch stärker in das Unternehmen zu integrieren. Sie haben nämlich festgestellt, daß aufrichtiges Interesse an den Mitarbeitern und ihren Problemen eine hohe Arbeitsmoral und ein emotionales Engagement bewirken, die die Produktivität und das Teamwork verbessern. Unternehmen mit unzureichendem Management, denen es nicht gelingt, die Unterstützung ihrer Mitarbeiter zu gewinnen, um ein Problem zu lösen, hören oft folgende Antwort: »Warum sollten wir uns für die Firma ein Bein ausreißen? Was springt denn schon dabei für uns heraus?«

Emotionen und Einfühlungsvermögen sind auch von Bedeutung, um Probleme wirksam zu lösen. Zwar soll unser Handeln wohldurchdacht und sinnvoll sein, aber ob eine Beziehung gut funktioniert, hängt auch von unserer emotionalen Beteiligung ab. Ohne ein gewisses Einfühlungsvermögen werden wir die Auffassungen und Interessen einer anderen Person nur in unzureichendem Maße verstehen – wir müssen bis zu einem gewissen Grad wissen, wie der andere sich in der Situation, in der er sich gerade befindet, *fühlt.* Wenn wir nicht verstehen was andere empfinden, leidet unsere gegenseitige Verständigung darunter. Nur wenn wir begreifen, was unsere Beziehungspartner angesichts gewisser Probleme fühlen, können wir sie auch überzeugen. Ob wir einen anderen Menschen voll und ganz als jemanden akzeptieren, dessen Interessen und Ansichten von Bedeutung sind, hängt letztlich davon ab, ob wir ihm Zuwendung und Respekt entgegenbringen.

Ohne bestimmte Emotionen – einschließlich des gemeinsamen Interesses am beiderseitigen Wohlergehen – sind Menschen kaum in der Lage, schwerwiegende Konflikte zu lösen. Wenn Ihr Ehepartner oder Ihre Ehepartnerin sich unbeachtet und ungeliebt fühlt, macht eine freundlich gemeinte Bemerkung wie »Tu nur alles, was du möchtest, Liebling« die Situation nur noch schlimmer. Wenn wir uns ausschließlich auf kühles, rationales Denken verlassen, um die Welt zu verstehen, dann bleiben uns wichtige Bereiche menschlicher Erfahrung verschlossen, ohne die wir kaum in der Lage sind, uns erfolgreich mit unterschiedlichen Meinungen auseinanderzusetzen. Unsere Gefühle geben uns Aufschluß darüber, wie wir von anderen behandelt werden und was wir brauchen. Ein Ehemann, der sich unbeachtet und ungeliebt fühlt, braucht weniger eine Erklärung dafür, warum er sich so fühlt, als vielmehr ein Wochenende mit seiner Frau fern von Arbeit und Kindern. Umarmungen richten wahrscheinlich in jeder Familie mehr aus als lange Standpauken.

Für eine funktionierende Beziehung ist emotionale Beteiligung also etwas Zweischneidiges: Einerseits können heftige Gefühle bei der rationalen Bewältigung von Meinungsverschiedenheiten hinderlich sein. Andererseits kann eine positive emotionale Einstellung gegenüber einer gemeinsamen Problemlösung bei der Überwindung von Differenzen äußerst hilfreich sein. Doch ein solch funktionierendes Gleichgewicht in der Praxis zu erreichen, ist nicht so einfach. Worin liegen hier aber die Schwierigkeiten? Und was ist angesichts der bestehenden Hindernisse für uns der beste Weg, um dieses Ziel zu erreichen?

Wie können wir ein Gleichgewicht zwischen Emotionen und Vernunft herstellen?

Die Wechselwirkungen zwischen Emotionen und Vernunft sind ungeheuer komplex, und wir, die Autoren, sind keine Psychologen, sondern verlassen uns auf Erfahrung und den gesunden Menschenverstand, um einige grundlegende Probleme in diesem Bereich aufzudecken und Lösungsmöglichkeiten anzudeuten.

Die Gründe für unsere Schwierigkeiten Emotionen und Vernunft ins Gleichgewicht zu bringen, lassen sich sinnvollerweise in vier Kategorien einordnen. Erstens sind wir uns oft unserer eigenen Gefühle und der der anderen nicht bewußt. Zweitens kann es vorkommen, daß unsere Emotionen, auch wenn wir uns ihrer bewußt sind, uns so schnell überfallen und so heftig sind, daß sie unwillkürlich unser Verhalten beeinflussen. Drittens, auch wenn unser Verstand sich unserer Emotionen bewußt ist und unser Verhalten kontrolliert, gehen wir trotzdem nicht richtig mit ihnen um. Womöglich versuchen wir sie zu verstecken oder zu leugnen, weshalb sie dann später wieder hervorbrechen und uns Ärger machen. Schließlich werden alle diese Schwierigkeiten oft auch dadurch bedingt, daß wir uns nicht auf unsere Gefühle einstellen, bevor sie entstehen.

Im folgenden werden alle diese Schwierigkeiten nacheinander analysiert und Möglichkeiten aufgezeigt, wie man auf vorbehaltlos konstruktive Weise dagegen vorgehen kann.

Lernen Sie Emotionen erkennen – Ihre eigenen wie die anderer. Oft sind wir uns unserer Gefühle nicht bewußt. Unsicherheit, Enttäuschung, Angst oder Wut können sich unserer bemächtigen und unser Handeln beeinflussen, ohne daß wir es merken. Schon lange, bevor ich mir selbst meinen Ärger eingestanden habe, fällt es manchmal anderen auf, daß meine Nackenmuskulatur angespannt und mein Gesicht rot angelaufen ist, oder daß meine Stimme einen scharfen Unterton bekommen hat.

Die Emotionen der anderen sind mir meist noch viel weniger bewußt. Wenn Sie wütend sind oder Angst haben, dann werden Sie das wahrscheinlich nicht offen zeigen, aber Ihr Benehmen wird trotzdem fast unmerklich davon beeinflußt: der Ton Ihrer Stimme, Ihre Sitzhaltung, Ihre Atemgeschwindigkeit. Unterbewußt nehme ich diese Signale wahr und reagiere darauf, so daß ich mich schließlich selber unwohl fühle, Angst habe oder mich innerlich verkrampfe. Wenn keiner von uns beiden seine eigenen Gefühle oder die des anderen erkennt, dann wird es in der Tat schwierig, zu kontrollieren, wie wir diesen Gefühlen Ausdruck verleihen. Und wenn wir uns in diesem Bereich nicht unter Kontrolle haben, werden wir wahrscheinlich nicht in der Lage sein, uns mit den Sachfragen auseinanderzusetzen, deretwegen wir zusammengetroffen sind.

Der erste Schritt zu einem konstruktiven Umgang mit Emotionen besteht also darin, daß wir uns ihrer bewußt werden. Dazu sollten wir uns angewöhnen, die Signale unseres Körpers richtig zu deuten. Wenn ich auf manche Teile meines Körpers achte, erhalte ich wichtige Informationen über meine Gefühle. Ist mein Magen verkrampft oder flau? Habe ich feuchte Hände? Ist mein Kinn verspannt? Balle ich die Fäuste oder halte ich einen Gegenstand fest umklammert? Wird meine Stimme lauter? Das alles sind möglicherweise Zeichen von Ärger, Enttäuschung oder Angst. Spricht jemand mit weicher Stimme, rückt er näher oder hat er feuchte Augen, so sind das Zeichen für Zuneigung, Mitgefühl oder auch Traurigkeit. Je nach Situation können meine körperlichen Empfindungen verschiedene

Emotionen ausdrücken. Doch wenn ich mir einmal dieser körperlichen Reaktionen bewußt geworden bin, dann ist es meist nicht mehr schwierig, das zugrundeliegende Gefühl zu identifizieren.

Um in dieser Hinsicht mehr Gespür zu entwickeln, sollte man in möglichst verschiedenen und immer stärker streßbehafteten Situationen auf solche Signale seines Körpers achten. Anfangs genügt es wahrscheinlich, wenn ich täglich ein- oder zweimal darauf achte – während eines Essens mit Freunden, beim Verhandeln mit einem Kunden, wenn ich einen traurigen Film ansehe oder nach einer schwierigen Besprechung. Je besser ich die Reaktionen meines Körpers kennenlerne, desto leichter und schneller geht eine solche Bestandsaufnahme vor sich, weshalb ich sie später häufiger machen oder auch in größeren Streßsituationen ausprobieren kann.

Schwieriger wird es für mich sein, etwas über Ihre Gemütsbewegungen zu erfahren, weil mir hierfür weniger Informationen zur Verfügung stehen. Zwar bleibt mir Ihre Körpersprache nicht verborgen, und natürlich höre ich auch Ihre Stimme, doch weiß ich nicht, was Sie denken, und schätze möglicherweise Ihre Gefühle falsch ein. Dennoch kann ich manchmal an Ihren Körpersignalen ablesen, ob gefühlsmäßig etwas Wichtiges in Ihnen vorgeht. Wenn ich in Ihrer Situation wäre und mich so bewegen würde wie Sie und mit einem solchen Ton in der Stimme sprechen würde wie Sie: In welcher Gemütsverfassung befände ich mich dann? Je besser ich weiß, wie Sie fühlen, desto eher werde ich darauf achten, unsensible Bemerkungen oder Handlungen zu unterlassen, die feindselige Empfindungen verstärken oder konstruktive Gefühle aufs Spiel setzen könnten. Ganz allgemein ist es sinnvoll, in emotionaler Hinsicht das Terrain zu erkunden, bevor man mit jemandem über die sachlichen Aspekte eines Problems verhandelt.

Obwohl eine gewisse Übung der Beobachtungsfähigkeiten meine Sensibilität für Signale der Körpersprache und der Stimme steigern kann, wird immer ein gewisses Maß an Ungewißheit bleiben. Um sicher herauszufinden, was Sie fühlen, muß ich deshalb meine Schlußfolgerungen durch Rückfragen bei Ihnen überprüfen: »John, es sieht so aus, als ob Sie am liebsten Löcher in die Sessellehnen bohren möchten, und außerdem finde ich auch, daß Sie mich auf meine letzte Frage hin ganz schön angefahren haben. Habe ich etwas getan, was Sie verstimmt hat?« Körpersprache ist etwas Mehrdeutiges, und wir alle neigen dazu, Dinge aus einem parteiischen Blickwinkel zu sehen. Sicher ist es besser für mich, wenn ich Ihre Gefühle richtig deute, als daß ich sie ignoriere, doch kann es gefährlich sein, aufgrund unüberprüfter Vermutungen zu handeln. Das Risiko von Mißverständnissen ist zu hoch. Wenn ich aber meine Einschätzung überprüfe, indem ich Sie, ohne Sie in irgendeiner Form anzuklagen oder zu verurteilen, direkt frage, dann kann ich Fehlinterpretationen vermeiden und es Ihnen leichter machen zu sagen, was wirklich in Ihnen vorgeht.

Wenn ich mir meiner Gefühle und der Gefühle anderer bewußt werde, kann ich verhindern, daß ich von meinen Emotionen mitgerissen werde. Mit einer gewissen Übung kann ich mich dann einen Moment lang in die Position eines unbeteiligten Beobachters versetzen, der über ausreichenden Überblick verfügt, um die Emotionen aller Beteiligten zu analysieren und auf diese Weise zu erkennen, wie man am besten mit ihnen umgehen sollte. Dieser Distanzierungsprozeß kann außerdem die Auswirkungen, die meine Gefühle sonst auf mein Verhalten hätten, verringern, und so kann die Vernunft leichter eine ausgleichende Rolle spielen.

Reagieren Sie nicht emotional; verhalten Sie sich kontrolliert. Auch wenn ich mir meiner Gefühle bewußt bin, reicht das unter Umständen nicht aus, um mein Verhalten rational zu steuern; meine Emotionen können bei mir Reaktionen auslösen, noch ehe ich überhaupt bewußt eine Entscheidung getroffen habe. Psychologen sind der Auffassung, daß in einem früheren Stadium der Evolution nur jener Teil des Gehirns entwickelt war, der für unsere instinktiven und emotionalen Reaktionen verantwortlich ist. Die zu rationalem Denken fähigen Gehirnzonen entwickelten sich erst später, überlagerten dann aber bald viele spontane Instinktreaktionen. Doch können Gefahrensituationen emotionale und physiologische Reaktionen auslösen, die rationale Denkabläufe »kurzschließen«. Sogar schon ein relativ geringes Maß an Angst oder Mißtrauen kann bei uns ein Verhalten auslösen, das uns kurzfristig gesehen schützt – wie zum Beispiel Davonlaufen –, aber ansonsten einer wohlüberlegten Lösung von

Problemen im Wege steht. Die Angst, verlassen zu werden, führt oft zu ähnlichen Reaktionen. Wenn eine Frau ihrem Ehemann droht, daß sie ihn verlassen werde, dann wird er wohl mit Wut oder Zurückweisung darauf reagieren. Doch wahrscheinlich wird keine dieser beiden Gefühlsreaktionen dazu beitragen, die Probleme zu klären, die seine Frau zu ihrer Drohung veranlaßt haben.

Angriffe auf das Selbstwertgefühl rufen oft Verunsicherung, Angst und Wut hervor – Empfindungen, die ein Hindernis für die rationale Lösung von Problemen darstellen. Menschen, die nur ein geringes Selbstbewußtsein haben oder den Verlust ihrer Selbstachtung fürchten, sind im allgemeinen weniger bereit, in einer Auseinandersetzung ihre Meinung zu ändern. Sie haben Angst, das Gesicht zu verlieren, und zeigen ein Verhalten, das eine Einigung verzögert und letztlich das Verhandlungsergebnis beeinträchtigt. Beispiele hierfür sind die Weigerung der weißen Südafrikaner, mit den Schwarzen zu verhandeln, oder auch die Schwierigkeiten, die ein zweifelnder Verlobter haben mag, wenn er seine Verlobung lösen will.

Im Nahen Osten haben das von den Israelis und Arabern durchlebte Trauma und die dadurch bedingten Reaktionen Gefühle hervorgerufen, die eine funktionierende Beziehung von vornherein verhindert haben. Auch wenn zwei Regierungen ein Abkommen schließen kann es trotzdem geschehen, daß eine oder beide Seiten diese Übereinkunft aus Angst ignorieren. So war es wahrscheinlich ihre Angst vor Libyen, die die politischen Führer Marokkos und Ägyptens dazu veranlaßte, ihre Länder letztlich doch nicht mit Libyen zu vereinigen, obwohl sie diesbezüglich ein Abkommen unterzeichnet hatten.

Manche unserer emotionalen Reaktionen sind nicht instinktiv bedingt, sondern beruhen auf Gewohnheiten, die wir von unseren Eltern oder Freunden übernommen haben. Als Kinder haben viele von uns gelernt, daß wir mit emotionalen Ausbrüchen Aufmerksamkeit erregen und Abwechslung schaffen können und daß Wutanfälle ein akzeptables und entschuldbares Mittel sind, um Frustrationen, Ärger und Enttäuschung auszudrücken. Oft retten wir die unterschwellige Überzeugung ins Erwachsenenalter hinüber, daß wir durch Toben, Schreien, Türenzuknallen und Befehle das bekommen können, was wir wollen.

Manchmal ist die Angst, zu verlieren, so groß, daß die möglichen Vorteile einer Einigung nicht mehr ins Gewicht fallen. Manche von uns gehen mit ihrer Angst vor einem Fehlschlag dergestalt um, daß sie aufgeben und nicht mehr versuchen zu gewinnen. Andere haben schon als Kinder gelernt, daß es einfacher ist, ein Spiel vom Tisch zu fegen als zu verlieren. Zwar haben wir auch erfahren, daß niemand mehr mit uns spielen will, wenn wir das Spiel auf diese Weise unterbrechen, doch brechen immer noch viele Erwachsene Verhandlungsgespräche ab, wenn sie sich nicht zu ihren Gunsten entwickeln.

Manchmal geschieht es auch, daß wir uns unbewußt von unseren Emotionen fortreißen lassen, um der Verantwortung für unser Versagen oder unsere Fehler auszuweichen. Wir haben wohl alle schon einmal beobachtet, daß nach einem Autounfall der schuldige Fahrer anfängt, den anderen unschuldigen Verkehrsteilnehmer anzuschreien. Weil sich ersterer durch sein Schreien immer stärker in die Vorstellung seiner eigenen Unschuld hineinsteigert, gelingt es ihm möglicherweise schließlich, sich selbst und die Umstehenden davon zu überzeugen, daß er tatsächlich unschuldig ist. Bewußt oder unbewußt benutzt er seine Emotionen, um Schuldvorwürfen zu entkommen.

In anderen Fällen setzen wir unsere Emotionen bewußt ein, um andere unter Druck zu setzen. Wenn jemand in einem Hotel an der Rezeption erfährt, daß seine Reservierung verlorengegangen ist und daß keine Zimmer mehr frei sind, kann es sein, daß er in die Luft geht, mit der Faust auf den Tisch haut und nach dem Geschäftsführer verlangt. Wahrscheinlich geht er dabei von der Annahme aus, daß er auf diese Weise ein Zimmer bekommen wird und möglicherweise hat er damit sogar recht, denn für das Hotel kann es sehr unangenehme Folgen haben, wenn sich ein hysterischer Gast in der Empfangshalle aufhält. Aber wenn ich mich so gegenüber jemandem, zu dem ich weiterhin eine Beziehung aufrechterhalten möchte, verhielte, wäre das kontraproduktiv. Auf lange Sicht trägt emotionaler Druck eher dazu bei, Probleme zu schaffen, als daß er Probleme löst.

Versuchen Sie mit einigen einfachen Mitteln Zeit zu gewinnen. Wir können uns heftiger Gefühle, die in uns aufsteigen, nicht einfach entledigen, und wir sollten es auch gar nicht versuchen. Doch können wir sehr wohl kontrollieren, welchen Einfluß sie auf unser Verhalten ausüben. Damit unsere Entscheidungen auch wirklich von rationalem Denken geleitet werden, sollten wir versuchen, sie solange hinauszuzögern, bis unser Urteilsvermögen nicht mehr von starken Emotionen getrübt ist – solange, bis wir unser Handeln unter Kontrolle haben. Zu diesem Zweck eignen sich bestimmte Techniken:

Machen Sie eine Pause. Die einfachste Methode, um die Auswirkungen starker Emotionen einzudämmen ist eine kurze Unterbrechung des Verhandlungsgesprächs. Wenn die Gemüter erhitzt sind und sich Frustrationen angestaut haben, kann eine wohlplazierte Pause verhindern, daß sich die Beziehung in gravierender Weise verschlechtert. Beide Seiten erhalten so die Möglichkeit, sich zu beruhigen, sich vor Augen zu führen, welche Vorteile eine Fortsetzung der Beziehung mit sich bringen würde, und können außerdem darüber nachdenken, wie man akute Probleme am besten handhaben sollte, damit auf der Gegenseite Ärger vermieden wird, der die Beziehung stören könnte. In der Pause haben wir Gelegenheit, bei ein paar ganz alltäglichen Problemen zusammenzuarbeiten – die Kaffeemaschine in Gang zu setzen, den Raum zu lüften – und auf andere Weise miteinander umzugehen.

Während einer hitzigen Diskussion haben wir manchmal Schwierigkeiten, Abstand zu gewinnen, um einen Moment nachzudenken. Wenn Sie diese Gefahr für gegeben halten, könnten Sie einen Dritten bitten, auf die Stimmungslage während des Gesprächs achtzugeben und Pausen vorzuschlagen, wenn es angebracht erscheint. In manchen Fällen übernimmt ein Elternteil diese Rolle.

Zählen Sie bis zehn. Wir alle sollten nachdenken, bevor wir handeln. Da Gefühle uns aber sehr schnell überwältigen können, handeln wir oft unter ihrem Einfluß, ohne vorher nachzudenken. Unser hastiges Vorgehen kann aber bei unserem Beziehungspartner störende emotionale Reaktionen auslösen; das Verhältnis zu ihm kann sich dadurch in einem solchen Maße verschlechtern, daß produktives Arbeiten unmöglich wird. In manchen Situationen reicht es schon, wenn wir bis zehn zählen, damit wir uns zwingen, darüber nachzudenken, was den anderen zu seiner Äußerung veranlaßt haben könnte und uns eine Antwort überlegen, die das Gespräch wieder auf eine produktivere Ebene bringen könnte. Immer bevor wir auf den anderen reagieren, sollten wir uns fragen: »Was will ich in diesem Moment erreichen?«

Halten Sie Rücksprache. Die Gefahr, daß ich stark emotional anstatt rational reagiere wird noch größer, wenn ich völlig auf eigene Faust handle. Wie in Kapitel 6 über die Kommunikation zwischen Beziehungspartnern noch ausgeführt werden wird, ist es ganz allgemein von Vorteil, mit dem anderen Rücksprache zu halten, bevor man etwas tut, was beide Seiten betrifft. Ist die Situation allzu emotionsgeladen oder verbieten andere Umstände, daß ich die Gegenseite konsultiere, kann ich einen Freund oder einen Kollegen um Rat fragen. Ist mein beabsichtigtes Vorgehen vernünftig? Welche Risiken birgt es in sich? Wäre etwas anderes vielleicht besser?

Mit allen diesen Techniken sollen Sie nicht etwa Ihre Gefühle unterdrücken oder ignorieren lernen. Sie sollten sie ebensowenig ignorieren wie alle anderen Fakten, die bei einem Verhandlungsgespräch wichtig sind. Doch kann man manchmal aufgrund seines Gemütszustandes nur unzureichend beurteilen, was man am besten sagen oder tun sollte. Eine Pause oder eine Rücksprache wird es Ihnen ermöglichen, Ihre Gefühle zuzulassen, aus ihnen zu lernen und Kontrolle über Ihr Verhalten zu erlangen.

Lassen Sie Ihre Gefühle zu. Auch wenn ich mir meiner Gefühle bewußt bin und mein Verhalten ausreichend unter Kontrolle habe, um eine schädliche Reaktion zu vermeiden, sind diese Gefühle trotzdem immer noch da und können in der Zukunft zu Problemen führen. Manche Menschen versuchen ihre Emotionen zu verbergen, und das sogar vor sich selbst. Wenn andere bemerken, daß meine Stimme lauter wird, kann ich versuchen, das, was ich fühle, zu unterdrücken und zu leugnen. Vielleicht schreie ich dann: »Ich bin NICHT ärgerlich!« und zeige damit den anderen erst recht, daß ich es sehr wohl bin. Doch wenn wir unsere Gefühle leugnen, dann lösen sie sich nicht einfach in Luft auf. Es wird nur noch schwieriger, mit ihnen umzugehen. Ein solches Versteckspiel kann viele Gründe haben. Möglicherweise haben wir als Kinder gelernt, unsere Gefühle nicht zu zeigen und nicht darüber zu sprechen. In manchen Familien werden alle Emotionen als Probleme behandelt: Man bringt den Kindern bei, daß es unartig und falsch ist, Wut und Traurigkeit zu zeigen. Nur allzuoft lernen sie sogar, daß es falsch ist, überhaupt solche Empfindungen zu haben, und gewöhnen sich so allmählich daran, ihre Gefühle zu unterdrücken.

Manchmal gehört es in einem ganzen Kulturkreis zum Verhaltenskodex, seine Emotionen zu unterdrücken und zu verstecken. Die Engländer werden oft als Musterbeispiele für kühle, unerschütterliche Reserviertheit präsentiert. Ihre Sprache ist gespickt mit Ausdrücken wie *stiff upper lip, steady on, bite the bullet.** In der Geschäftswelt gibt es in dieser Beziehung dramatische Unterschiede – das reicht von Banken und Anwaltskanzleien, wo die Berufsanfänger lernen, ihre Gefühle zu verbergen, bis hin zu Werften und Rohstoffumschlagplätzen, wo es durchaus üblich ist, seinen Emotionen übertrieben stark Ausdruck zu verleihen.

Viele von uns verstecken ihre Gefühle, weil sie nachteilige Konsequenzen für sich befürchten. Wir meinen, daß wir uns möglicherweise Sympathien verscherzen, wenn wir Ärger und Enttäuschung zeigen, und glauben, daß es uns als Schwäche ausgelegt werden könnte, wenn wir unserem Mitgefühl Ausdruck geben. In der amerikanischen Presse erschienen zum Beispiel immer wieder Photos von Senator Edward Muskee und von Patricia Schroeder, die sich gerade eine Träne abwischten – so als ob eine solche Szene einen ernsthaften Charakterfehler enthüllen würde. Die Furcht, daß es als Schwäche deklariert werden könnte, wenn man Gefühle offen kundtut, kann auch gravierende Auswirkungen auf die internationalen Beziehungen haben, da dort oft ein besonderes Interesse daran besteht, sich stark zu zeigen. Obwohl übertriebene Gefühlsausbrüche manchmal ein Zeichen dafür sind, daß man die Kontrolle über sich verloren hat, neigen die meisten Menschen eher zu dem Fehler, zuwenig Emotionen zu zeigen.

---

* *To keep a stiff upper lip* – sinngemäß: die Ohren steif halten; *steady on* – sinngemäß: langsam, vorsichtig, ruhig; *to bite the bullet* – sinngemäß: die Zähne zusammenbeißen (A.d.Ü.).

Die Neigung, unsere Gefühle zu verbergen, kann in einer Beziehung zwei Arten von Problemen heraufbeschwören. Erstens können wir mit unseren Gefühlen nicht umgehen, wenn wir sie nicht zumindest uns selbst gegenüber eingestehen. Potentiell destruktive Emotionen wie Ärger und Groll gären dann solange unter der Oberfläche weiter, bis sie sich in einem Ausbruch entladen, der der Beziehung einen schwer wiedergutzumachenden Schaden zufügen kann. Außerdem könnten wir, wenn wir unsere Gefühle verstecken, die ihnen möglicherweise zugrundeliegenden Sachprobleme übersehen.

Zweitens unterdrücken wir dann gleichzeitig die für eine funktionierende Beziehung förderlichen Emotionen. So scheitern zum Beispiel viele Teammanager, weil sie kein emotionales Interesse an ihren Mitarbeitern bekunden. Ein Manager, der, obwohl er innerlich besorgt sein mag, kühl und unnahbar wirkt, wird wahrscheinlich nicht die Begeisterung, Loyalität und Offenheit wecken können, die für eine dynamische und effektive Arbeitsorganisation notwendig sind.

Sprechen Sie über Gefühle. Eine Möglichkeit mit Emotionen umzugehen, die eine Beziehung zerstören könnten, besteht darin, sie der anderen Seite deutlich zu machen, d.h. sie einzugestehen und darüber zu reden. Spricht man über seinen Ärger oder seine Ängste, dann ist das (anders als wenn man sie auf andere Weise kundtut) ein Zeichen von Selbstvertrauen und Selbstkontrolle und nicht ein Ausdruck von Schwäche. Allerdings kann es unangenehm sein, über seine Emotionen zu sprechen, wenn man nicht daran gewöhnt ist. Deshalb könnte es hilfreich sein, die folgenden Punkte zu beherzigen:

- Seien Sie deutlich. »Es tut mir leid, aber das beginnt mich allmählich zu ärgern.«
- Sprechen Sie mit Nachdruck. Stellen Sie Blickkontakt her, senken Sie die Stimme, sprechen Sie langsam und verleihen Sie dem, was Sie gerade sagen, durch Pausen das entsprechende Gewicht. »Ich bin leider gerade so aufgebracht . . ., daß ich Schwierigkeiten habe, mich auf die Sachfragen, um die es hier geht, zu konzentrieren . . . Ich glaube, wir sollten versuchen, den Ton dieses Gesprächs zu ändern.«

- Sagen Sie genau, worum es geht. Erklären Sie, wodurch Ihre Gefühle ausgelöst worden sind. »Langsam fühle ich mich frustriert. Als ich versucht habe, mein Interesse an Sicherheitsrücklagen deutlich zu machen, haben Sie mich mitten im Satz unterbrochen. Als ich versucht habe, konstruktiv zu sein und einen Vermittler vorzuschlagen, haben Sie, wenn ich mich recht erinnere, geantwortet: ›Können Sie das nicht allein regeln?‹«
- Vermeiden Sie Schuldzuweisungen. »Möglicherweise habe ich das, was Sie sagten, falsch verstanden. Wenn ich Sie in irgendeiner Weise verärgert haben sollte, möchte ich mich dafür entschuldigen.«
- Überprüfen Sie, ob die andere Seite Sie richtig verstanden hat. »Bitte sagen Sie mir, ob Sie das Ergebnis unserer Unterredung anders auffassen, als ich es soeben wiedergegeben habe.«
- Lassen Sie dem anderen einen Ausweg. »Ich weiß, daß Sie ebensosehr wie ich Interesse daran haben, diese Angelegenheit zu regeln. Vielleicht könnten wir, wenn Sie damit einverstanden sind, gleich eine Pause einlegen und in zehn Minuten abermals auf das Für und Wider der Sicherheitsrücklagen zurückkommen.«

Sie sollten also *nicht* einfach nur Ihre Gefühle ausdrücken, sondern auch deren Existenz der anderen Seite gegenüber zugeben und erklären. Auf diese Weise stehen diese Gefühle einer gut funktionierenden Beziehung, die unbeeinflußt von zwischenmenschlichen Problemen mit Meinungsverschiedenheiten umgehen kann, nicht mehr im Wege. Es geht hier nicht darum, Vorteile zu erzielen oder einfach Dampf abzulassen (das können Sie später auf dem Korridor oder bei einem Kollegen tun). Es geht darum, die Atmosphäre zu bereinigen und Sie und Ihr Gegenüber wieder zur Zusammenarbeit zu befähigen. Das heißt, Sie sollten es dem anderen so leicht wie möglich machen, etwas Konstruktives zu tun oder zu sagen.

Wenn ich rational über meine Emotionen spreche, dann gewinnt beinahe automatisch die Vernunft wieder die Oberhand. Ich bin dann wieder eher in der Lage, meine eigenen Reaktionen durch einen rationalen Denkprozeß zu filtern und kann damit vielleicht auch bei Ihnen eine ähnliche Form der Selbstkontrolle fördern.

Bekennen Sie sich zu Ihrer Verantwortung und entschuldigen Sie sich. Oft sind wir nicht bereit, für unsere Gefühle die Verantwortung zu übernehmen, weil wir dem anderen die Schuld dafür zuschieben: »Daß ich so heftig reagiere, liegt nur daran, daß Sie so uneinsichtig sind.«

Bis zu einem gewissen Grad kann das natürlich zutreffen. Doch neigen wir dazu, andere als emotional und irrational abzuqualifizieren, obwohl wir selber in ihren Augen genauso irrational sind. Wir halten es für normal, daß wir selber rationaler und gelassener sind als die anderen, denn wir selber verstehen ja unsere eigenen Überzeugungen, unser Handeln und unsere Emotionen (sofern wir uns ihrer bewußt sind) und sehen sie in einem positivem Licht. Sie sind für uns einsichtig. Wenn wir hingegen die Probleme und Interessen der anderen nicht verstehen, erscheinen uns ihre Emotionen und ihr Handeln als irrational. Und wie sollten wir mit irrationalen Menschen zurechtkommen?

Oft sind wir auch nicht bereit einzusehen, in welchem Ausmaß wir für die Gefühle einer anderen Person verantwortlich sind. Wir betrachten dann ihre Emotionalität als eine Charaktereigenschaft: »Oh, machen Sie sich keine Gedanken, er ist nun mal ein Hitzkopf.« Wir glauben, daß *wir* nichts tun können, um die Beziehung zu verbessern, bevor der *andere* sich nicht beruhigt hat.

Wenn wir nicht verstehen, auf welche Weise wir zu den Emotionsausbrüchen des Beziehungspartners beigetragen haben, dann werden wir wahrscheinlich durch unser weiteres Verhalten die Situation noch verschlimmern. Stellen Sie sich einmal eine Mieterin vor, die wegen ihres undichten Daches mit ihrem Vermieter sprechen will und ihm schon vorher zu diesem Problem drei Briefe geschrieben hatte, die alle unbeantwortet geblieben waren. Die Mieterin wird wütend und beginnt den Vermieter anzuschreien. Dieser dreht ihr daraufhin den Rücken zu und sagt, daß er ihr erst dann wieder zuhören werde, wenn sie aufgehört habe zu schreien. Dadurch wird die Mieterin noch wütender, denn ihr Ärger war ja zunächst dadurch ausgelöst worden, daß der Vermieter ihr keine Aufmerksamkeit geschenkt und nicht auf ihre Briefe reagiert hatte. Würde der Vermieter sagen: »Ich sehe schon, daß Sie verärgert sind. Es tut mir leid, daß ich mich nicht schon früher mit Ihnen in Verbindung gesetzt habe. Setzen Sie sich und erklären Sie mir genau, was für Probleme Sie haben«, dann würde sich die Frau wahrscheinlich schnell beruhigen.

Es ist im allgemeinen ratsam, die Verantwortung sowohl für unsere eigenen Emotionen zu übernehmen als auch dafür, wie wir sie ausdrücken und welche Auswirkungen sie auf die Gefühle anderer haben. Wir werden dann eher in der Lage sein, emotionale Ausbrüche zu entschärfen und rational mit Problemen umzugehen. Wenn wir aber erst einmal die Kontrolle über uns verloren und beim anderen eine heftige emotionale Reaktion ausgelöst haben, dann kann eine Entschuldigung hilfreich sein. Wenn wir uns entschuldigen, dann übernehmen wir entweder teilweise oder ganz die Verantwortung, bringen unsere Betroffenheit zum Ausdruck und veranlassen vielleicht die andere Seite auch dazu, in entsprechender Weise Verantwortung zu übernehmen, wodurch die Beziehung wieder funktionsfähig wird.

Allzuoft setzen wir eine Entschuldigung mit einem Schuldbekenntnis gleich. Und wenn wir uns nicht schuldig fühlen, wollen wir uns auch nicht entschuldigen. Es ist jedoch durchaus angebracht, unser Bedauern über die Konsequenzen unseres Handelns oder unserer Nachlässigkeit auszudrücken – wobei es keine Rolle spielt, ob das Verhalten oder seine Auswirkungen beabsichtigt waren oder nicht. Anstatt unser Benehmen zu verteidigen, können wir um Verzeihung dafür bitten. Anstatt zu sagen: »Ich war gerade zu beschäftigt«, können wir sagen: »Ich fürchte, daß ich gerade mit meinen Gedanken woanders war. Es tut mir leid.« Anstatt zu sagen: »Meine Schuld ist das nicht«, können wir sagen: »Ich verstehe schon, daß Sie verärgert sind, und insoweit das an meinem Verhalten liegt, tut es mir leid.«

Wir alle erleben starke Emotionen. Wir sollten keine Angst haben, sie zu zeigen, die Verantwortung für sie zu übernehmen und uns mit ihnen auseinanderzusetzen. Versuchen wir das zu umgehen, ist es gut möglich, daß unter der Oberfläche ein Konflikt weiter schwelt, der jederzeit ausbrechen kann und unserer Fähigkeit, mit anderen zusammenzuarbeiten, schadet.

Stellen Sie sich auf Emotionen ein, bevor sie entstehen. Emotionale Reaktionen schalten unsere Vernunft unter anderem auch deswegen aus, weil wir sie nicht vorhergesehen und uns auf sie eingestellt haben. Sie überfallen uns unvermutet. Rechtsanwälte sind sich dieses Problems meistens bewußt und besprechen in Scheidungsfällen mit ihrem Mandanten oder ihrer Mandantin, welche Gefühle aller Wahrscheinlichkeit nach während der Gerichtsverhandlung bei ihnen auftreten könnten. Kann der Rechtsanwalt voraussehen, daß eine bestimmte Frage bei seinem Mandanten höchst wahrscheinlich Ärger oder Verzweiflung auslösen wird, kann er ihm raten, ob und wie er darauf antworten soll. Eine solche Vorbereitung ermöglicht es der betreffenden Person nicht nur, mit starken Gefühlsaufwallungen umzugehen, sondern vermindert auch deren Heftigkeit, denn wenn sie davon nicht mehr überrascht wird, ist sie auch weniger aufgeregt.

Es ist schon schwer genug, seine eigenen Gefühlsreaktionen vorherzusehen, doch noch schwieriger ist es, die zukünftigen Reaktionen anderer Menschen zu erahnen. Manchmal erzählen uns Freunde: »Ich weiß nicht, was mit ihm los war. Ich habe ihm gesagt, was ich empfinde, und daraufhin ist er in die Luft gegangen.« Da es für uns nicht möglich ist, in emotionaler Hinsicht in die Haut eines anderen zu schlüpfen, versuchen wir es häufig gar nicht erst. Doch wenn wir nicht über den Gefühlszustand des anderen nachdenken, tappen wir in emotionale Fallen, die wir hätten vermeiden können, wenn wir versucht hätten, uns vorzustellen, wie wir uns in der Position des anderen fühlen würden.

Am gravierendsten ist jedoch, daß wir uns nicht im voraus schon Gedanken machen, wie wir uns selbst und unser Partner sich in der Beziehung fühlen sollten, um die Lösung von Problemen zu erleichtern. Wenn wir schon wissen, daß Emotionen für das Ergebnis von Verhandlungen oder Diskussionen eine große Rolle spielen, dann wäre es nur allzu sinnvoll, sich – ebensosehr wie über andere Strategien – darüber Gedanken zu machen, wie man die beiderseitigen Gefühle der Beziehungspartner beeinflussen könnte. Das ist auch besonders deshalb von Bedeutung, weil die Gefühle, die wir der anderen Person entgegenbringen, mit großer Wahrscheinlichkeit nicht nur die gerade anstehenden, sondern auch zukünftige Probleme beeinflussen werden.

Antizipieren Sie emotionale Reaktionen. Wenn wir versuchen, schon im voraus einzuschätzen, welche Gefühle in bestimmten Situationen auftreten könnten, können wir später besser mit ihnen umgehen. Das heißt, wir müssen möglichst umfassend alle Probleme in Betracht ziehen, die sich in der Beziehung entwickeln könnten. Eine gute Verhandlungsvorbereitung besteht nicht darin, nur einen einzigen Weg einzuschlagen, sondern mit den verschiedensten Eventualitäten zu rechnen. Wenn ein weitblickender Verhandlungsführer sich auf ein Zusammentreffen mit einem Nachbarn, einem Geschäftspartner oder einem Vertreter einer anderen Regierung vorbereitet, wird er sich überlegen, welche Vorschläge er von seinem zukünftigen Verhandlungspartner erwarten kann und welche logische Antworten auf diese Vorschläge möglich wären. Doch auch die geschicktesten Verhandlungsführer sind nur allzuoft nicht auf die emotionalen Reaktionen vorbereitet, die bestimmte Situationen bei ihnen oder bei ihrem Gegenüber auslösen könnten.

Eine Möglichkeit, um mich auf die Verhandlungssituation einzustellen, wäre, ein emotionales Profil meiner selbst und meines Gegenübers zu entwerfen. Was ärgert mich? Wie reagiere ich auf Ärger? Was empfinde ich und wie verhalte ich mich, wenn meine Pläne vereitelt werden? An welchen Vorzeichen erkenne ich, daß mein rationales Denkvermögen bald aussetzen wird? Wie verhält sich mein Verhandlungspartner unter Druck? Was verärgert ihn? Wie schnell gewinnt er nach einem Emotionsausbruch die Kontrolle über sich zurück? Was könnte ihn an meiner Art, an das anstehende Problem heranzugehen, stören? Was könnte er eventuell sagen, das mich aufbringen würde?

Ebenso wie wir uns darauf vorbereiten, Sachprobleme zu regeln, sollten wir uns auch darauf vorbereiten, emotionale Probleme zu lösen. Wenn wir uns vor einer Zusammenkunft etwas Zeit nehmen, um darüber nachzudenken, wie wir reagieren könnten und welche Reaktionen wir eventuell von unserem Gegenüber zu erwarten haben, werden wir viel eher in der Lage sein, möglicherweise auftauchende emotionale Konflikte zu entschärfen.

Fördern Sie konstruktive Emotionen. Ebenso wie wir uns oft nicht bemühen, störende emotionale Reaktionen vorauszusehen, denken wir auch nicht darüber nach, welche Gefühle wir bei uns selbst und bei anderen fördern sollten, um die Lösung von Problemen zu erleichtern. In der Schule bekommen wir oft den Eindruck vermittelt, daß wir jedes Problem lediglich durch sorgfältiges Analysieren lösen könnten. Das trifft aber so nicht zu, denn wenn eine Beziehung durch emotionale Konflikte belastet ist, werden wir Streitigkeiten selbst durch gründlichste Analyse nicht beilegen können.

Um eine Beziehung effizienter zu gestalten, sollten wir versuchen, Emotionen, die unsere Fähigkeit, mit Meinungsverschiedenheiten umzugehen, negativ beeinflussen, durch solche zu ersetzen, die in dieser Hinsicht eher konstruktive Auswirkungen haben. Als ersten Schritt hierzu müssen wir diese Emotionen erkennen.

Emotionen

die wahrscheinlich einen störenden Einfluß haben	**die wahrscheinlich eine konstruktive Wirkung haben**
bei mir selbst	
Unsicherheit	Sicherheit
Hoffnungslosigkeit	Optimismus
Hilflosigkeit	Selbstvertrauen
gegenüber der anderen Seite	
Ablehnung	Anerkennung
Feindseligkeit	Achtung
blinde Zuneigung	Anteilnahme

Sobald wir in unserem Gemütszustand und in dem der anderen Seite mögliche heikle Punkte entdeckt haben, können wir etwas unternehmen, um positivere Gefühle zu wecken.

Eine Methode, um zu diesem Ziel zu gelangen, besteht darin, uns an eine Zeit, einen Ort und eine Gelegenheit zurückzuerinnern, als wir besonders optimistisch, erfolgreich und engagiert waren – und uns dann seelisch wieder in diese Situation hineinzuversetzen. Trotz einer ganz normalen Skepsis können wir uns nun so verhalten, *als ob* wir immer noch von diesen Gefühlen motiviert und inspiriert würden. Ein Bekannter von uns, der begeisterter Skifahrer ist, wendet diese Strategie oft an. Um seine Stimmung oder seine Konzentrationsfähigkeit zu verbessern und um das Vertrauen in seine Fähigkeiten zu stärken, versucht er nachzufühlen, was er empfindet, wenn er eine Skipiste hinunterbraust. Auf solche Weise können wir manchmal einen Gefühlszustand hinter uns lassen und uns in einen anderen hineinversetzen.

Eine zweite Strategie wäre, daß wir versuchen uns vorzustellen, welchen Gemütszustand wir uns bei unserem Partner – das heißt bei der Gegenseite – eigentlich wünschen, und uns dann bemühen, diesen Zustand selbst zu erreichen. Andere werden uns wahrscheinlich mehr Anteilnahme entgegenbringen, wenn wir Interesse an ihrem Wohlergehen zeigen; sie werden sich ihre eigenen Gefühle eher eingestehen, wenn wir mit unseren Gefühlen ebenso umgehen; werden an Zuversicht gewinnen, wenn wir selber Optimismus ausstrahlen. Diese Strategie ist vorbehaltlos konstruktiv. Sie kostet uns nichts, und unabhängig davon, ob der andere nun darauf eingeht oder nicht, wird unser Bemühen, bei ihm konstruktive Gefühle zu wekken, zumindest für uns selbst hilfreich sein.

Ansonsten sollten wir uns überhaupt der emotionalen Bedürfnisse der anderen bewußt sein und uns Gedanken darüber machen, wie wir ihren Gefühlszustand so verändern könnten, daß wir schließlich beide besser mit unseren Meinungsverschiedenheiten umgehen können. Ist unser Beziehungspartner verunsichert, haben wir die Möglichkeit, etwas dafür zu tun, daß er sich sicherer fühlt. So kann es vorkommen, daß ein Angestellter weit unter seinem optimalen Leistungsniveau bleibt, weil er Angst hat, an seinem neuen Arbeitsplatz zu versagen. Er vertuscht Fehler, arbeitet zu langsam, um auch nur ja alles richtig zu machen, oder meldet sich bei Diskussionen nicht zu Wort, weil er befürchtet, sich zu blamieren. All das sind Anzeichen für eine schlecht funktionierende Beziehung zwischen Arbeitgeber und Arbeitnehmer. Ein aufmerksamer Abteilungsleiter wird ein solches Verhalten bemerken, es als Ausdruck von Verunsicherung werten und etwas dagegen unternehmen. Wenn der Angestellte tatsächlich nicht um seine Stelle fürchten muß und seine Ansichten allgemein respektiert werden, wird sein Chef ihm das dann offen sagen.

Alles in allem soll das hier empfohlene rationale Verhalten nicht dazu führen, daß Sie Ihre Emotionen ablehnen, ignorieren oder unterdrücken, sondern dazu, daß Sie über sie nachdenken und lernen, sie kontrolliert auszudrücken und bis zu einem gewissen Grad zu beeinflussen. Wenn Sie sich Ihre Gefühle ehrlich eingestehen, offen über sie reden und gemeinsam mit Ihrem Beziehungspartner an ihnen arbeiten, dann werden Sie in der Lage sein, mit den unweigerlich auftretenden Konflikten und Problemen – sowohl rationaler als auch emotionaler Natur – umzugehen. Das Bemühen um einen Ausgleich zwischen Emotion und Vernunft ist vorbehaltlos konstruktiv. Es trägt zum guten Funktionieren der Beziehung bei und ist für Sie selber von Nutzen, unabhängig davon, ob die andere Seite Ihrem Beispiel folgt oder nicht. Tut sie es tatsächlich, dann um so besser für Sie.

5. Verständnis

Bemühen Sie sich, die Sichtweise der anderen zu verstehen

Auch wenn ich ein Problem in meiner Beziehung zu Ihnen unter rationalem Blickwinkel betrachte, werde ich unter Umständen trotzdem nicht fähig sein, es zu lösen, weil ich es im Grunde doch nicht wirklich verstehe. Manchmal beruhen auftauchende Schwierigkeiten auch nur auf einem Mißverständnis. So kann ich in dem Glauben sein, daß Sie das letzte Stück Kuchen gegessen haben, obwohl noch etwas davon im Kühlschrank ist. Oder es entspinnt sich ein Konflikt zwischen uns, weil ich nichts von Ihren grundlegenden Zielen und Einstellungen weiß. Zum Beispiel könnte ich unwissentlich an dem für Sie wichtigen Tag des Yom-Kippur-Festes eine Zusammenkunft planen. Solange ich also Ihre Sichtweise nicht verstehe, wird es uns nur schwer gelingen, mit unseren Meinungsverschiedenheiten zurechtzukommen.

Je besser wir jedoch die Auffassungen, Interessen und Wertvorstellungen der anderen Seite – sowohl allgemein als auch im konkreten Fall – begreifen, desto eher werden wir in der Lage sein, zusammenzuarbeiten. Je besser wir uns gegenseitig verstehen, desto besser wird unsere Beziehung funktionieren. Mehr Verständnis füreinander werden wir aber erst dann entwickeln, wenn zumindest einer von uns sich in vorbehaltlos konstruktiver Weise darum bemüht.

Wir können Meinungsverschiedenheiten nicht regeln, ohne sie zu verstehen

Da Mißverständnisse sehr oft die Ursache fortdauernder Probleme darstellen und auch häufig dafür verantwortlich sind, daß wir eben diese Probleme nicht lösen können, macht es für uns fast keinen Unterschied, ob es »ein Mißverständnis zwischen uns gegeben hat« oder ob »wir Probleme miteinander haben«. Fragt man zwei Menschen, warum ihre Ehe oder ihre Freundschaft zerbrochen ist, wird man wohl meist die Antwort erhalten: »Wir haben uns nicht mehr verstanden«, oder: »Wir hatten zu unterschiedliche Auffassungen.«

Manchmal schätzen wir eine Situation derart falsch ein, daß sich in unserer Vorstellung ein Problem ergibt, das in Wirklichkeit gar nicht existiert. Kürzlich erinnerte sich ein Freund daran, wie elend ihm zumute war, weil er seinen drei Jahre alten Sohn mißverstanden hatte. Das Kind hatte nicht richtig essen wollen und war dann aufgestanden, um zu spielen. Der Vater, der in einem anderen Zimmer Zeitung las, sagte seinem Sohn, er solle sich wieder hinsetzen und aufessen. Nach einer Minute kam das Kind wieder aus der Küche und ging zu seinem Vater. Dieser warf einen Blick in die Küche, sah, daß der Teller seines Sohnes noch nicht leer war, gab dem Kind einen Klaps und schickte es an den Eßtisch zurück. Doch war der Junge extra – den Mund voller Essen – zu seinem Vater gekommen, um ihm zu zeigen, wie schön er essen könne.

In der Geschichte gibt es viele Beispiele für Mißverständnisse, die zwischenstaatlichen Beziehungen geschadet haben. 1962 hielt Generalsekretär Nikita Chruschtschow vor den Vereinigten Nationen in New York eine berüchtigte Rede. Dabei klopfte er mit seinem Schuh auf das Podium und erklärte, die UdSSR werde die westlichen kapitalistischen Länder »beerdigen«. Die meisten Amerikaner interpretierten das als Drohung, als Beweis dafür, daß die UdSSR die USA durch Bomben dem Erdboden gleichmachen wolle. Nachdem die amerikanische Presse ausführlich über diese »Drohungen« berichtet hatte, meldeten sich Wissenschaftler und sowjetische Politiker zu Wort und erklärten, daß der betreffende Ausdruck in der russischen Sprache keine Drohung bedeute, sondern schlicht die Überzeugung ausdrücke, daß das sowjetische System das westliche System überleben werde. Wenn ein junger Russe sagt: »Ich werde meinen Vater beerdigen«, meint er einfach: »Ich werde wohl noch leben, wenn er gestorben ist.« Trotzdem betrachten immer noch viele Amerikaner diese Rede als sowjetische Kriegsdrohung.

Im Gegensatz dazu verspürt jeder von uns Erleichterung, wenn er mit jemandem zusammenarbeitet, der unsere eigenen Besorgnisse und Auffassungen versteht. So zeugt es von einer gut funktionierenden Beziehung, wenn ein Ehemann seine Frau abends folgendermaßen empfängt: »Als wir heute nachmittag miteinander telephoniert haben, habe ich sofort an deiner Stimme gemerkt, daß du heute keinen guten Tag hattest. Ich habe den Termin, den ich um fünf Uhr hatte, abgesagt, um früher nach Hause kommen zu können und um das Abendessen vorzubereiten. Und ich habe George gesagt, daß er heute abend lieber nicht zu uns kommen soll, um das Fußballspiel anzusehen.« Wenn wir uns gegenseitig verstehen, können wir also mögliche Probleme vorhersehen und verhindern.

Wenn Beziehungen an mangelndem gegenseitigen Verständnis kranken: An welchen Hindernissen liegt das dann, und wie könnte man sie überwinden?

Mißverständnisse können viele Ursachen haben. Vielleicht habe ich mich versprochen oder Sie haben sich verhört; möglicherweise bin ich von überholten Informationen ausgegangen, während Sie schon über die neuesten Daten verfügten usw. Bis zu einem gewissen Grad handelt es sich hier um Kommunikationsprobleme, und im nächsten Kapitel wird deshalb beschrieben, wie wir uns klar und effizient verständigen können.

Andere Hindernisse für ein gegenseitiges Verständnis, die jeden von uns betreffen können, sind:

- Wir erkennen nicht, wie wenig wir verstehen.
- Wir befürchten zu erfahren, daß wir »unrecht haben«.
- Wir wissen nicht, wie wir zu einem besseren gegenseitigen Verständnis gelangen können.

Gegen alle diese Hindernisse können wir etwas unternehmen, und zwar unabhängig davon, ob die anderen es uns gleichtun oder nicht.

Finden Sie heraus, was die anderen denken; manchmal wissen wir nicht, wie wenig wir wissen

Wenn wir beide Schwierigkeiten haben, mit unseren Meinungsunterschieden zurechtzukommen, dann kann das daran liegen, daß ich Ihre Sicht der Dinge nicht kenne – und daß ich mir nicht bewußt bin, wie wichtig es ist, Ihre Sichtweise zu verstehen. Je weniger ich über Ihre Auffassungen weiß, desto größer ist die Gefahr, daß ich gar nicht begreife, *wie* wenig ich eigentlich darüber weiß. Genauso wie eine Stadt, in der ich noch nie gewesen bin, sind Gedanken eines anderen Menschen eine *terra incognita,* bei der ich nicht einmal ermessen kann, wie unbekannt sie mir wirklich ist. Wenn ich zum Beispiel bemerke, daß meine Sekretärin im Sommer manchmal zu spät zur Arbeit kommt oder sich sehr kurzfristig einen Tag freinimmt, kann ich mich darüber ärgern, sie betont kühl behandeln und ihr am nächsten Tag zusätzliche Arbeit aufbürden, um die verlorene Zeit wieder wettzumachen. Daraufhin könnte sie möglicherweise kündigen. Wenn ich statt dessen versuche, ihre Situation zu verstehen, erfahre ich vielleicht, daß sie eine alleinerziehende Mutter mit drei kleinen Kindern ist, die gerade Schulferien haben; daß sie sie jeden Morgen vor der Arbeit zu ihrer Mutter fährt, die dreißig Meilen entfernt wohnt; und daß ihre Mutter in letzter Zeit krank war und die Kinder nicht betreuen konnte. Und ich könnte auch erfahren, daß sie abends gerne bis 18 oder 19 Uhr arbeiten würde, wenn sie dafür morgens erst um 10 oder 11 Uhr kommen müßte.

Je fremder uns die Gegenseite ist, desto weniger werden wir wissen, was sie für wichtig hält. Da wir uns unserer eigenen Ignoranz nicht bewußt sind, erfahren wir meist erst im nachhinein etwas darüber. Konfrontiert uns unser Gegenüber mit fremden Sitten und mit einer fremden Sprache und Kultur, erfordert es einige Anstrengung und Phantasie, um potentielle Probleme zu erahnen. Amerikanische Unternehmen haben beim Erschließen ausländischer Märkte in dieser Hinsicht oft Fehler gemacht, weil sie die Kultur der betreffenden Länder nicht verstanden. Ein krasses Beispiel für solch mangelndes Verständnis lieferte General Motors, als der Konzern das Modell Chevrolet Nova auch in Lateinamerika auf den Markt brachte und dabei übersah, daß das spanische *no va* soviel wie »er läuft nicht« bedeutet.

Doch auch wenn Unternehmen sich bemühen, solche Konflikte vorauszusehen, betreiben sie manchmal eine Geschäftspolitik, die den in den betreffenden Ländern üblichen Geschäftssitten zuwiderläuft. So erforschte das Unternehmen Gillette zuerst gründlich den japanischen Markt, bevor es dort seine Rasierklingen einführte, doch trotzdem entgingen ihm wohl einige wesentliche Regeln der japanischen Geschäftswelt. Gillette behandelte also seine japanischen Vertriebsfirmen wie amerikanische Unternehmen. Wenn eine Firma nicht Gillettes Standards entsprach, wurde sie fallengelassen und durch eine andere ersetzt. In Japan, wo Loyalität und die Pflege langfristiger Beziehungen sehr wichtig genommen werden, erregte das Vorgehen von Gillette sowohl bei Vertriebsfirmen als auch bei Kunden Anstoß. Die Firma Schick entwickelte mehr Verständnis für die landesüblichen Geschäftsgewohnheiten und beherrscht heute im Bereich von Rasierklingen den japanischen Markt.

Ein Grund dafür, daß wir uns nicht bemühen, etwas über die Menschen, mit denen wir zu tun haben, zu erfahren, liegt darin, daß wir glauben, schon alles zu wissen, was wir brauchen. Ein anderer Grund ist, daß wir unangebrachterweise viel zuwenig Informationen als für uns relevant erachten. Manche Manager sind zum Beispiel überzeugt, daß sie ein Unternehmen genauso leiten können, wie sie an der Börse investieren – einzig auf der Grundlage von Zahlen. Ihre Haltung ließe sich dann etwa so ausdrücken: »Wenn wir eine funktionierende Beziehung wollen, dann an die Arbeit. Dieses ganze Gefühlseiapopeia ist doch völlig überflüssig. Wozu sollte ich Sie gut kennen müssen? Ich mache am Telephon Geschäfte mit Fremden. Alles was ich wissen muß, sind Ihre Telephonnummer, Ihre Kreditkartennummer und ein paar wesentliche Fakten.«

Sicherlich streben wir eine zur Problemlösung fähige Beziehung aus ganz bestimmten, zweckgebundenen Motiven an, und um das zu verstehen, braucht manch einer Zeit. Auch erscheint bei einer einmaligen Zusammenkunft nicht unbedingt soviel Engagement erforderlich wie bei einer fortdauernden Beziehung. Aber in beiden Fällen macht sich das Bemühen um Verständnis normalerweise bezahlt. Je besser wir den anderen verstehen, desto leichter und sicherer werden wir Probleme vermeiden bzw. lösen können.

Gehen Sie immer davon aus, daß Sie noch etwas dazuzulernen haben. Wenn ich lernen will, besser mit Meinungsunterschieden umzugehen, sollte ich *immer* davon ausgehen, daß ich noch nicht genug über Sie weiß. In der Regel erwarte ich einfach, daß *Sie mich* besser verstehen müßten; statt dessen sollte ich alles daransetzen, daß *ich Sie* besser verstehe. Erst, wenn ich mir meine Unwissenheit eingestehe, werde ich lernfähig und ermutige auch Sie zum Weiterlernen.

Ein im Ruhestand lebender leitender Angestellter lieferte uns ein gutes Beispiel dafür, wie wichtig es ist, beständig weiterzulernen. Paul Kramer hatte jahrelang eine Abteilung einer Firma geleitet, die dann an ein anderes Unternehmen verkauft wurde. Die neuen Besitzer ließen Kramer in seiner Position, unterstellten ihn aber einem ihrer stellvertretenden Konzernchefs. Dieser hatte die Abteilung vor dem Kauf zusammen mit seinen Leuten analysiert und glaubte nun zu wissen, wie man diesen Unternehmenszweig leistungsfähiger machen könne. Es wurden neue Direktiven ausgegeben, die eine Umgestaltung der Preispolitik, die Aufgabe kleinerer Kunden und die Einstellung unprofitabler Produkte vorsahen. Kramer, der überzeugt war, sein Geschäft gut zu verstehen, wehrte sich heftig gegen diese neuen Vorgaben, unterzog aber die Analysen, auf denen sie beruhten, keiner eingehenderen Prüfung. Nach einer erbitterten Auseinandersetzung gab Kramer auf, und die Geschäfte gingen bergab.

Kramer und der neue stellvertretende Konzernchef verfügten beide über ein großes Wissen – und jeder von ihnen glaubte, er wisse genug. Im nachhinein gab Kramer zu, daß er aus den Preis- und Marktanalysen der neuen Firmenleitung hätte lernen können. Und diese wiederum, so wußte er, hätte sehr wohl von seiner jahrelangen Erfahrung profitieren können. Sowohl Kramer als auch sein neuer Vorgesetzter hätten die beschriebenen Schwierigkeiten wahrscheinlich vermeiden können, wenn sie sich nicht so sicher gewesen wären, genug zu wissen, und versucht hätten, etwas über das Wissen und die Ideen des anderen herauszufinden.

In solchen Fällen genügt es nicht, sich nur einzugestehen, daß man den anderen nicht wirklich versteht. Man sollte auch nach Kräften versuchen, mehr über ihn zu erfahren. Und wenn man sich aktiv darum bemüht, seine Interessen herauszufinden, fördert man bei ihm ein ebensolches Verhalten. Der römische Dichter Publilius Syrus stellte schon vor mehr als zweitausend Jahren fest: »Wir interessieren uns für andere, wenn sie sich für uns interessieren.«

Fragen Sie sich zunächst: »Was ist den anderen wichtig?« Selbst wenn wir uns unserer Unwissenheit bewußt und neuen Ideen gegenüber aufgeschlossen sind, fühlen wir uns vielleicht überfordert, wenn es darum geht, die anderen zu verstehen. Oft verstehen wir ja nicht einmal unsere engsten Freunde. Und wenn wir alle Menschen, mit denen wir Kontakt haben, in jeder Hinsicht verstehen sollten, hätten wir ansonsten für fast nichts anderes mehr Zeit. Teilweise mag deshalb unser zögerliches Bemühen, andere besser zu verstehen, daher rühren, daß wir fürchten, damit einen nicht endenwollenden Prozeß einzuleiten. Dieser Gefahr kann ich begegnen, indem ich mich auf das beschränke, was für die Lösung von Problemen am wichtigsten ist: Welche Interessen verfolgen die anderen im Rahmen einer bestimmten Situation? Wie nehmen sie mich und das anstehende Problem wahr? Und welche Wertvorstellungen könnten all dem zugrundeliegen?

Interessen. Eine gute Lösung für ein bestimmtes Problem sollte sowohl meinen als auch Ihren Interessen entsprechen. Und eine gute Methode, um Sie besser zu verstehen – eine Methode, die nicht nur zur Regelung von Meinungsverschiedenheiten anwendbar ist –, wäre es, Ihre Interessen herauszufinden. Je besser ich Ihre Sorgen, Bedürfnisse, Nöte, Hoffnungen und Befürchtungen kenne, desto eher haben wir eine Chance, ihnen wenigstens annähernd gerecht zu werden.

Wäre ich zum Beispiel Ihr Chef, sollte ich versuchen, Ihre Interessen als Angestellter zu verstehen. Möchten Sie mehr oder weniger Verantwortung? Legen Sie mehr Wert auf einen sicheren Arbeitsplatz oder wollen Sie größere Entfaltungsmöglichkeiten? Hätten Sie lieber eine flexiblere oder eine feste Arbeitszeit? Mehr Rückversicherung oder mehr Unabhängigkeit? Lieber jetzt mehr Gehalt oder lieber in der Zukunft? Lieber eine befristete Arbeit oder eine Stelle fürs Leben? Wahrscheinlich werden die Chancen für ein uns beide zufriedenstellendes Ergebnis steigen, wenn ich viele Ihrer möglichen Interessen erkunde, anstatt mich einseitig auf irgendeinen Punkt, in dem wir unterschiedliche Vorstellungen haben (z.B. das Gehalt), zu konzentrieren.

Wahrnehmungsweisen. Zwei Menschen, die ein und dasselbe Problem betrachten, haben selten die gleiche Meinung darüber. Wenn ich ein zwischen uns bestehendes Problem regeln will, muß ich zunächst verstehen, wie *Sie* dieses Problem sehen. Nicht nur unsere Meinungsverschiedenheiten selbst, sondern auch die Chance, sie erfolgreich zu lösen, können durch unsere divergierenden Sichtweisen bedingt sein.

Angenommen, ich erfahre bei unserer Diskussion über unsere unterschiedlichen Gehaltsvorstellungen, daß Ihrer Ansicht nach der Arbeitstag um 8.00 Uhr morgens beginnen sollte (während ich den Eindruck habe, daß meine Damen und Herren Mitarbeiter erst gegen 9.30 Uhr so langsam ihr Tagespensum in Angriff nehmen) und daß ein normaler Achtstundentag einschließlich der Mittagspause eigentlich von 8.00 Uhr bis 17.00 Uhr dauert. Was Sie mir da überraschenderweise sagen, könnte dazu führen, daß ich Ihnen zusätzlich zu einer angemessenen Gehaltserhöhung weitere 10% zugestehe, weil Sie täglich eine Stunde länger arbeiten als Ihre Kollegen.

Es genügt nicht, nur verstandesmäßig zu erfassen, daß sich die Auffassungen anderer von den unseren unterscheiden – daß eben die anderen etwas »seltsame« Ansichten haben –, denn sie selbst sehen das natürlich nicht so. Um erfolgreich mit anderen Menschen zusammenzuarbeiten, sollte ich begreifen, daß sie aus ganz vernünftigen Gründen zu ihren Ansichten gelangt sind, und ich sollte mich in Personen, die solche anderslautenden Meinungen vertreten, auch einfühlen können. Werfen Sie doch noch einmal einen Blick auf die Gegenüberstellung der parteiischen Sichtweisen der USA und der Sowjetunion auf den Seiten 47 und 48. In vielen Fällen ließe sich unser Verständnis für die Auffassungen anderer daran überprüfen, ob wir in der Lage sind, eine solche Gegenüberstellung auszuarbeiten, bei der einem unbeteiligten Dritten beide Spalten überzeugend erscheinen.

Wertvorstellungen. Den besonderen Interessen und Auffassungen, die eine Person in einer speziellen Situation vertritt, liegen bestimmte fundamentale Wertvorstellungen zugrunde. Dabei kann es sich um Eigenschaften und Bedürfnisse wie Loyalität, Teamgeist, Sicherheitsstreben, Aufrichtigkeit, Tapferkeit, Stolz auf Arbeitsqualität und Familiensinn handeln. Ich kann etwas über Ihre Wertvorstellungen erfahren, wenn ich beobachte, welche Interessen Ihnen wichtiger und welche Ihnen weniger wichtig sind. So könnte ich bei unseren Gehaltsverhandlungen entdecken, daß Ihnen Geld zwar einiges bedeutet, daß Sie aber eigentlich mehr Wert auf Ihre Position legen und vor allem einen möglichst sicheren Arbeitsplatz möchten. Wenn wir gemeinsam die für Sie bedeutsamsten Werte – vielleicht Status und Sicherheit – herausgefunden haben, können wir nach der von Ihnen meistgeschätzten Lösung suchen. Ich könnte Ihnen zum Beispiel den Titel eines Abteilungsdirektors anbieten und Ihnen diese Stelle für mindestens drei Jahre garantieren. Auch wenn wir dann vereinbaren, daß ich Ihnen weniger zahle als anderen und auf diese Weise mein Budget schone, werden Sie diesen Vorschlag wahrscheinlich immer noch als fair und vernünftig empfinden.

Verständnis für die Wertvorstellungen des Beziehungspartners wird noch wichtiger, wenn im Rahmen der Beziehung zwei verschiedene Kulturen aufeinanderprallen. Bei der Zusammenarbeit mit japanischen Geschäftsleuten ist es manchmal überraschend zu erfahren, wie sie das amerikanische Wertesystem sehen: »Warum wird in der amerikanischen Geschäftswelt so wenig Wert auf Loyalität gelegt?« Wenn man sie dann bittet, diesen Eindruck näher zu erklären, führen die Japaner als Beispiel an, daß Amerikaner oft ihre Ausbildungsfirma verlassen und eine Stelle bei der Konkurrenz annehmen, oder daß Unternehmen ihre Zulieferer wegen geringfügiger Preisunterschiede wechseln. »Und warum hat das amerikanische Management so wenig Sinn für Firmenverantwortung?« – Das bezog sich auf einen Vorstandsvorsitzenden, der jedes persönliche Versagen weit von sich gewiesen hatte, anstatt für die Fehler seines Unternehmens die Verantwortung zu übernehmen. (Als ein Jumbo Jet der Japan Air Lines wegen eines defekten hinteren Schotts verunglückte, trat demgegenüber der Präsident des Unternehmens sofort zurück und entschuldigte sich persönlich bei den Familien aller Opfer.) Amerikanische Manager wiederum fragen sich, warum die Japaner so wenig vom internationalen Freihandel halten, sondern statt dessen ihre Firmen subventionieren und Einfuhrbeschränkungen beschließen.

Japanische und amerikanische Geschäftsleute sind *beide* vernünftig. Keines der beiden Wertsysteme ist unmoralisch oder »falsch«. Doch werden Geschäftspartner, die aus diesen zwei Ländern kommen, Schwierigkeiten haben, zusammenzuarbeiten, wenn sie die Wertvorstellungen der anderen Seite nicht begreifen.

Die Interessen, Auffassungen und Wertvorstellungen anderer zu verstehen, ist nicht so einfach und wird uns auch nie hundertprozentig gelingen. Doch wenn wir uns zumindest darum bemühen, werden wir leichter zu jener Art von Verständnis gelangen, durch die unsere Beziehungen zu anderen besser funktionieren. Wir sollten in dieser Hinsicht also einige Anstrengungen unternehmen, unabhängig davon, ob der andere sich ebenso verhält oder nicht.

Haben Sie keine Angst, etwas Neues zu lernen

Wenn ich versuche, eine bessere Beziehung zu jemandem aufzubauen, den ich schon kenne – und besonders zu jemandem, zu dem ich schon ein konfliktgeladenes Verhältnis habe –, dann muß ich meist einige vorgefaßte Meinungen *revidieren,* um die Auffassungen des anderen zu verstehen. In einem Unternehmen, das auf eine lange Reihe von Streiks zurückblicken kann, werden die für die Verhandlungen mit den Gewerkschaften Verantwortlichen einen ganz bestimmten Eindruck von der Gewerkschaftsführung haben – einen Eindruck, der zweifellos teilweise der Wahrheit entspricht. Doch wenn sie die Gewerkschaftsführer besser kennenlernen würden, müßten sie wahrscheinlich einige ihrer alten Vorstellungen aufgeben.

Seine Meinung zu revidieren kann unangenehm sein, weil man dann unter Umständen manche seiner früheren Entscheidungen in Frage stellen muß und andere – so die häufige Befürchtung – die eigene Kompetenz anzweifeln könnten. Das ist besonders fatal, wenn es dabei um Auffassungen geht, von denen wir fest überzeugt sind: Oft sind diese Vorstellungen sehr mit Emotionen befrachtet, und wir neigen deshalb dazu, ihnen widersprechende Informationen zu ignorieren. Manchmal wollen wir auch nur deswegen nicht zuhören und Neues lernen, weil wir befürchten, dann feststellen zu müssen, daß wir in der Vergangenheit Fehler gemacht haben.

Wenn wir etwas Neues lernen, fühlen wir uns aus zwei Gründen unbehaglich. Erstens haben wir Angst, das Gesicht zu verlieren und vor anderen als Ignoranten dazustehen. Je offener wir uns zu bestimmten Auffassungen bekannt haben, desto größer erscheint uns diese Gefahr. Zweitens fühlen wir uns unwohl, weil wir psychisch verunsichert sind. Es ergeht uns dann so ähnlich wie bei einem Gespräch mit einem Psychiater. Wir könnten nämlich etwas erfahren, aufgrund dessen wir gezwungen wären, sowohl unsere Ansichten über uns selbst als auch über andere zu revidieren. Und das ist auch dann unangenehm, wenn andere Menschen nichts davon bemerken.

Im 17. Jahrhundert veröffentlichte der Astronom Galilei eine Schrift, in der er bewies, daß die Erde nicht das Zentrum des Universums ist und daß die Planeten die Sonne umkreisen. Diese Vorstellung widersprach den Lehren der katholischen Kirche, welche die Auffassung, daß die Erde das Zentrum des Universums sei, als Glaubensartikel vorschrieb. Doch Galileis Thesen waren nicht neu. Kopernikus, ein polnischer Astronom und Theologe, hatte schon hundert Jahre früher ähnliche Ideen vertreten, und im 17. Jahrhundert waren schon viele Gelehrte davon überzeugt, daß die Sonne das Zentrum unseres Planetensystems sei. Nichtsdestoweniger ließ die Kirche Galilei durch die Inquisition verfolgen, zwang ihn, seine Überzeugungen zu widerrufen, und stellte ihn für den Rest seines Lebens unter Hausarrest. Es sollten noch viele Jahre vergehen, bevor die Kirche ihre Lehren änderte und ihren Irrtum zugab.

Besonders in internationalen Konfliktsituationen freuen wir uns nicht darüber, wenn wir den Standpunkt des Gegners besser verstehen, sondern setzen uns lieber gar nicht damit auseinander, weil wir meinen, daß ein größeres Maß an Verständnis unsere Entschlossenheit erschüttern könnte. Während des Vietnamkrieges erklärte ein Leutnant der US-Armee bei einer Diskussion mit anderen Offizieren, warum er gar nicht erst versuchte, die Sichtweise der Nordvietnamesen zu verstehen: »Wenn wir verstehen würden, wie sie den Krieg sehen, würde das unseren Kampfeswillen schwächen.« Je weniger wir also unseren eigenen Überzeugungen trauen, desto mehr meinen wir sie verteidigen zu müssen und desto weniger sind wir bereit, ihnen zuwiderlaufende Ansichten zu begreifen. Aus Furcht, daß wir anders handeln müßten, wenn wir unsere Meinung über eine Situation ändern, vergeben wir die Möglichkeit, durch ein umfassenderes Verständnis für die Ansichten anderer zu besseren Lösungen zu gelangen, als sie uns heute einfallen.

Seien Sie aufgeschlossen und haben Sie Selbstvertrauen. Die Gefahr, eines Fehlers oder Irrtums überführt zu werden, läßt sich verringern, wenn man vorschnelle verbindliche Entscheidungen vermeidet und neuen Informationen gegenüber aufgeschlossen bleibt. Wenn ein Gewerkschaftsführer sagt: »Wir wollen nach Möglichkeit versuchen, einen Streik zu vermeiden und sind immer für neue Vorschläge von Seiten des Managements offen«, dann wird er einen größeren Verhandlungsspielraum haben, um günstige Vereinbarungen zu erzielen und um von etwaigen Konzessionen der Arbeitgeber zu profitieren, als wenn er – wenn auch nur indirekt – erklären würde: »Wir sind zum Streik entschlossen, und Sie können uns durch nichts davon abbringen.«

Sogar wenn wir eine Entscheidung bekanntgeben oder Verpflichtungen eingehen, können wir uns noch die Möglichkeit offenhalten, unsere Meinung zu ändern.

»Nein, Terry, auch wenn du pleite bist und deine Ausgaben für das College höher sind, als du erwartet hast, haben deine Mutter und ich trotzdem beschlossen, dir zumindest vorläufig nicht mehr Geld zu geben. Wenn du einen Monat lang Buch über deine Ausgaben führst und uns einmal ausrechnest, welche Aufwendungen jährlich für das College anfallen, dann sind wir bereit, dir eine etwas größere Summe zukommen zu lassen. Diese muß sich dann aber nach einer vernünftigen Einschätzung deines Bedarfs richten und nicht danach, was dir nun gerade einfällt, oder danach, was die Millers Jonathan geben.«

Auf diese Weise können wir unbefriedigende Optionen vermeiden, ohne eine weitere Diskussion von vornherein auszuschließen. Und uns steht dann die Möglichkeit offen, unsere Meinung zu ändern, ohne daß wir angesichts einer sich neu ergebenden Situation das Gesicht verlieren.

Fürchten wir unsere Selbstachtung zu verlieren, wenn wir erfahren, daß wir im Irrtum waren, dann müssen wir die Kriterien, nach denen wir uns selbst beurteilen, ändern. Anstatt davon auszugehen, daß wir nichts mehr zu lernen haben, sollte unsere Selbstachtung darauf beruhen, wie *gut* wir lernen. Wie leicht fällt es uns, neue Informationen aufzunehmen? Wie schnell werden wir uns falscher Annahmen bewußt? Wie gut verkraften wir es, wenn wir einen Irrtum zugeben müssen?

Je klarer wir uns über unsere wirklichen Interessen, unsere Optionen, unsere Stärken und unsere Schwächen sind, desto leichter können wir uns ohne Angst und Unbehagen mit neuen Ideen auseinandersetzen. Wenn wir für überzeugende Argumente offen sind, demonstrieren wir damit unsere Fähigkeit, mit veränderten Gegebenheiten zurechtzukommen. Zweifellos betrachtet Generalsekretär Michail Gorbatschow seine Politik der *Glasnost,* der Offenheit, als einen Ausdruck von Stärke. Er scheint bereit, den Westen zu akzeptieren und von ihm zu lernen. Deshalb wirkt er stärker als seine Vorgänger, die sich hinter ihrer Heimlichtuerei verschanzten und glaubten, nichts von den westlichen Gesellschaften lernen zu müssen. Seinen Überzeugungen entsprechend zu handeln, ist ein Zeichen von Stärke, aber bereit zu sein, seine Überzeugungen zu ändern – wenn gute Gründe dafür sprechen –, zeugt von noch größerer Stärke.

Verwenden Sie bestimmte Techniken, um sich die Welt der anderen zu erschließen

Die Art, wie wir auf äußere Ereignisse reagieren, spiegelt unsere Interessen und Wertvorstellungen wider. Auch wenn ich etwas darüber erfahre, wie Sie bestimmte Dinge sehen, werde ich wahrscheinlich Ihre Interessen für weniger wichtig und dringlich halten als meine.

Unternehmen wenden sich unter anderem auch deshalb an firmenfremde Berater, weil es für einen Außenstehenden leichter ist, die Stärken und das Potential einer Firma einzuschätzen, als für einen unmittelbar Beteiligten. Wenn ein Manager von der Abteilungsleitung an die Spitze eines Unternehmens aufsteigt, neigt er dazu, seine alte Abteilung zu begünstigen. Ist er sich bewußt, daß er nicht unbedingt einen objektiven Überblick hat und Gefahr läuft, seine langjährige Erfahrung überzubewerten, anstatt die Dinge unbefangen zu sehen, dann kann ein Berater hilfreich sein.

In allen Arten von Beziehungen machen wir häufig den Fehler anzunehmen, daß die andere Seite die gleichen Interessen hat und die gleichen Prioritäten setzt wie wir. So waren viele Politiker in den USA überrascht, mit welchem Elan El Salvador im August 1987 die Friedensinitiative der Mittelamerikanischen Staaten (den Contadora-Plan, der wesentlich auf den Präsidenten Costa Ricas und Friedensnobelpreisträger Arias zurückgeht) aufgriff. Nachdem die salvadorianische Regierung für so lange Zeit die von den USA favorisierten Contras unterstützt hatte, schien sie nun plötzlich bereit, jede Hilfe für diese Gruppierungen einzustellen und so das Überleben der nicaraguanischen Regierung zu ermöglichen. Die Hauptsorge der USA war die marxistisch-leninistische Regierung in Nicaragua, und dieses Problem wurde in dem neuen Friedensplan nicht gelöst. Für die Salvadorianer hingegen bestand das vordringliche Problem darin, daß Nicaragua die salvadorianischen Rebellen unterstützte. Es kümmerte sie weniger, ob Nicaragua marxistisch bleiben würde. Für viele US-amerikanische Politiker, denen vor allem die Rebellion in Nicaragua am Herzen lag, blieb es unverständlich, daß die Salvadorianer bereitwillig diesen Friedensvorschlag akzeptierten, auch wenn darin festgelegt wurde, daß Nicaragua seine Unterstützung für die Guerilleros in El Salvador einstellen würde.

Unser mangelndes Verständnis für andere ist ein typisches Resultat unserer ich-bezogenen Weltsicht. Wenn wir andere besser verstehen und eher in der Lage sein wollen, gemeinsam mit ihnen Probleme zu lösen, muß es uns gelingen, Abstand von uns selbst zu gewinnen – um die Welt aus der Sicht anderer zu erleben. Dabei können uns bestimmte Techniken helfen.

Lernen Sie die Vergangenheit der anderen kennen. Versuchen Sie einmal, sich eine gegebene Situation oder ein anstehendes Problem als Ergebnis von zwei persönlichen Geschichten vorzustellen – meiner und Ihrer. Meine Geschichte kenne ich, aber Ihre wahrscheinlich nicht. Was haben Sie bisher erlebt? Wie sind Sie dahin gekommen, wo Sie jetzt sind?

Eine solche Geschichte sollte die Ereignisse enthalten, durch die eine andere Person in eine Beziehung zu mir tritt. Und sie sollte einen »Plot« haben, d.h. sie sollte die Verbindungen zwischen diesen Ereignissen aufzeigen. Eine solche Geschichte kann ebenso ein vollständiger Lebensbericht sein wie auch eine Aufzählung aller Geschehnisse eines Tages, die dann einen Unfall zur Folge hatten. Wenn ich die Geschichte einer anderen Person kennenlerne, ist es für mich leichter, meine ich-Bezogenheit zu überwinden, weil ich auf diese Weise Fakten, Meinungen und Wertvorstellungen kennenlerne, die mir sonst entgangen wären. Außerdem werde ich wahrscheinlich um so mehr Interesse für einen Menschen entwickeln, je genauer ich seinen Hintergrund kenne. Und allein schon dieses Interesse wird uns dabei helfen, unsere Probleme durchzuarbeiten.

Vertauschen Sie die Rollen. Versuchen Sie sich in die Situation des anderen hineinzuversetzen und übernehmen Sie seine Rolle. Dabei sollten Sie sich alles so genau wie nur möglich vorstellen. Wenn ich versuche, meinen Chef zu verstehen, sollte ich daran denken, wie ich *empfinden* würde, wenn ich in seinem Büro im 34. Stock säße, regelmäßig jeden Montagmorgen zur Abteilungsleitersitzung gehen müßte, wo wiederum *sein* Chef, der Direktor, ihn darüber ausquetscht, wie seine Abteilung in der letzten Woche abgeschnitten hat; ich sollte versuchen nachzufühlen, was es heißt, 56 Jahre alt zu sein und kaum noch Aussicht auf einen Aufstieg an die Spitze zu haben; was es bedeutet, drei Kinder zu haben, die das College besuchen usw.

Mit einer gewissen Übung können wir so den unseren entgegengesetzte Standpunkte leichter verstehen. Beamte im Außenministerium könnten größeres Verständnis für fremde Regierungen entwikkeln, wenn sie Meldungen und diplomatische Berichte anders lesen würden. Sie könnten sich in den Fremden, der eine Rede geschrieben oder gehalten hat, oder auch in die in dem Bericht beschriebene Person hineinversetzen und sich selber die Frage stellen: »Wenn *ich* solche Dinge tun oder auch nur aussprechen würde – wie müßte ich beschaffen sein, um mich dabei wohlzufühlen und für einen rechtschaffenen Menschen zu halten? Einen Menschen, der – mit umstandshalber gerechtfertigten Mitteln – nichts weiter als löbliche Ziele verfolgt?«

Sicher halten sich nicht alle Politiker für rechtschaffene Menschen, doch generell haben wir wirklich eine weit größere Chance andere zu verstehen, wenn wir davon ausgehen, daß sie selbst sich eher in einem günstigen Licht sehen und sich nicht als schlechte Menschen betrachten, die mit unlauteren Mitteln unmoralische Ziele verfolgen.

Versuchen Sie mit Hilfe einer Tabelle zu ermitteln, wie die anderen ihre Entscheidungsmöglichkeiten sehen. Auch wenn wir bemüht sind, die Interessen, Auffassungen und Wertvorstellungen der anderen Seite zu verstehen, ist uns vielleicht nicht ganz klar, wo wir ansetzen könnten und was wichtig ist. Deshalb könnte es hilfreich sein, herauszufinden, welche Wahlmöglichkeiten die anderen aus ihrer subjektiven Sicht haben.

Wenn ich also eine längerfristige Beziehung zu Ihnen habe und wir vor ungelösten Problemen stehen, kann ich eine Tabelle erstellen, durch die ich mir ein Bild darüber verschaffe, was Sie über das anstehende Problem denken. Dazu führe ich zunächst Ihre Wahlmöglichkeiten auf, so wie sie wahrscheinlich subjektiv von Ihnen empfunden werden, und dann die Konsequenzen Ihrer jeweiligen Entscheidung, so wie Sie selbst sie sehen. Diese Tabelle soll mir Ihre Interessen, Wertvorstellungen und wichtigsten Auffassungen deutlicher machen. Ich kann anhand ihrer überlegen, was mich beschäftigen würde, wenn ich in Ihrer Situation wäre und vor denselben Wahlmöglichkeiten stünde.

Angenommen, Sie sind ein wichtiger Kunde von mir, den ich überzeugen möchte, daß er meine Firma, Solutions Inc., zu seinem Alleinlieferanten für Computer machen sollte. Außerdem möchte ich zu einem besseren Funktionieren unserer Beziehung beitragen. Bisher jedoch haben Sie sich zwar freundlich verhalten, schienen aber von einem Exklusivvertrag nicht besonders angetan. Um Ihre Sichtweise besser zu verstehen, kann ich versuchen, eine Tabelle wie auf der folgenden Seite zu erstellen. Wenn sie ungefähr dem entspricht was Sie denken, dann ist es für mich schon leichter nachzuvollziehen, welche Rolle eine bestimmte Entscheidung über meinen Vorschlag im Hin und Her Ihrer Befürchtungen und Interessen spielt.

Wenn ich meine Chancen vergrößern möchte, von Ihnen als Exklusivlieferant akzeptiert zu werden, wird mir auf diesem Wege klarer werden, daß ich Sie dazu bringen muß, Ihre Wahlmöglichkeiten anders einzuschätzen. Ich könnte deshalb zum Beispiel eine größere Firma mit der Wartung betrauen, Ihnen einen bestimmten Höchstpreis garantieren und das Risiko breiter streuen, indem ich Unterverträge mit anderen Firmen schließe. Letztlich könnte ich mit Ihnen zusammen einen Kostenvoranschlag ausarbeiten, der zeigt, wieviel Geld durch den Vertrag mit meinem Unternehmen gespart werden könnte, und Ihnen damit in Ihrer Firma zu größerem Ansehen verhelfen. Oder ich könnte auch zu dem Schluß kommen, daß ich mein Angebot ändern und lediglich versuchen sollte, als Hauptlieferant mit Ihnen ins Geschäft zu kommen.

Mithilfe einer Tabelle wie auf der nächsten Seite ist natürlich nicht garantiert, daß ich Ihre Sichtweise auch wirklich begreife. Und sicherlich muß ich für eine solche Aufstellung schon vorher die Situation einigermaßen einschätzen können. Doch kann ich durch dieses Vorgehen mein eigenes Denken systematisch strukturieren und auf die richtigen Fragen kommen, um noch mehr über Sie herauszufinden. Indem ich das, was ich weiß, und das, was ich vermute, immer wieder miteinander vergleiche und so auf seine Stimmigkeit überprüfe, kann ich allmählich ein Verständnis dafür entwickeln, warum Sie Ihr eigenes Verhalten als vernünftig empfinden. Ich begreife sowohl Ihre unmittelbaren Interessen als auch die ihnen zugrundeliegenden Auffassungen und Wertvorstellungen besser.

Sobald ich etwas schwarz auf weiß stehen habe, kann ich meine Annahmen mit Hilfe gut informierter Dritter oder durch direkte Nachfrage bei Ihnen selbst überprüfen. Wenn ich meine Tabelle in solcher Weise verwende, lerne ich etwas dazu und zeige Ihnen gleichzeitig, daß ich mich bemühe, Ihren Standpunkt zu verstehen.

Die Wahlmöglichkeiten, so wie der Kunde sie sieht

Frage:

Soll Solutions, Inc. unser Alleinlieferant für Computer werden?

Die Folgen, wenn ja	*Die Folgen, wenn nein*
– Ich habe nicht mehr die Option, mehrere Firmen zum Kundendienst heranzuziehen.	+ Ich kann zwei oder drei Firmen mit dem Kundendienst betrauen.
– Solutions könnte die Preise erhöhen, nachdem es den Exklusivvertrag erhalten hat.	+ Die Preise unterliegen dem Wettbewerbsdruck.
– Solutions könnte Konkurs machen, und ich hätte dann alles auf eine Karte gesetzt.	+ Ich streue mein Risiko, indem ich bei mehreren Lieferanten einkaufe.
– Wenn bei unserem Geschäft etwas nicht klappt, wird mein Chef mich dafür verantwortlich machen.	+ Ich kann mich immer damit herausreden, daß ich das Risiko streuen wollte.
+ Solutions könnte mir Mengenrabatt gewähren.	+ Ich halte mir alle Optionen offen.
	– Vielleicht erhalte ich dann keine hohen Rabatte.

Ziehen Sie einen Dritten zu Rate. In vielen Situationen empfinden wir es als schwierig, uns in die Haut eines anderen Menschen zu versetzen. Vielleicht haben wir keine Zeit, vielleicht stehen wir zu sehr unter Streß, oder unsere Ansichten sind dermaßen tief verwurzelt, daß wir uns beim besten Willen nicht davon distanzieren können. Unter solchen Umständen kann es sinnvoll sein, einen Dritten um Hilfe zu bitten.

In der Bauwirtschaft zum Beispiel kommt es bei vielen Unternehmen, die lange Zeit zusammengearbeitet haben, letztendlich zu einem Rechtsstreit. In solchen Situationen ist es manchmal wichtiger, den Streitfall schnell und fair zu lösen, als den Inhalt der betreffenden Regelung bis ins Detail genau festzulegen. Ein Vermittler kann dazu beitragen, daß jede Firma die Auffassungen der anderen Seite besser versteht. In ähnlicher Weise kann bei Familienkonflikten ein Therapeut den Mitgliedern der Familie oft helfen, destruktive Verhaltensmuster aufzugeben, indem er jeder Seite verständlicher macht, wie die Welt in den Augen des anderen aussieht. Hilfe von außen ist vor allem dann wichtig, wenn heftige Emotionen im Spiel sind.

In Wettbewerbs- und Konkurrenzsituationen ist es für eine Firma oder eine Regierung leichter, die Gegenseite zu verstehen, wenn sie eine oder mehrere Personen beauftragt, bei internen Diskussionen *pro forma* für die Interessen der Gegenseite einzutreten. Ein solches Verfahren ist dann angebracht, wenn Mitarbeiter einer Firma oder hochrangige Beamte es als riskant erachten, sich den Wünschen und Überzeugungen ihrer Vorgesetzten zu widersetzen.

Ein Beamter des amerikanischen Außenministeriums könnte unloyal erscheinen, wenn er Äußerungen von sich gibt, die Verständnis für den Standpunkt der Sowjetunion bekunden – insbesondere während einer Krise, wenn große Spannungen zwischen beiden Ländern herrschen. Doch gerade während solcher Phasen, wie zum Beispiel der Kuba-Krise im Oktober 1962 oder dem Yom-Kippur-Krieg im Nahen Osten im Oktober 1973, ist gegenseitiges Verständnis besonders wichtig. Hier kann ein institutioneller Mechanismus diesen zwar natürlichen, aber trotzdem gefährlichen Zwang zum »Gruppendenken« überwinden helfen.

Die Katholische Kirche führte vor langer Zeit das Amt des *advocatus diaboli* ein, der gegen die Kanonisierung einer bestimmten Person sprechen sollte. Ohne den Beistand dieser institutionalisierten und legitimierten Position hätten wohl nur wenige Kirchenmitglieder Böses über jemanden zu sagen gewagt, der heiliggesprochen werden sollte.

Während des Vietnamkrieges war es allgemein bekannt, daß der Stellvertretende Außenminister George Ball die Aufgabe übernommen hatte, gegen die vom Militär vorgebrachten Vorschläge Einspruch zu erheben. Es war zweifellos ein guter Einfall, dieser Funktion einen halb-institutionellen Status zu verleihen, denn dadurch verringerte sich für Ball das politische Risiko, das sich aus seinen scheinbaren Divergenzen gegenüber dem Präsidenten ergab.

Der im Rechtssystem der USA verankerte Anspruch auf Verteidigung durch einen Rechtsanwalt beruht auf einem ähnlichen Prinzip. Die Gerichte haben festgestellt, daß das Recht auf einen Anwalt gerade dann besonders wichtig ist, wenn die Öffentlichkeit eine sehr negative Meinung über den Angeklagten hat. In solchen Fällen spielt ein Rechtsanwalt, der dem Gericht die Lage des Angeklagten zu verdeutlichen hat, für ein faires Urteil eine unverzichtbare Rolle. Das Recht auf Verteidigung ist so fest abgesichert, daß niemand (fast niemand) es einem Rechtsanwalt übelnimmt, wenn er energisch für einen unpopulären Mandanten eintritt.

Die Rolle des Anwalts der anderen Seite ließe sich noch verbessern, wenn wir jemandem die Rolle »der anderen Seite« glattweg selbst zuweisen. Diese Person hätte die Aufgabe, sich wie ein Mitglied der anderen Regierung zu verhalten und uns somit einsichtig zu machen, wie er und seine Kollegen eine bestimmte Situation sehen und inwiefern ihr Standpunkt vernünftig sein könnte.

Bei Planspielen und Krisensimulationen der US-Regierung müssen manche der Beteiligten die Rolle der UdSSR übernehmen. Presseberichten ist zu entnehmen, daß die Betreffenden sich in dieser Rolle nicht so sehen, wie die Sowjetunion sich selbst einschätzen würde, sondern einen »Feind« markieren, der dem Klischee vom schlimmsten kommunistischen Bösewicht entspricht. Um eine genauere Vorstellung davon zu erlangen, was die Sowjets in derartigen Situationen wirklich tun würden, müßte die amerikanische Regierung versuchen herauszufinden, inwieweit dieses Klischee die Wirklichkeit verfehlt. So könnte zum Beispiel eine kleine Arbeitsgruppe Entwürfe möglicher sowjetischer Sichtweisen, Interessen und Wertvorstellungen ausarbeiten – Entwürfe, die den sowjetischen Standpunkt einfühlsam nachzeichnen und auch von den Sowjets selbst akzeptiert werden würden.

Insgesamt gesehen können wir also die Hindernisse, die in unseren Beziehungen ein gegenseitiges Verständnis erschweren, mit Hilfe von drei vorbehaltlos konstruktiven Schritten überwinden: Wir müssen herausfinden, wie die anderen denken; wir müssen bereit sein, Neues zu lernen; und wir müssen uns die Welt der anderen mit bestimmten Techniken erschließen. Bei all diesen Schritten brauchen wir nicht zu befürchten, daß die andere Partei einseitig davon profitieren könnte. Alle unsere Bemühungen, die Gegenseite besser zu verstehen, sind sowohl für uns als auch für die Beziehung von Vorteil – unabhängig davon, ob die anderen sich ebenso verhalten oder nicht.

6. Kommunikation

Halten Sie Rücksprache vor jeder Entscheidung – und hören Sie erst einmal zu

Um eine funktionierende Beziehung aufrechtzuerhalten, müssen wir miteinander kommunizieren. Was wir mitteilen und wie wir es tun – ob einem Freund, unserem Lebenspartner, dem Arbeitgeber oder der Regierung –, wirkt sich auf unsere Fähigkeit aus, mit Meinungsverschiedenheiten zurechtzukommen. Schlechte Verständigung kann zu Mißverständnissen, störenden Emotionen, Vertrauensverlust und unbefriedigenden Ergebnissen führen.

Kommunikation ist ein weites Feld. Neben ihrer Bedeutung beim Aufbau einer funktionierenden Beziehung hat sie noch viele andere Aspekte. In diesem Kapitel soll auf drei Faktoren hingewiesen werden, die einer guten Kommunikation im Wege stehen. Darüber hinaus werden mehrere vorbehaltlos konstruktive Strategien beschrieben, die jeder anwenden kann, um die Verständigung in einer Weise zu verbessern, die der Lösung von Problemen dienlich ist.

Viele Menschen messen die Qualität einer Beziehung an der Qualität der Kommunikation. »Wir reden nicht mehr miteinander« bedeutet, daß die Beziehung massiv gestört ist, während man »über alles spricht«, wenn die Beziehung in Ordnung ist. Die Art, wie wir uns etwas mitteilen, ist ein Indikator für den Zustand der Beziehung. Allein schon der Ton, in dem Eltern zu ihrem Kind, ein Vorgesetzter zu seinem Untergebenen oder Ehepartner miteinander sprechen, sagt viel darüber aus, wie die Betreffenden miteinander zurechtkommen. Haben sie eine aggressive Stimme, unterbrechen sie den anderen oder fangen sie an zu schreien, so ist das ein Zeichen dafür, daß die Beziehung eher Probleme hervorbringt als löst. Kurze Telegramme, Notizen und unpersönliche Geschäftsbriefe sind von ihrer Form her oft aussagekräftiger als ihr Inhalt.

Gute Kommunikation muß nicht unbedingt ein Zeichen für Freundschaft sein. Die Verständigung mit Personen, mit denen wir im Streit liegen, ist zwar schwieriger, aber ungleich wichtiger als eine Verständigung mit Menschen, die wir mögen. Die USA und die UdSSR erkennen heute, daß sie ein Interesse daran haben, den Dialog miteinander aufrechtzuerhalten, wenn die Spannungen am größten sind. Deshalb kamen die beiden Regierungen 1987 überein, das »rote Telephon«, also die Direktverbindung zwischen den beiden Hauptstädten, auszubauen und Kommunikationszentren für Krisenfälle einzurichten.

Kommunikation ist etwas sehr komplexes. Mit jeder Bewegung und jeder Handlung teilen wir etwas mit und sind uns dessen oft gar nicht bewußt. Sogar Schweigen kann ein sehr ausdrucksvolles Signal sein. Es kann bedeuten: »Ich bin verärgert, provozieren Sie mich nicht«, oder: »Ich denke gerade angestrengt darüber nach, was Sie mir eben gesagt haben.« Gesten und Körperhaltung können Offenheit oder Ablehnung zum Ausdruck bringen.

Die Art und Weise in der ich mich mitteile kann darüber entscheiden, ob jemand mit mir zusammenarbeiten möchte. Wir alle haben schon die Erfahrung gemacht, daß wir einem Menschen das erste Mal begegnet sind und sofort hervorragend mit ihm harmonierten. Nach einigen wenigen Worten ist mir klar, was Sie mir sagen möchten, und auch Sie scheinen mich genau zu verstehen. Ich fühle mich in Ihrer Gesellschaft wohl, unser Gespräch stellt einen ausgewogenen Meinungsaustausch dar, und wir sind beide innerlich voll daran beteiligt.

Ist unsere Verständigung aber unzureichend, gibt es dafür ebenso deutliche Anzeichen. Ich fühle mich unwohl. Wenn ich gerade spreche, schauen Sie mich nicht an. Es hat den Anschein, daß Sie schon alles nötige über mich zu wissen glauben und nicht daran interessiert sind, mehr über mich zu erfahren. Das Gespräch stockt immer wieder, unangenehme Pausen entstehen, und wir lachen gezwungen über Späße, die nicht komisch sind. In diesem Gespräch lernt keiner von uns beiden etwas; keiner von uns beiden hört zu. Wenn ich nicht etwas unternehme, um unseren Kommunikationsstil zu ändern, werde ich das Gespräch hernach als enttäuschend und unproduktiv empfinden und in Zukunft versuchen, den Kontakt zu Ihnen zu vermeiden. Und Ihnen wird es ebenso ergehen.

Jeder Kommunikationsvorgang trägt zur Entstehung eines Interaktionsmusters bei, das mit darüber entscheidet, wie wir mit zukünftigen Problemen umgehen. Eine Mutter, die ihre Tochter anschreit, erzielt vielleicht sofort eine sichtbare Wirkung, doch wird sie später, wenn die Tochter heranwächst, feststellen müssen, daß sie zwischen sich und ihrem Kind eine Mauer errichtet hat. Jede Botschaft, die eine zukünftige Verständigung verhindert, ist für beide Seiten ein Hemmnis.

Unzureichende Kommunikation kann einer guten, funktionierenden Beziehung in jeder Hinsicht schaden. Was aber beeinträchtigt eine gegenseitige, auf die Beseitigung von Differenzen angelegte Verständigung?

DREI HINDERNISSE FÜR EINE EFFIZIENTE KOMMUNIKATION

Eine gegenseitige Verständigung kann auf vielerlei Weise und aus vielerlei Gründen mißlingen. Manche dieser Gründe liegen außerhalb unserer Einflußmöglichkeiten. Andere aber lassen sich sehr wohl mit bescheidenen Anstrengungen und ohne jedes Risiko in Angriff nehmen:

- Wir gehen davon aus, daß keine Notwendigkeit besteht, mit der anderen Seite zu reden.
- Wir kommunizieren einseitig: Wir reden den anderen »voll«.
- Wir übermitteln widersprüchliche Botschaften.

1. *Wir gehen davon aus, daß keine Notwendigkeit besteht, mit der anderen Seite zu reden*

Der vielleicht wichtigste Grund dafür, warum Verständigung fehlschlagen kann, ist häufig die Annahme, daß kein Anlaß besteht, über eine bestimmte Angelegenheit zu sprechen. So hat zum Beispiel ein Ehemann eine Entscheidung getroffen, die seine Frau betrifft, ohne diese vorher zu fragen. Wahrscheinlich hat er so gehandelt,

- weil er nicht auf den Gedanken kam, mit ihr darüber zu sprechen;
- weil er zu sehr mit der Sache an sich beschäftigt war;
- weil er dachte, er wisse, was die richtige Entscheidung sei;
- weil er dachte, er wisse was sie sagen würde;
- weil es letztendlich eine Entscheidung war, die er selbst treffen mußte.

Seine Frau hätte aber möglicherweise gerne mitentschieden, sie hätte ihm vielleicht auch Fakten mitteilen können, aufgrund derer er anders entschieden hätte. Oder sie wäre anderer Auffassung gewesen, als er vermutet hatte. Seine Entscheidung könnte also falsch gewesen sein. Aber selbst wenn sie richtig war und wenn sich ebenfalls seine Vermutung bewahrheitete, was seine Frau dazu meinen würde, war sein Vorgehen dennoch unklug. Der Ehemann hat seine Frau möglicherweise »überrumpelt« und deshalb in ihren Augen an Vertrauenswürdigkeit verloren. Er hat sie mit vollendeten Tatsachen konfrontiert und somit, anstatt sie zu überzeugen, eher erreicht, daß sie sich unter Druck gesetzt fühlt. Und indem er eigenmächtig eine Entscheidung getroffen hat, die ihre Person betrifft, hat er ihr indirekt zu verstehen gegeben, daß sie und ihre Interessen und Ansichten keiner Beachtung wert seien – ein Eindruck, der in extremem Gegensatz zu jenem Gefühl des Akzeptiertwerdens steht, das zum Aufbau einer funktionierenden Beziehung erforderlich ist.

Auch Politiker gehen oft davon aus, daß kein Anlaß besteht, über auftauchende Probleme zu sprechen. 1985 blieb der amerikanische Außenminister George Shultz einem Treffen mit ausländischen Ministerkollegen fern, um gegen die Entscheidung Neuseelands zu protestieren, die Stationierung atomwaffenbestückter amerikanischer

Kriegsschiffe in neuseeländischen Häfen künftig nicht mehr zuzulassen. David Lange, der damals sowohl Premier- als auch Außenminister Neuseelands war, hatte auf jeden Fall recht, als er – ohne dabei speziell auf die Politik seines Landes einzugehen – bemerkte, daß der Abbruch aller Kontakte kein geeignetes Mittel sei, um Probleme zu lösen: »In einem langjährigen Bündnis ist es wichtig, daß die Bündnispartner in der Lage sind, ihre Meinungsverschiedenheiten auszudiskutieren.« (*New York Times*, 5. März 1985, S. A3)

2. Wir kommunizieren einseitig: Wir reden die anderen »voll«

Auch wenn wir die Notwendigkeit erkennen, uns mit den anderen zu verständigen, verstehen wir dann darunter oft nur, daß wir jemand anderem etwas erzählen. Damit aber Kommunikation effizient sein kann, muß sie alle beteiligten Parteien einbeziehen: Es genügt nicht, nur etwas auszusenden, es muß auch ein Empfänger da sein. Wir müssen einander zuhören.

Wenn wir sehr viel reden, wird der andere es müde zuzuhören. Stellen Sie sich ein Paar vor, bei dem der Ehemann sehr viel spricht, während die Frau meist schweigt. Würde ein Beobachter den Redefluß des Mannes unterbrechen und seine Frau fragen was er gerade gesagt hat, würde sie wahrscheinlich antworten: »Ich habe keine Ahnung.« Eine Möglichkeit mit extrem gesprächigen Menschen auszukommen, besteht darin, einfach nicht mehr zuzuhören. Warum sollte man auch noch zuhören? Es findet ja doch kein Austausch statt. Ebensogut könnte man versuchen, eine Beziehung zu einem Lautsprecher aufzubauen.

Auch wenn beide Beziehungspartner viel reden, aber jeweils dem anderen nicht zuhören, ist die Kommunikation immer noch einseitig. In den fünfziger Jahren verhandelte der Konzern General Electric mit der größten Gewerkschaft nach dem Motto »Alles oder Nichts«. Obwohl die Vorschläge von General Electric so fair waren, daß die Arbeiter sie eigentlich hätten akzeptieren können, und obwohl der Konzern ab und zu auch zu geringfügigen Änderungen an seinen Tarifangeboten bereit war, versuchte das Unternehmen nach außen hin den Eindruck von absoluter Unnachgiebigkeit zu vermitteln, um jede Möglichkeit auszuschließen, von der einmal eingenommenen Position abzurücken. Die Gewerkschaft verklagte schließlich das Unternehmen. Die Gerichte ergriffen Partei für die Gewerkschaften und entschieden, daß ernsthafte und glaubwürdige Tarifverhandlungen nur dann zustandekommen können, wenn die Sozialpartner auch bereit sind, ihre Vorschläge zu ändern — daß sie also willens sein müssen, einander ernsthaft zuzuhören und aufrichtig gemeinte Vorschläge zu machen.

Einseitige Kommunikation kann genauso negative Folgen haben wie das völlige Fehlen von Kommunikation. Ebenso wie jener Ehemann, der seine Frau nicht über seine Absichten informierte, vergeben wir — wenn wir anderen lediglich unsere Auffassung mitteilen, ohne selbst zuzuhören — jede Chance, etwas Neues zu lernen, und verhindern, daß die andere Seite zur Lösung von Problemen beitragen kann. Außerdem werden die anderen unter diesen Umständen weniger überzeugt hinter den getroffenen Vereinbarungen stehen.

3. *Wir übermitteln widersprüchliche Botschaften*

Um effektiv zu kommunizieren, darf das, was wir den anderen mitteilen, nicht in sich widersprüchlich sein: Das, was ich heute sage, muß mit dem, was ich gestern behauptet habe, und dem was ich morgen sagen werde, übereinstimmen. Wenn Ihnen etwas zu Ohren kommt, das ich jemand anderem gegenüber geäußert habe, dann sollte es dem entsprechen, was ich Ihnen gesagt habe. Meine Worte sollten in sich konsistent sein und auch mit meinem Handeln übereinstimmen. Ansonsten dementieren sich meine Aussagen gegenseitig und behindern eine Verständigung.

Widersprüchliche Botschaften wirken sich insbesondere verhängnisvoll auf unsere Fähigkeit aus, eine funktionierende Beziehung zu schaffen. Bei jemandem, der sich in seinen Worten zu einer bestimmten Lebensweise bekennt und dann in seinen Taten davon abweicht, verspüren wir in persönlicher Hinsicht ein Unbehagen. Das ist zum Beispiel der Fall, wenn ein fundamentalistischer Prediger eine Affäre mit seiner Sekretärin hat und Gelder unterschlägt, die für seine Kirche bestimmt waren. Manchen Menschen mag es gelingen, die eine oder andere solcher widersprüchlichen Botschaften zu ignorieren, doch meistens werden wir sie als sehr störend empfinden: Irgendetwas klingt falsch. Die UdSSR predigt Nichteinmischung, hat aber gleichzeitig eine mehrere hunderttausend Mann starke Truppe in Afghanistan stationiert. Die USA beteuern, »kein Lösegeld für Geiseln« zahlen zu wollen, verhandeln aber im selben Moment mit Iran über Waffenlieferungen als Gegenleistung für deren Freilassung. Wenn wir dergleichen hören, ruft das bei uns Skepsis und Verwirrung hervor, und zwar nicht nur in bezug auf die wirklichen Interessen des Betreffenden, sondern auch in bezug auf seine Glaubwürdigkeit; wir wissen nicht, welcher Aussage wir, wenn überhaupt, Glauben schenken sollen. Und als Folge davon wird die Lösung zukünftiger Probleme erschwert.

Es gibt drei Gründe dafür, warum wir anderen häufig widersprüchliche Botschaften übermitteln: Wir haben möglicherweise mehrere verschiedene Ziele; wir wenden uns an einen heterogenen Adressatenkreis; und wir senden aufgrund widersprüchlicher Gefühle für die anderen verwirrende Signale aus.

Verschiedene Ziele. Auch wenn ich das Ziel habe, eine Beziehung zu verbessern, verfolge ich gleichzeitig daneben noch einige andere Interessen. Da meine langfristigen und kurzfristigen Interessen oft einander entgegenstehen, könnte eine explizite Botschaft zugunsten bestimmter Interessen implizit noch andere Signale enthalten, die für bestimmte andere Ziele von Nachteil sind. Fernziele werden von unmittelbar anstehenden Problemen überlagert, die – im Augenblick – dringender erscheinen. Wenn ich eine wichtige Arbeit abschließen möchte und deshalb zu meiner kleinen Tochter sage: »Ich bin gerade sehr beschäftigt, bitte lasse mich jetzt in Ruhe«, dann kann es sein, daß das Kind aus meinen Worten heraushört, daß ich grundsätzlich nicht an ihm interessiert bin. Das hätte ich vermeiden können, wenn ich mir des Problems bewußt gewesen wäre und noch hinzugefügt hätte: »Komm' doch in zwanzig Minuten wieder und bring' dann das Buch mit, aus dem ich dir etwas vorlesen soll.«

Eine Botschaft, die wir an einem Tag mit einem bestimmten Ziel im Sinn übermitteln, stimmt möglicherweise mit einer anderen Aussage, die wir am nächsten Tag aus anderen Interessen heraus machen, nicht überein. Wenn ich mich wütend bei einem Lieferanten beschwere, weil er vereinbarte Termine nicht eingehalten hat, und hoffe, auf diese Weise zu erreichen, daß so etwas in Zukunft nicht wieder vorkommt, hört er möglicherweise aus meinen Worten heraus, daß ich mir eine andere Lieferfirma suchen werde. Und in diesem Fall achtet er später unter Umständen nicht mehr darauf, wenn ich ihm versichere, daß ich meine Geschäftsbeziehungen zu seiner Firma fortsetzen möchte.

Ein heterogener Adressatenkreis. Oft möchten wir aus völlig legitimen Gründen verschiedenen Zuhörern gegenüber verschiedene Aussagen machen. In solch einer Situation befindet sich zum Beispiel der Aufsichtsrat eines Unternehmens mit staatlicher Beteiligung, wenn er seinen Jahresbericht schreibt, der mehrere verschiedene Gruppen zufriedenstellen soll: Aktionäre, Arbeitnehmer und Anlageberater. Allen diesen Gruppen gegenüber möchte der Aufsichtsrat jeweils verschiedene Fakten besonders hervorheben. Wenn in dem Bericht erwähnt wird, daß im darauffolgenden Jahr wahrscheinlich die Lohnkosten sinken werden, sind zwar die Aktionäre erfreut, die Arbeitnehmer jedoch verärgert. Damit das Unternehmen mit allen diesen Gruppen besser zusammenarbeiten kann, muß der Aufsichtsrat seine Worte sehr sorgfältig wählen.

Widersprüchliche Gefühle. Nehmen wir an, ich sage meinen Mitarbeitern, daß sie mich jederzeit ansprechen können, wenn sie irgendwelche Sorgen um ihre Belange am Arbeitsplatz haben. Eine Woche, nachdem ich ihnen dieses Angebot gemacht habe, habe ich eine Auseinandersetzung mit meinem Chef und bin deshalb aufgeregt und verärgert. Wenn meine Mitarbeiter gerade an diesem Morgen zu mir kommen, um mir zu sagen, daß sie mit dem Urlaubsplan nicht zufrieden sind, können meine Gereiztheit und mein Ärger sogar dann zutage treten, wenn ich versuche, ihnen zuzuhören. Und auch, wenn ich ihnen versichere: »Danke, daß Sie mich darauf aufmerksam gemacht haben. Sie können auch weiterhin jederzeit zu mir kommen«, wird eine ganz andere Botschaft bei ihnen ankommen, nämlich die: »Lassen Sie mich in Ruhe, wenn ich gerade andere Sorgen habe.«

Es gibt noch andere Gefühle, die für widersprüchliche Botschaften verantwortlich sein können. Wenn ich Angst habe, Sie zu verärgern, kann es zum Beispiel passieren, daß ich »um den heißen Brei herumrede«, anstatt Ihnen klar und deutlich zu sagen, worum es mir geht. Ein solch indirektes Vorgehen ist aber problematisch. Ein Angestellter, der es nicht wagt, seinen Chef um einen Tag Urlaub zu bitten, schneidet das Thema vielleicht dadurch an, daß er eine Bemerkung darüber fallen läßt, wie oft sich schon seine Kollegen einen Tag frei genommen haben. Wenn das Verhältnis zwischen dem Angestellten und seinem Chef sehr gut ist, wird dieser eine solche Andeutung vielleicht verstehen. Andernfalls könnte er jedoch den Eindruck gewinnen, daß der Angestellte nur jammert und andere »anschwärzen« will.

Gefühle haben nicht nur großen Einfluß darauf, was wir sagen und wie wir es sagen, sondern auch darauf, wie wir etwas verstehen. Wenn ich aufgeregt und wütend bin oder Angst habe, werde ich das, was Sie zu mir sagen, unter dem Eindruck meiner emotionalen Verfassung interpretieren. Eine harmlose Feststellung – wie zum Beispiel »Morgen spreche ich mit Ihrem Chef« – wird dann leicht als Drohung ausgelegt. Auch Schweigen erscheint dann oft höchst verdächtig. Und vergißt jemand, auf meinen Telephonanruf hin zurückzurufen, werte ich das sofort als Beweis für persönliche Ablehnung.

DREI MÖGLICHKEITEN, UM DAS VERHÄLTNIS ZUM BEZIEHUNGSPARTNER ZU VERBESSERN

Um diese Hindernisse, die einer effizienten, zur Lösung von Problemen fähigen Beziehung im Wege stehen, zu überwinden, benötigen wir sowohl eine allgemeine Strategie als auch einige spezielle Techniken zur Bewältigung bestimmter Kommunikationsprobleme. Die hier vorgeschlagene allgemeine Strategie umfaßt drei Komponenten:

1. Halten Sie Rücksprache vor jeder Entscheidung.
2. Hören Sie aktiv zu.
3. Planen Sie den Kommunikationsprozeß.

*1. Halten Sie Rücksprache vor jeder Entscheidung**

Wenn wir beide eine längerfristige Beziehung haben und ich unsere Fähigkeit, unsere Meinungsverschiedenheiten zu bewältigen, verbessern möchte, dann sollte ich grundsätzlich zuerst mit Ihnen sprechen, bevor ich eine Entscheidung treffe, die bedeutende Konsequenzen für Sie haben würde. Und »Rücksprache halten« bedeutet in diesem Fall, daß ich Sie um Ihren Rat bitte. Es genügt nicht, wenn ich Ihnen eine schon getroffene Entscheidung mitteile. Zwar ist es nicht erforderlich, daß wir gleicher Auffassung sind oder daß ich meine Entscheidungsfähigkeit preisgebe, doch sollte ich Sie über eine Angelegenheit, in der ich eine Entscheidung fällen möchte, informieren, Sie um Ihre Meinung fragen und das, was Sie mir zu sagen haben, bei meiner Entscheidung berücksichtigen.

So muß zum Beispiel die Vorstandsvorsitzende eines großen Unternehmens feststellen, daß die Firma schon im 3. Quartal hintereinander Verluste macht. Als einziger Ausweg bietet sich an, die Lohnkosten zu senken, aber in einem solchen Fall ist mit dem Protest der Gewerkschaft zu rechnen. Unter diesen Umständen könnte die Vorstandsvorsitzende die Gewerkschaftsführer um ein Gespräch bitten, ihnen die Gründe für die notwendigen Einsparungen erläutern und ihnen anschließend ungefähr folgendes sagen:

»Letztlich bin ich es dem Unternehmen und den Anteilseignern schuldig zu entscheiden, wie sich unsere Lohnkosten am besten senken lassen. Doch bevor ich irgendeine Entscheidung treffe, wüßte ich gern, wie Sie die Interessen der Arbeitnehmer sehen und in welchem Maße sie jeweils von den verschie-

* Im Englischen ist das die ACBD-Technik: *always consult before deciding* (A.d.Ü.).

denen Optionen betroffen wären. Auch interessiert es mich, ob Sie irgendwelche Vorstellungen darüber haben, durch welche Umstrukturierungen unsere Produktion konkurrenzfähiger werden könnte. Wir möchten expandieren und nicht schrumpfen. Ich kann Ihnen nicht versprechen, daß ich Ihre Vorschläge auch wirklich in die Tat umsetze, aber ich werde sie sicher überprüfen und sie aufgreifen, wenn ich sie für nützlich halte.«

Eine derartige Konsultation sollte in jeder funktionierenden Beziehung üblich sein – ganz gleich, ob ich Pläne für das nächste Wochenende mache (ich sollte dann meinen Ehepartner oder meine Ehepartnerin in die Entscheidung einbeziehen) oder ob die amerikanische Regierung vorhat, eine Flotte in den Persischen Golf zu entsenden (sie sollte vorher ihre Verbündeten und ihr freundlich gesonnene Regierungen in der betroffenen Region konsultieren).

Eine vorherige Unterredung mit der Gegenseite sollte allerdings nicht zu einer starren Regel werden. In manchen Situationen können schnelle Entscheidungen gefordert sein, und es gibt Fälle, in denen eine Entscheidung so viele Menschen betrifft, daß eine vorherige Konsultation jeder einzelnen Person (möglicherweise jeder Arbeiter in einer Fabrik oder jeder Einwohner einer Stadt) nicht denkbar ist. Vielleicht hat unsere Entscheidung auch nur sehr geringfügige Auswirkungen auf die anderen. Oder es besteht die Gefahr, daß ein offen vorgetragener Entscheidungsvorschlag einen so heftigen Widerstand auslöst, daß sich daraus für beide Seiten neue Probleme ergeben. Die vorherige Rücksprache mit der anderen Seite ist also eine Verhaltensmaßregel, die wie andere auch, gewissen Ausnahmen unterliegt.

Nichtsdestoweniger läßt sich die Praxis, den Beziehungspartner – seien es nun Familienmitglieder oder ausländische Regierungen – um Rat zu fragen, bevor man für ihn bedeutsame Entscheidungen trifft, als vorbehaltlos konstruktives Verhalten bezeichnen. Dieses Vorgehen ist sowohl für die Beziehung als auch für mich von Vorteil, unabhängig davon, ob die andere Seite sich nun ebenso verhält oder nicht. Das wird auch offensichtlich, wenn wir untersuchen, in welchem Maße sich dadurch die einzelnen Elemente einer gut funktionierenden Beziehung verbessern.

Halten Sie Rücksprache, um Vernunft und Emotionen ins Gleichgewicht zu bringen. Wir können unseren eigenen Emotionen und denen der anderen nicht aus dem Wege gehen – und wir sollten es auch nicht versuchen. Doch können wir verhindern, daß unsere Gefühle einen schädlichen Einfluß auf die gegenseitige Verständigung ausüben und eine emotionsgeladene Kommunikation wiederum die Beziehung beeinträchtigt. Wenn wir den Beziehungspartner um seine Meinung fragen, gewinnen wir Zeit zum Nachdenken und verringern die Gefahr übereilter Entschlüsse.

Halten Sie Rücksprache, um mehr Verständnis füreinander zu erlangen. Wenn ich prinzipiell jedesmal mit Ihnen spreche, bevor ich eine Entscheidung treffe, die für Sie von Belang ist, dann werden wir einander besser verstehen. Ich teile Ihnen mit, was ich vorhabe und warum ich es vorhabe, und frage Sie nach Ihren Bedenken, Ideen und Vorstellungen. Diese höre ich mir an und berücksichtige sie bei meiner Entscheidung. Auf diese Weise können wir besser verstehen, wie der andere denkt.

Halten Sie Rücksprache, um eine beiderseitige Verständigung zu fördern. Wenn wir den anderen konsultieren, bevor wir Entscheidungen treffen, werden beide Seiten dazu ermutigt, etwas mitzuteilen und zuzuhören. Es kommt eine wechselseitige Kommunikation zustande: Ich erkläre Ihnen etwas in einer bestimmten Situation, frage Sie um Ihren Rat und (wenn Sie bereit sind, ihn mir zu geben) nehme ihn zur Kenntnis. Schon eine Person allein kann eine solche wechselseitige Kommunikation fördern. Der beste Rat ist hier also, den anderen um Rat zu fragen.

Halten Sie Rücksprache, um vertrauenswürdiger zu werden. Wenn ich ohne jede Vorwarnung Entscheidungen treffe, die für Sie von Bedeutung sind, werden Sie sich oft »überrumpelt« fühlen. Je häufiger das geschieht, desto weniger werden Sie in der Lage sein, mein Verhalten vorherzusagen, und desto weniger vertrauenswürdig werde ich in Ihren Augen erscheinen. Frage ich Sie aber um Ihre Meinung, bevor ich eine Entscheidung fälle, wird diese für Sie wahrscheinlich weniger überraschend sein, und es wird leichter für Sie, mein Verhalten einzuschätzen. Ich kann also meine Vertrauenswürdigkeit steigern, indem ich Sie vorher davon in Kenntnis setze, was ich tun werde und mich dann auch wirklich entsprechend verhalte.

Halten Sie Rücksprache, um ein als Druckmittel empfundenes fait accompli zu vermeiden. Eine einseitig getroffene Entscheidung, die dem anderen jede Möglichkeit der Mitwirkung nimmt, wird meist als Druckmittel empfunden. Wenn ich Sie nur *informiere,* bevor ich handle, mag das in Ihren Augen zwar meine Glaubwürdigkeit bestätigen. Damit Sie sich aber nicht von mir unter Druck gesetzt fühlen, muß ich Sie nach Ihrer Meinung fragen, bevor ich eine Entscheidung treffe und Ihnen dadurch die Chance geben, mich eventuell umzustimmen.

Halten Sie Rücksprache, um den anderen zu zeigen, daß Sie sie akzeptieren. Das letzte Element einer guten, funktionierenden Beziehung besteht darin, den anderen zu akzeptieren. Wenn ich Ihnen keine Chance gebe, an einer Entscheidung mitzuwirken, dann behandle ich Sie wie jemanden, mit dem ich mich nicht auseinandersetzen will und dessen Interessen und Ansichten keine Beachtung verdienen. Ein solches Verhalten ist einer guten, funktionierenden Beziehung abträglich. Bitte ich Sie aber um Ihre Meinung, beweise ich damit, daß ich bereit bin, mich mit Ihnen auseinanderzusetzen und Ihre Interessen und Ansichten ernstzunehmen.

2. Hören Sie aktiv zu

In einer Beziehung passiert es manchmal, daß einer von uns beiden zuviel redet und zuwenig zuhört. Und wahrscheinlich noch häufiger kommt es vor, daß keiner – soviel beide auch reden mögen – dem anderen wirklich Gehör schenkt.

Finden Sie heraus, ob Sie selbst mehr zuhören sollten. Der erste Schritt zu aktivem Zuhören besteht darin, sich bewußt zu werden, ob Sie selbst Schwierigkeiten haben, anderen zuzuhören. Wenn Sie glauben, in Gesprächen allzusehr zu dominieren, überprüfen Sie das, indem Sie Freunde und Kollegen fragen, ob sie den Eindruck haben, daß Sie zuviel reden und nicht genug zuhören. Versuchen Sie zu vergleichen, wie lange Sie jeweils sprechen und wie lange Sie den anderen zuhören.

Schaffen Sie als nächstes Bedingungen, die Ihnen das Zuhören erleichtern. Einige Eheberater zum Beispiel raten ihren Klienten, einen »Zuhörvertrag« zu schließen. Das Paar vereinbart dann, daß jeder Partner eine bestimmte Zeit lang ohne Unterbrechung reden darf. Und auch ohne solche Grundregeln kann ein gewisses Maß an selbst auferlegter Zurückhaltung hilfreich sein. Manchmal reden wir einfach drauflos, wenn uns irgend etwas in den Sinn kommt. Wenn wir zuviel reden, dann sollten wir uns vornehmen, nur etwas zu sagen, wenn wir ein bestimmtes Ziel damit verfolgen und versuchen, uns dieses Ziel immer vor Augen zu halten.

Beziehen Sie den anderen ein. Aktiv zuzuhören bedeutet mehr, als nur schweigend dazusitzen, obwohl natürlich auch das manchmal notwendig ist. Aktiv zuhören heißt, dem anderen Fragen zu stellen und die Voraussetzungen dafür zu schaffen, daß er aus sich herausgeht und man ihn in das Gespräch einbeziehen kann. Zu Beginn eines Gesprächs kann ich mehrere Techniken anwenden, um ein persönliches Verhältnis zwischen uns herzustellen. Ich kann mich dem Rhythmus, der Lautstärke und dem Ton Ihrer Stimme anpassen, kann Ihrem Verhalten entsprechend eine formelle oder weniger formelle Atmosphäre schaffen usw. Wir können, je nachdem, eher nebeneinander oder eher einander gegenüber sitzen, vor uns ein Stück Papier, eine Tabelle oder irgendein anderes Symbol für »das Problem«, an dem wir gemeinsam arbeiten. Und ich kann versuchen vorher soviel wie möglich über Sie zu erfahren, so daß meine Fragen Ausdruck ehrlichen Interesses sind.

Bestimmte Techniken können mir dabei helfen zu verstehen, was genau Sie mir mitteilen möchten. Ich kann zum Beispiel kurze Zwischenbemerkungen machen, um auszudrücken, daß ich die vorgebrachten Argumente zur Kenntnis genommen habe; ich kann in meinen eigenen Worten wiederholen, was Sie gesagt haben, um sicherzugehen, daß ich Sie richtig verstanden habe; ich kann mir kurze Notizen machen, kann immer wieder Augenkontakt zu Ihnen herstellen und Folgefragen stellen. Als besonders nützlich kann es sich erweisen, bestimmte, für mich überraschende Informationspunkte zu wiederholen, damit ich sie auch wirklich im Gedächtnis behalte und nicht wieder in alte Vorurteile zurückfalle. Durch aufmerksames

Zuhören werde ich also Dinge erfahren, die zu einer zukünftigen Verbesserung der Beziehung beitragen werden.

Fragen Sie nach. Auch wenn ich Ihnen mit großem Einfühlungsvermögen zuhöre, werde ich das, was Sie mir sagen, nur vollständig begreifen, wenn ich etwas über Ihren persönlichen Hintergrund weiß. Jeder von uns teilt seine Gedanken und Vorstellungen in seinem eigenen Jargon mit oder setzt gewisse Pointen, deren Verständnis einen gemeinsamen Wissenshintergrund erfordert, über den der andere nicht unbedingt verfügt. Ebenso wie ein gewisses Maß an Kommunikation notwendig ist, um einen anderen Menschen zu verstehen, müssen wir den persönlichen und kulturellen Hintergrund der anderen Person kennen, damit Kommunikation möglich wird.

Nirgends wird uns die Notwendigkeit einer effizienten, beiderseitigen Verständigung eindringlicher verdeutlicht als in einer interkulturellen Beziehung. Ein Ethnologe, der einen »primitiven« Volksstamm erforscht, muß oft mehrere Jahre unter diesen Menschen leben und ihre Sprache und ihre Sitten kennenlernen, bevor er das, was er hört und sieht, wirklich versteht. Er weiß, daß die Sprache allein nicht ausreicht, sondern daß er erst den kulturellen Kontext der Menschen erfassen muß, um ihre Äußerungen und ihre Lebensweise zu begreifen. Natürlich können wir uns nicht mit jeder Kultur eingehend befassen. Aber je besser wir die Kultur und die Geschichte eines anderen Landes verstehen, desto einsichtiger werden für uns seine Außenpolitik und die Stellungnahmen seiner Regierung.

Wir können unsere Fähigkeit, anderen zuzuhören, überprüfen, indem wir uns fragen, wieviel wir über unsere Beziehungspartner wissen. Ist uns bekannt, was unsere Freunde über aktuelle politische und soziale Fragen denken? Wie sie zur Kunst stehen? Wissen wir, was ihnen im Leben wichtig ist? Haben wir verstanden, wie unsere Angestellten über ihre Arbeitszeit und ihr Einkommen denken? Was Mexiko von dem neuen Einwanderungsgesetz der USA hält? Wenn wir alle diese Fragen mit nein beantworten müssen – und das gilt besonders für Angelegenheiten, in denen wir andere Auffassungen als die Gegenseite vertreten –, dann sollten wir aufmerksamer zuhören.

Drücken Sie sich so deutlich aus, daß es leicht fällt, Ihnen zuzuhören. Damit eine wirklich wechselseitige Kommunikation zwischen uns zustandekommt, müssen Sie verstehen, was ich Ihnen sage. Zwar kann ich nicht erzwingen, daß Sie mich verstehen, aber ich kann mich Ihnen so mitteilen, daß die Wahrscheinlichkeit, daß Sie mich verstehen, größer wird.

Sprechen Sie für sich. Ganz allgemein sollten wir in der ersten Person sprechen, wenn wir den anderen mitteilen, was wir beobachten, denken und befürchten. Wir sollten auch vermeiden, ihnen bestimmte Worte in den Mund zu legen, ihnen irgendwelche Motive zu unterstellen oder ihnen zu eröffnen, wir wüßten was sie wirklich denken. Die Aussage »Ich fühle mich ignoriert« ist wahrscheinlich wirkungsvoller und konstruktiver als »Sie ignorieren mich«.

Drücken Sie sich in kurzen, klaren Sätzen aus – und machen Sie Pausen. Bei allen meinen Äußerungen besteht ein gewisses, wenn auch geringes Risiko, daß Sie mich falsch verstehen. Vielleicht verspreche ich mich, verwende doppeldeutige Wörter, vergesse wesentliche Argumente, benutze Ihnen unbekannte Begriffe usw. Je länger meine Stellungnahme ist, desto größer wird die Gefahr, daß Sie aufgrund eines einzigen Mißverständnisses auch andere Argumente, die ich Ihnen darlege, ebenfalls falsch verstehen. Dem kann ich begegnen, indem ich auf lange Vorträge verzichte, komplexe Mitteilungen in kleine Einheiten aufspalte, den Meinungsaustausch zwischen uns fördere und Pausen ermögliche, so daß jeder von uns das verarbeiten kann, was er gerade gehört hat. Wenn ich mehrere wichtige Argumente vorzubringen habe, so kann ich das auf einmal tun und später, wenn wir darüber diskutieren feststellen, ob Sie alles verstanden haben.

Ermutigen Sie die anderen zu aktivem Zuhören. Wir können die anderen bitten, noch einmal in ihren eigenen Worten auszudrücken, was wir ihnen gerade mitgeteilt haben. Wenn sie uns nicht verstanden haben, sollten wir ihnen alles noch einmal ausführlicher erklären, damit sie sowohl unsere Worte als auch deren Zusammenhang erfassen können.

3. Planen Sie den Kommunikationsprozeß, um widersprüchliche Mitteilungen möglichst auszuschließen

Wenn wir zu einer besseren Kommunikation gelangen wollen, um damit die Lösung von Problemen zu erleichtern, müssen wir uns vorher überlegen, aus welchem Grunde uns vor allem die Verständigung mit der anderen Seite notwendig erscheint, was wir dabei lernen oder vermitteln müssen und auf welchem Wege und wie wir kommunizieren wollen. Dann müssen wir diese Pläne in die Tat umsetzen und überprüfen, wie sie funktionieren.

Wir müssen unsere Ziele abklären. Oft machen wir widersprüchliche Mitteilungen oder übermitteln widersprüchliche Botschaften, wenn wir verschiedene, miteinander nicht zu vereinbarende Ziele verfolgen. Eine berufstätige Frau beispielsweise möchte an ihrem Arbeitsplatz erfolgreich sein. Zugleich möchte sie aber auch Vollzeitmutter, Schriftstellerin, eine liebende Ehefrau und eine engagierte Kommunalpolitikerin sein. Sobald sie all diese durchaus ehrlichen Interessen ihrer Familie und ihren Kollegen mitteilt, wird sie letztlich unaufrichtig erscheinen, weil sich all diese Ziele nicht unter einen Hut bringen lassen.

Geben Sie ambivalente Ziele offen zu. Wenn wir eine gute Beziehung aufbauen wollen, wäre es zuviel verlangt, daß jede unserer Botschaften sich mit dieser Absicht in Einklang befindet. Dazu ist das Leben zu kompliziert und sind die Menschen zu unvollkommen. So kann es passieren, daß während eines Gesprächs unsere Gedanken abschweifen oder daß wir eine Abwehrhaltung einnehmen und Dinge sagen, die wir später bereuen. Aus welchem Grund auch immer: Wir werden unweigerlich von Fall zu Fall widersprüchliche Botschaften übermitteln. Wie in jenem alten Kinderreim sagen wir etwas, von dem wir im nächsten Augenblick das Gegenteil behaupten:

»Mutter, darf ich baden geh'n?
Ja, meine liebe Tochter.
Häng' deine Kleider an den Hickorybaum
Und geh' nicht zu nah ans Wasser.«

Daß unsere Ziele häufig widersprüchlich sind, wird sich wohl nicht vermeiden lassen, doch können wir sehr wohl die sich daraus ergebenden Ungereimtheiten verringern. Der beste Weg hierzu ist, sich selbst über seine Ziele klar zu werden und sie vor den anderen aufrichtig und mit deutlichen Worten zuzugeben.

Wenn wir nicht wissen, ob wir lieber mit unserer Frau ausgehen oder mit unseren Kindern zuhause bleiben wollen, sollten wir unserer Frau nicht das eine und den Kindern das andere versprechen; wir können unsere zwiespältigen Gefühle jedem offen mitteilen. Wenn die Leitung eines Unternehmens zwischen notwendigen Kostensenkungen und dem Erhalt von Arbeitsplätzen schwankt, wird sie mit aufrichtigen und deutlichen Aussagen das Verhältnis zu den Arbeitnehmern eher verbessern, als wenn sie jedem das sagt, was er gerne hören möchte.

Gehen Sie langfristige Ziele durch sofortiges Handeln an. Wenn ein unmittelbares, drängendes Problem wichtiger erscheint als die langfristige Aufgabe, eine dauerhafte, gute Beziehung aufzubauen, muß ich Wege finden, um das langfristig wichtige Ziel in den Vordergrund zu rücken – ich muß mich um eine »beziehungsfördernde Kommunikation« bemühen. In manchen Kulturen – wie zum Beispiel der arabischen – wird dem Aufbau von Beziehungen ohnedies eine vorrangige Rolle eingeräumt. Der Entschluß, mit jemandem Geschäfte zu machen, wird häufig ebenso gehandhabt wie die Entscheidung für eine Partnerschaft oder eine Heirat. In den USA und in vielen europäischen Ländern jedoch ist der Aufbau von Beziehungen (ausgenommen vielleicht die Wahl des Lebenspartners) ein langfristiges Ziel, das gegenüber kurzfristigen Interessen regelmäßig zurückgestellt wird.

Um sicherzugehen, daß unser heutiges Handeln auch unsere längerfristigen Belange fördert, ist es im allgemeinen am besten, bestimmte Sofortmaßnahmen in Angriff zu nehmen, die den Fernzielen förderlich sind. (Wenn etwas darauf hindeutet, daß wir in fünfzig Jahren mit einer Verknappung von Eichenfeuerholz rechnen müssen, dann sollten wir gleich morgen früh um acht Uhr anfangen, Eicheln auszusäen.) Um zu verhindern, daß eine längerfristige Beziehung durch eine Reihe widersprüchlicher Botschaften gefährdet wird, müssen wir der anderen Seite Signale übermitteln, die unsere langfristigen Interessen unmittelbar zum Ausdruck bringen. Dazu sollten wir uns folgende Fragen stellen: Wer sollte was zu wem sagen, um das beiderseitige Verhältnis zu verbessern? Wann sollte man es sagen? Und wie? Ich kann also jedes Element einer guten Arbeitsbeziehung unter dem kommunikativen Aspekt betrachten und mich zum Beispiel fragen, wie ich mich in unmittelbarer Zukunft verhalten sollte, damit wir einander besser verstehen, mehr vertrauen und uns gegenseitig akzeptieren. Auf diesem Wege haben wir dann die Möglichkeit, zunächst vage und abstrakt erscheinende Elemente, wie zum Beispiel das gegenseitige Verhältnis der Beziehungspartner füreinander, durch sofort entscheidbare Vorschläge zu fördern. Angenommen Sie und ich haben eine persönliche Beziehung und mir ist nicht ganz klar, was Sie sich eigentlich von dieser Beziehung erwarten. Um diesem Manko durch unmittelbares Handeln Abhilfe zu schaffen, kann ich mich fragen, was ich Ihnen heute mitteilen könnte. Vielleicht sollte ich Sie einladen, morgen früh um acht Uhr mit mir zu frühstücken.

Schaffen Sie ein möglichst kleines Gesprächsforum, treten Sie nicht gleich vor ein heterogenes Publikum. Wenn wir zu vielen Menschen gleichzeitig sprechen, werden unsere Botschaften mit Sicherheit ziemlich verworren sein. Wenn zum Beispiel der Präsident der USA eine offizielle, direkt an die UdSSR gerichtete Erklärung abgibt, ist er sich dessen bewußt, daß seine Worte außerdem noch an ganz anderer Stelle gehört und registriert werden:

- vom Außenminister und vom Verteidigungsminister;
- von den Senatoren und den Kongreßabgeordneten;
- von den Journalisten, die die Informationen für die Abendnachrichten im Fernsehen zusammenstellen;
- von vielen amerikanischen Wählern;
- von den europäischen Verbündeten.

Mag sein, daß eine bestimmte Mitteilung in diesem oder jenem Fall die eine oder andere Einzelgruppe im Rahmen dieser großen Zuhörerschaft ansprechen soll. Doch wenn die Botschaft des Präsidenten an die UdSSR so abgefaßt wurde, daß alle diese möglichen Zuhörer zufriedengestellt werden sollen, dann wird der endgültige Wortlaut schließlich allen Adressaten verschwommen erscheinen. Und noch schlimmer ist, daß der betreffende Text wahrscheinlich diverse Kommentare und weitere Stellungnahmen nach sich ziehen wird, die alle jeweils ein anderes Publikum erreichen wollen. Daß die daraus resultierende »Botschaft« dem Präsidenten die Zusammenarbeit mit der UdSSR erleichtert, ist sehr unwahrscheinlich.

Besonders wenn viele verschiedene Gruppen am Ergebnis einer Entscheidung interessiert sind, kann es ratsam sein, einen kleineren Kreis mit der Lösung von Problemen zu betrauen, um während des Entscheidungsfindungsprozesses die öffentliche Diskussion in Grenzen zu halten. So haben zum Beispiel die beiden Supermächte im Rahmen der Rüstungskontrollabkommen einen Ständigen Beratungsausschuß einberufen, der ein nicht-öffentliches Diskussionsforum für Probleme der Einhaltung und Durchführung der Verträge darstellt. Obwohl dieses Gremium nicht immer reibungslos arbeitete, war es doch über Jahre hinweg in der Lage, jede ihm vorgelegte Frage zu klären, wobei es sich teilweise um Probleme handelte, die ansonsten möglicherweise das gesamte Verhältnis zwischen den Supermächten beeinträchtigt hätten. Der Ausschuß fungiert also als Ort persönlicher Kommunikation, wo die USA und die UdSSR – und *nur* sie beide! – miteinander reden können.

In allen Bereichen läßt sich die Verwirrung, die die Berücksichtigung einer heterogenen Zuhörerschaft mit sich bringt, verringern, wenn man statt dessen persönliche Diskussionen unter vier Augen fördert. Dasselbe Prinzip ist auch auf Familienangelegenheiten anwendbar. Wenn Sie Schwierigkeiten haben, in Anwesenheit Ihrer Frau mit Ihrer Schwiegermutter eine Frage auszudiskutieren, dann sollten Sie das bei einem Abendessen unter vier Augen tun. Es macht einen gewaltigen Unterschied, ob an einem Gespräch drei oder nur zwei Personen beteiligt sind. Sind Sie zu dritt, richtet sich jede Bemerkung automatisch an zwei Zuhörer. Sie haben zum Beispiel nicht die Möglichkeit, etwas zu Ihrer Schwiegermutter zu sagen, ohne Gefahr zu laufen, daß auch Ihre Frau darauf reagiert oder antwortet oder gar das Thema wechselt.

Planen Sie Ihre Zusammenkünfte, um emotionale Störungen möglichst auszuschalten. Wenn Sie eine Gesprächssituation vorher durchdenken, kann dies Ihr Selbstvertrauen stärken und ganz allgemein Ihre Angst vor Kommunikationsproblemen verringern.

Überlegen Sie sich vorher, wie Sie an heikle Fragen herangehen. Wir können unsere eigene Unsicherheit und die Furcht, zuviel von unseren Gedanken preiszugeben, verringern, indem wir die Gesprächssituation vorher durchdenken. Nehmen wir an, ich verhandle mit jemandem über den Kauf eines Hauses, an dem mir so viel liegt, daß ich bereit bin, einen weit höheren Preis als den Marktwert zu zahlen. Nun fürchte ich aber, daß der Verkäufer mich fragen wird, was mein Höchstpreis wäre. Auf eine solche Frage kann ich mich folgendermaßen vorbereiten:

»Ich möchte mich dieser Frage nicht verschließen. Vielleicht werden Sie mich überzeugen können, daß Ihr Haus mehr wert ist, als ich denke. Aber wenn Sie sich an einem von mir genannten Höchstpreis orientieren wollen, verleiten Sie mich dazu, einen sehr niedrigen Preis zu nennen und zu versuchen, Sie damit zu übervorteilen. Deshalb möchte ich Ihnen nur folgendes sagen: Mir gefällt das Haus. Wenn es im Rahmen meiner Möglichkeiten liegt, werde ich einen seinem Wert entsprechenden Preis zahlen. Lassen Sie uns also darüber reden, was das Haus wert ist.«

Ich brauche diese Worte nicht auswendig zu lernen, aber wenn ich mir die eben beschriebene Vorgehensweise einmal zurechtgelegt habe, muß ich nicht mehr fürchten, danach gefragt zu werden, welchen Höchstpreis ich zu zahlen bereit wäre (oder, wenn ich der Verkäufer bin, welchen Mindestpreis ich akzeptieren würde). Und falls ich befürchte eventuell heikle Informationen weiterzugeben, kann ich mir überlegen, wie ich das betreffende Thema auf risikolose Weise behandeln kann.

Nehmen Sie sich vor, aufrichtig zu sein. Wenn ich Sie verstehen will, wird mir daran gelegen sein, daß Sie mir etwas über sich selbst mitteilen. Deshalb sollte ich mir schon vor unserer Zusammenkunft überlegen, was für Sorgen Sie haben könnten und warum Sie möglicherweise nicht so gern darüber reden. Auf diese Weise wird es mir dann eher gelingen, eine Atmosphäre zu schaffen, in der es Ihnen leichter fällt, mit mir darüber zu sprechen. So kann ich etwas über mich persönlich erzählen und bereit sein zuzuhören, falls Sie auch über sich reden möchten:

»Mein Mann und ich haben vor zwei Jahren eine schwierige Zeit durchgemacht, und ich litt so sehr darunter, daß ich kaum mehr fähig war, morgens aufzustehen. Ich trieb keinen Sport mehr, konnte nicht mehr richtig essen und wollte niemanden mehr sehen. Doch nach einigen Monaten ging es mir aufgrund einer Therapie allmählich wieder besser.«

In vielen Situationen – wenn ich zum Beispiel einen frisch geschiedenen Freund treffe – muß ich damit rechnen, daß unsere gegenseitige Verständigung stark von emotionalen Faktoren beeinflußt wird. Je mehr ich mir im voraus über diese Emotionen Gedanken mache und mir darüber klar werde, was ich von den anderen erfahren und ihnen meinerseits mitteilen möchte, desto besser werden wir uns wahrscheinlich verständigen können und desto eher werden wir in der Lage sein, uns mit den anstehenden Sachfragen zu beschäftigen.

Planen Sie vorher, wo und wie Sie mit den anderen zusammentreffen möchten. Wenn eine Beziehung nicht gut funktioniert, dann kann das an einem ineffizienten und schwer zu durchbrechenden Kommunikationsmuster liegen. Eine Möglichkeit, um in Gesprächssituationen Sackgassen zu vermeiden, besteht darin, schon vorher ein Forum zu schaffen, das einer guten Verständigung förderlich ist.

Dazu könnte ein neutraler Ort geeignet sein, an dem sich alle Beteiligten sicher, gleichberechtigt und respektiert fühlen und so ihre Ängste abbauen können. Ein allen Gesprächspartnern bekannter Ort und Rahmen kann dazu beitragen, an sich sehr emotionsgeladene Probleme auf entspannte und sachliche Weise anzugehen und dadurch eine klarere und bessere Verständigung zu erreichen. Ebenfalls hilfreich ist es, Zusammenkünfte regelmäßig nach einem einheitlichen Verfahren an immer dem gleichen Ort zu arrangieren. Gewerkschaften und Unternehmensleitungen berufen oft Ausschüsse ein, die sich mit den Beschwerden der Arbeiter zu befassen haben. Zwei Firmen, die häufig zusammenarbeiten, ernennen manchmal zwei Angehörige ihrer beiden Unternehmen, die sich dann gemeinsam mit allen möglichen bei der Zusammenarbeit auftauchenden Problemen zu beschäftigen haben. Manche Ehepaare legen einen bestimmten Tag in der Woche fest, an dem sie ihren jeweiligen Terminkalender und alle im Laufe der Woche anfallenden Probleme besprechen. Ein Paar beschloß sogar, alle strittigen Fragen in der Fleischabteilung eines nahegelegenen Supermarktes zu diskutieren, weil es dort einmal eine größere Auseinandersetzung hatte beilegen können. Für beide Partner trug dieser Ort den »Geist des Einverständnisses« in sich, und sie vertrauten darauf, daß sich die Gemüter hier nicht übermäßig erhitzen würden. Sich in irgendeiner Form auf konfliktgeladene Fragen einzustellen, kann negative Verhaltensmuster abmildern, die einer effizienten Kommunikation im Wege stehen würden.

Auch wenn wir uns keinen besonderen Platz für heikle Unterredungen aussuchen, können wir einige grundlegende Verhaltensregeln aufstellen, durch die sich jeder von uns sicherer fühlen wird. Während eines Verhandlungsgesprächs sind die Teilnehmer wahrscheinlich weniger gewillt, irgendwelche Vorschläge anzubringen, weil sie befürchten, daß diese als bindende Zusagen ausgelegt werden könnten. In einem solchen Fall wäre es angebracht, einen bestimmten Termin und Ort für ein reines Brainstorming zu vereinbaren – also eine Sitzung, in der jeder alle möglichen Lösungen und die wildesten Ideen vorbringen kann, ohne darauf festgelegt zu werden.

Durchführung: Verfolgen Sie den Kommunikationsverlauf im Hinblick auf die Beziehung. So sorgfältig wir auch den Kommunikationsprozeß planen, um die Beziehung zu verbessern, so sind wir doch vor Fehlschlägen nicht sicher. Allmählich werden wir aber Erfolge sehen, wenn wir den Verlauf der Kommunikation mitverfolgen und gegen auftauchende Probleme etwas unternehmen.

Wenn die Verbesserung der amerikanisch-sowjetischen Beziehungen tatsächlich ein wesentliches Ziel der amerikanischen Außenpolitik darstellt, dann könnte ein – sogar recht junger – Regierungsbeamter zum »Beauftragten für eine der Beziehung förderlichen Kommunikation« ernannt werden. Dieser Beamte könnte einen Plan ausarbeiten, Vorschläge für dessen Durchführung unterbreiten und die Stellungnahmen und Vorgehensweisen anderer Regierungsmitglieder überprüfen, um sicherzustellen, daß sie soweit wie möglich miteinander übereinstimmen und langfristigen Zielen entsprechen. Er könnte auch Mittel vorschlagen, die dazu geeignet sind, das Verhältnis zwischen beiden Ländern zu verbessern: Was für Kommunikationswege sollten geschaffen werden? Wann sollten direkte Gespräche stattfinden? Kurzfristige Ziele könnten im Rahmen einer langfristigen Strategie diskutiert werden. Die USA und die UdSSR könnten sogar noch weiter gehen und eine kleine gemeinsame Spezialarbeitsgruppe bilden, um nach Möglichkeiten einer effizienteren Kommunikation zwischen beiden Regierungen zu suchen.

Auch kleinere Institutionen wie Firmen und Gewerkschaften könnten mit Hilfe eines systematisch durchdachten Kommunikationsprogramms ihre Arbeitsbeziehungen verbessern. Sogar für zwei einzelne Arbeitskollegen kann es von Vorteil sein, sich planvoll um eine Verbesserung der gegenseitigen Verständigung zu bemühen. Dazu genügt schon eine einfache Checkliste, die ungefähr der folgenden entspricht:

Konzept zur Verbesserung meiner Beziehung zu der neuen Chefbuchhalterin

---

Kommunikation

1. *Ich muß sie akzeptieren.* Ich muß ihr versichern, daß sie eine vollwertige Mitarbeiterin ist und daß ihre Meinung für mich zählt.
2. *Ich muß mich häufig mit ihr beschäftigen.* Ich muß jeden Tag mit ihr sprechen.
3. *Ich muß darauf achten, in welcher Situation ich mit ihr spreche.* Ich muß direkt mit ihr und nicht mit anderen über sie sprechen. Fällt irgend etwas an, was ich anderen über sie sagen müßte, muß ich sie vorher darüber informieren. Ich muß ihr unsere langfristigen Ziele deutlich machen und ihr ein konstruktives Feedback für ihre Leistungen zukommen lassen.
4. *Ich muß ihr zuhören.* Was denkt sie? Ich muß ihr meine Ansichten über bestimmte Angelegenheiten mitteilen und sie nach ihrer Meinung zu den betreffenden Themen fragen. Hat sie verstanden, um welche Ziele es mir geht? Ich muß sie bitten, diese noch einmal in ihren eigenen Worten zu wiederholen.

5. *Ich muß ihr von Zeit zu Zeit ein besonderes Maß an Aufmerksamkeit zugestehen.* Hin und wieder muß ich ihr ein bißchen mehr Zeit widmen – vielleicht beim Lunch –, um mit ihr ohne Hast darüber sprechen zu können, was sie beschäftigt.

6. *Ich muß Rücksprache mit ihr halten.* Bevor ich irgendeine Entscheidung treffe, die bedeutende Konsequenzen für sie haben könnte, muß ich sie um ihre Meinung fragen. Was sie mir vorschlägt, muß ich noch einmal in meinen eigenen Worten wiederholen, um ihr zu zeigen, daß ich ihr zuhöre und daß mich das, was sie sagt, interessiert.

Kommunikation ist der Lebensnerv jeder Beziehung. Egal wie gut Ihre Verständigung mit anderen normalerweise verläuft, es ließe sich sicher immer noch etwas daran verbessern. Häufig auftauchende Hindernisse für eine effiziente Kommunikation – die Annahme, daß es nicht nötig sei, über bestimmte Probleme zu reden; einseitige Kommunikation; mehrdeutige Botschaften – lassen sich durch vorherige Planung und aktives Zuhören überwinden. Die einfachste und wirkungsvollste Grundregel ist jedoch, Rücksprache mit dem Beziehungspartner zu halten, bevor man eine Entscheidung trifft – und ihm dann aufmerksam zuzuhören.

7. Vertrauenswürdigkeit

Seien Sie selbst immer vertrauenswürdig, aber schenken Sie anderen niemals uneingeschränkt Vertrauen

Vertrauen wird oft als die allerwichtigste Eigenschaft für eine gute, funktionierende Beziehung angesehen. Ein hohes Maß an Vertrauen ermöglicht es mir, Ihre Äußerungen unhinterfragt zu akzeptieren und mich auf Ihre Versprechungen zu verlassen. Aufgrund von gegenseitigem Vertrauen können Geldinstitute und Börsenmakler täglich Tausende von Geschäften mit einfachem Handschlag oder einem kurzen Telephongespräch abwickeln. Und Vertrauen ist auch notwendig, wenn zwei Regierungen sich auf gegenseitige militärische und wirtschaftliche Unterstützung verlassen, die es ihnen dann erlaubt, wirtschafts- und sozialpolitische Ziele zu verfolgen, für die sie andernfalls keinen Spielraum mehr gehabt hätten.

Tiefes Mißtrauen hingegen schafft in Beziehungen Probleme und erschwert gleichzeitig deren Lösung. Wenn ich Ihnen nicht vertraue, habe ich vielleicht sogar überhaupt kein Interesse daran, mich mit Ihnen auseinanderzusetzen; ich bin dann vielleicht überzeugt, daß es sicherer ist, wenn ich meine Probleme allein regle, anstatt mit Ihnen eine Übereinkunft zu treffen. Denn wie können wir miteinander verhandeln, wenn alles, was Sie sagen, möglicherweise unwahr ist? Warum sollte ich versuchen, eine gemeinsame Regelung zu finden, wenn ich nicht darauf bauen kann, daß Sie sich auch daran halten? Wir sind uns also alle bewußt, wie wertvoll gegenseitiges Vertrauen ist und welche Nachteile sich aus beiderseitigem Mißtrauen ergeben können.

In den meisten unserer Beziehungen bewegen wir uns zwischen den beiden Polen von absolutem Vertrauen und extremem Mißtrauen hin und her. Und fast immer erscheint uns ein höheres Maß von Vertrauen wünschenswert. Doch wissen wir nicht so recht, wie wir dahin gelangen können.

Vertrauen und Mißtrauen sind etwas, das nur in unseren Köpfen existiert: eine Geisteshaltung. Häufig glauben wir, daß Vertrauen das Ziel einer Beziehung sein sollte – d.h. eine absolut vertrauensvolle Haltung. Aber das wäre gefährlich. Denn was wir wollen, ist kein Vertrauen um jeden Preis, sondern ein wohlbegründetes Vertrauen. Es reicht nicht, nur diese ersehnte Geisteshaltung umstandslos einlösen zu wollen. Wir müssen auch eine Grundlage dafür schaffen und dem Vertrauen eine angemessene Skepsis entgegensetzen.

Wenn Sie mir mißtrauen, dann kann das teilweise an meinem Verhalten liegen und teilweise daran, was sich unabhängig von meinem Benehmen in Ihrem Kopf abspielt. Möchte ich also, daß Sie mir ein größeres Maß an wohlbegründetem Vertrauen entgegenbringen, muß ich mich erstens selbst vertrauensfördernd verhalten und zweitens dafür sorgen, daß Sie mein Verhalten auch so wahrnehmen. Umgekehrt hängt mein Vertrauen zu Ihnen teilweise von Ihrem tatsächlichen Handeln ab und teilweise davon, wie ich Ihr Vorgehen wahrnehme und einschätze. Ein praktisches Ziel einer funktionierenden Beziehung, das beide Partner unabhängig voneinander anstreben können, wäre demnach das folgende:

1. daß beide Seiten ein in hohem Maße vertrauenswürdiges Verhalten zeigen,
2. und daß beide Seiten richtig einschätzen, welche Risiken es in sich birgt, dem anderen zu vertrauen.

Im ersten Teil dieses Kapitels geht es um die Frage unserer eigenen Vertrauenswürdigkeit – also um das, was die anderen dazu veranlassen könnte, uns zu mißtrauen, und darum, wie wir dem entgegenwirken können. Der zweite Teil beschäftigt sich mit der Vertrauenswürdigkeit unseres Beziehungspartners – also mit der Frage, weshalb wir ihm mißtrauen und wie wir auch hiergegen etwas unternehmen können. Im dritten Teil werden wir zeigen, welche Systeme einen Vertrauensverlust bewirken und welche Vertrauenswürdigkeit honorieren.

UNSERE EIGENE VERTRAUENSWÜRDIGKEIT

Unser Verhalten: Möglicherweise gibt es gute Gründe, uns zu mißtrauen

Meist stellt Vertrauen für uns nur dann ein Problem dar, wenn es um die Vertrauenswürdigkeit der *anderen* Seite geht. In jeder Beziehung gibt es aber nur eine Person, die ich hinreichend unter Kontrolle habe und deren Vertrauenswürdigkeit ich mit Sicherheit verbessern kann – mich selbst. Denn mein eigenes Verhalten kann ich am leichtesten verändern.

Ist unser Verhalten irreführend? »Nicht vertrauenswürdig« zu sein, heißt im allgemeinen auch, »unberechenbar« zu sein – ganz egal, was nun der Grund für diese Unberechenbarkeit sein mag. Ohne daß ich in irgendeiner Form unaufrichtig oder betrügerisch handle, kann mein Benehmen nichtsdestoweniger schwer einschätzbar sein, weil ich einmal dieses tue und beim nächsten Mal jenes. Das ist so ähnlich, wie wenn wir der Wettervorhersage nicht so ganz Glauben schenken. Zwar stellen wir nicht den guten Willen des Meteorologen in Frage und bezweifeln auch nicht, daß er seine Daten sorgfältig ausgewertet hat und uns aufrichtig seine Ergebnisse mitteilt. Nur sind wir nicht wirklich von seiner Vorhersage überzeugt. Ähnlich vertrauen wir auch Börsenmaklern nicht ganz, wenn sie uns sagen, welche Aktien wir kaufen sollen oder wie sich die Börsenkurse entwickeln werden. In beiden Fällen geht es nämlich um Phänomene, die schwer berechenbar sind.

Auch menschliches Verhalten ist schwer vorherzusagen. Sogar mein eigenes Benehmen ist für mich manchmal überraschend. Aufgrund neuer Erfahrungen, veränderter Umstände oder aufgrund des zeitlichen Abstandes werde ich manchmal Dinge sagen oder tun, die ich mir vor einigen Wochen noch nicht vorstellen konnte. Und Sie werden in einem solchen Fall noch weniger in der Lage sein, mein Verhalten vorauszusehen, auch wenn Sie mich gut kennen.

Äußern wir uns zu undeutlich? Wir können unserer Glaubwürdigkeit Schaden zufügen, wenn wir anderen etwas sagen, was sie eventuell als feste Zusage auslegen könnten, obwohl wir dies gar nicht so gemeint hatten. Wenn Sie mich fragen, wann ich nach Hause komme, und ich antworte: »Ich *müßte* eigentlich um 11.00 Uhr zurück sein«, dann könnten Sie das als verbindlich ansehen und daraufhin planen, um 11.30 Uhr gemeinsam mit mir etwas zu unternehmen. Ich mag zwar geglaubt haben, daß ich Ihnen nur eine ungefähre Antwort gegeben und mich in keiner Weise verpflichtet habe, doch habe ich mich unabhängig davon, ob Ihre Interpretation begründet ist oder nicht, auf jeden Fall zu ungenau ausgedrückt. Wenn ich derartige Äußerungen häufiger mache, dann besteht für Sie Anlaß zu glauben, daß ich nicht verläßlich bin.

Gehen wir sogar mit klaren Versprechungen leichtfertig um? Ist ein Versprechen als solches beabsichtigt und wurde es auch richtig verstanden, dann besteht immer noch das Problem, daß manche Menschen einem Versprechen mehr Wert beimessen als andere. Auch hier wieder handelt es sich nicht um absichtlichen Betrug, sondern um die Unfähigkeit, die jetzige oder zukünftige Sichtweise der anderen zu verstehen. Jedes Versprechen beruht auf impliziten Voraussetzungen. Wir beide verabreden uns zum Beispiel dienstags zum Lunch. Zwar werden wir diese Verabredung beide für verbindlich halten, doch werden wir uns auch das Recht herausnehmen, sie abzusagen, wenn ein (in unseren Augen) ausreichend wichtiger Anlaß dazu besteht. Wenn Sie krank werden, wenn der Präsident Sie nach Washington ruft oder wenn irgendein anderes unerwartetes Ereignis eintritt, dann werden Sie höchstwahrscheinlich Ihre Zusage widerrufen.

Nehmen wir einmal an, eine Frau ist bereit, gegen eine Summe von $ 10000 für ein kinderloses Ehepaar ein Baby auszutragen, das durch künstliche Befruchtung gezeugt wurde. Als aber das Kind geboren ist, ändert sie ihre Meinung. Sie möchte das Baby behalten, weil sie ihre emotionale Verbundenheit mit dem von ihr geborenen Kind als stärker empfindet denn ihre vertragliche Verpflichtung. Weder sie noch sonst irgendjemand war auf so etwas gefaßt. Die »mangelnde Vertrauenswürdigkeit« dieser Frau ist kein Zeichen von Unaufrichtigkeit oder Betrug, sondern beruht auf Umständen, die sie nicht vorhersehen konnte. Meinungsverschiedenheiten tauchen also dann auf, wenn wir geteilter Auffassung darüber sind, wie ernst eine Verpflichtung zu nehmen ist und wie wichtig ein Anlaß sein muß, um zu rechtfertigen, daß wir unsere Zusage nicht einhalten.

Wollen wir den anderen täuschen oder sind wir lediglich nicht ganz aufrichtig? Sie haben guten Grund, mir zu mißtrauen, wenn ich Sie absichtlich getäuscht oder belogen habe. Vielleicht habe ich Sie hintergangen, indem ich Ihnen etwas Unwahres erzählt bzw. Ihnen etwas versprochen habe, was ich von vornherein nicht halten wollte, oder indem ich Ihnen etwas gesagt habe, das zwar von der Sache her zutrifft, womit ich Sie aber wissentlich in die Irre führte. Vielleicht habe ich dafür ja gute Gründe. Vielleicht habe ich Ihnen etwas versprochen, um etwas vor Ihnen zu verbergen, oder weil ich Sie nicht in Verlegenheit bringen wollte. Oder weil ich einen von mir begangenen Fehler vertuschen wollte: »Ich habe mehrmals versucht, Sie anzurufen, aber es war immer besetzt.« »Die Rechnung ist noch in der Post.« »Es tut mir leid, aber ich habe Ihre Nachricht nicht erhalten.« »Ich bin ganz sicher, daß ich die Tür abgeschlossen habe.« Möglicherweise will ich Ihnen auch etwas in die Schuhe schieben, um Sie dann später besser hereinlegen zu können.

Schon eine kleine Unredlichkeit genügt, um großes Mißtrauen hervorzurufen. Wenn von hundert Äußerungen, die ich mache, eine unwahr ist, dann vertrauen Sie mir vielleicht überhaupt nicht mehr. Von nun an werden Sie alles, was ich sage und tue, in Zweifel ziehen, es sei denn, Sie entwickeln eine Theorie, die Ihnen Anhaltspunkte dafür liefert, ob ich ehrlich bin oder nicht.

Werden Sie vertrauenswürdiger, indem Sie Ihr Verhalten ändern

Es liegt in meinem Interesse, daß man mir Vertrauen entgegenbringt. Wenn ich dessen würdig bin – unabhängig davon, ob die Gegenseite glaubwürdig ist oder nicht –, wird es weniger Anlaß zu Streitigkeiten geben. Wenn ich Sie nicht betrüge, haben Sie weniger Grund, sich über mich zu ärgern und mich ebenfalls zu hintergehen. Wenn ich vertrauenswürdig bin und Sie das auch wissen, werden meine Worte von größerem Einfluß auf Sie sein. Sie werden meinen Äußerungen und Versprechungen mehr Wert beimessen, werden weniger mißtrauisch sein, und wir werden eventuelle Streitigkeiten leichter klären können.

Sogar gegenüber jemandem, der selbst nicht verläßlich ist, bringt ein vertrauenswürdiges Verhalten Vorteile mit sich, wie sich an der Beziehung zwischen einer Mutter und ihrem Kind zeigt. Ein kleines Kind ist normalerweise sehr unzuverlässig, es behauptet leicht Dinge die unwahr sind, und vergißt häufig, was es versprochen hat. Nichtsdestoweniger kann die Mutter um so leichter Einfluß auf ihr Kind ausüben, je verläßlicher sie sich selbst verhält. Das Kind wird ihr Glauben schenken und das, was sie verspricht, ernst nehmen. Natürlich wäre alles noch leichter, wenn auch das Kind vertrauenswürdig wäre, aber wie dem auch sei: Je glaubwürdiger die Mutter ist, desto besser für sie.

Hege ich den festen Wunsch, daß jemand, zu dem ich eine gute, funktionierende Beziehung haben möchte, mir mehr Vertrauen entgegenbringen soll, dann ist das nicht allzu schwer zu bewerkstelligen. Vier Faustregeln sollte ich dabei beachten: Mein Verhalten sollte berechenbar sein; meine Äußerungen sollten klar und deutlich formuliert sein; ich sollte meine Versprechen ernst nehmen; und ich sollte ehrlich sein.

Verhalten Sie sich berechenbar. Wenn unser Verhalten verwirrend, unentschlossen oder irreführend wirken könnte, sollten wir uns bemühen, es für andere durchschaubarer werden zu lassen. Denn auch wenn wir unser eigenes Handeln nicht voraussagen können, so können wir doch unsere Entscheidungen nach einem berechenbaren Muster treffen, durch das unsere Freunde unser Vorgehen verstehen können. Das Urteil, das in einem Strafprozeß gefällt wird, ist nicht vorhersehbar, doch das Verfahren, in dessen Verlauf das Urteil zustandekommt, ist sehr wohl von vornherein festgelegt und erhöht das Vertrauen der Öffentlichkeit gegenüber dem Urteil.

Wenn (wie schon in Kapitel 6 ausführlicher beschrieben) vor einer Entscheidung die Gegenseite konsultiert wird, dann lassen wir den anderen Informationen zukommen, die ihnen unser Verhalten berechenbarer erscheinen lassen. Helmut Schmidt, der frühere deutsche Bundeskanzler, schildert in seinen Memoiren, daß der ehemalige amerikanische Präsident Gerald Ford den Verbündeten der USA verläßlich erschien, weil er immer mit ihnen Rücksprache hielt: »Während seiner Amtszeit wurden die USA aus der Sicht Bonns als Partner und Führungsmacht der Atlantischen Allianz berechenbarer und verläßlicher. Gerald Ford hat mich niemals mit eigenmächtigen, ohne Rücksprache getroffenen Entscheidungen überrascht.« *(New York Times,* 13. Dez. 1987)

Formulieren Sie Ihre Äußerungen klar und deutlich. Wenn wir keine verbindliche Zusage geben wollen, sollten wir darauf achten, daß wir unsere Worte nicht so wählen, daß sie leicht als verbindlich ausgelegt werden können. Oft reicht es, einfach ausdrücklich zu sagen, daß wir uns nicht festlegen wollen. Wenn ich zum Beispiel nicht genau weiß, wann ich mit meiner Arbeit fertig bin, sollte ich lieber nicht sagen: »Ich komme *wahrscheinlich* um elf nach Hause«, sondern eher: »Ich weiß noch nicht genau, wann ich komme. Wenn alles klappt, bin ich um elf zu Hause, aber es kann auch später werden.« Wenn ich also genau das sage, was ich meine, verringere ich das Risiko, daß Sie meine Äußerungen als irreführend empfinden.

Nehmen Sie Ihre Versprechen ernst. Je ernster wir unsere eigenen Zusagen nehmen, desto glaubwürdiger werden sie den anderen erscheinen. Am einfachsten können wir unsere Vertrauenswürdigkeit verbessern, wenn wir weniger Versprechungen machen. Der zweite und etwas schwierigere Schritt bestünde darin, alle gegebenen Versprechen genau einzuhalten, auch wenn sie uns ziemlich unwichtig erscheinen. Während seiner Amtszeit als Verteidigungsminister der USA legte Robert McNamara größten Wert darauf, zu allen Zusammenkünften pünktlich zu erscheinen. Weil er für seine Verläßlichkeit in kleinen Dingen bekannt war, hielten ihn die Menschen auch in Angelegenheiten, bei denen gegebene Versprechen weniger leicht überprüfbar waren, für sehr glaubwürdig.

Seien Sie ehrlich. Für eine gute, funktionierende Beziehung ist Ehrlichkeit unentbehrlich. Ihr einziger Nachteil besteht darin, daß wir nun nicht mehr die Möglichkeit haben, durch Betrug einen einmaligen, kurzfristigen Vorteil zu erreichen. Andere hereinzulegen trägt jedoch nicht dazu bei, eine funktionierende Beziehung zu schaffen. Wenn ich den anderen auch nur bei einer einzigen Zusammenkunft übervorteile, dann vereitele ich damit von vornherein jene Art von Beziehung, die es uns erlaubt, später auftauchende Probleme schnell und effizient zu lösen.

Ehrlich zu sein bedeutet nicht unbedingt, uns dem anderen vollkommen zu offenbaren. Wir müssen ihm jedoch genau ausführen, in welchen Bereichen er keine absolute Offenheit erwarten kann, und wir müssen ihm erklären, warum. Im allgemeinen erleichtert größere Offenheit den Beziehungspartnern die Lösung von Problemen und die Bewältigung von Meinungsverschiedenheiten, aber manchmal ist die vollständige Enthüllung jeglicher Information nicht angebracht. So kann eine Ehefrau ihrem Mann ehrlich sagen, daß die Gespräche mit ihren Kunden vertraulich sind und daß sie selbst ihm deren Namen nicht nennen darf.

Die Bürgermeisterin einer Stadt mag generell der Auffassung sein, daß Offenheit gegenüber den Bürgern dazu beiträgt, jenes Vertrauen aufzubauen, das ihr ein effizienteres Arbeiten ermöglicht. Es wird jedoch nicht ihre Integrität erschüttern, wenn sie es ablehnt, die Zahl der von der Stadt beschäftigten Zivilfahnder zu nennen und deren Namen und Arbeitsfeld zu enthüllen. Eine Regierung wird nicht an Glaubwürdigkeit verlieren, wenn sie sicherheitsempfindliche Informationen, wie militärische Codes und Strategien, nicht der Öffentlichkeit mitteilt. Es gilt jedoch die Faustregel: Alles, was Sie den anderen sagen, sollte der Wahrheit entsprechen.

Wie die anderen unser Verhalten einschätzen: Irren sie sich in bezug auf unsere Vertrauenswürdigkeit?

Unabhängig davon, wie vertrauenswürdig wir nun wirklich sind, können die anderen in dieser Hinsicht ein negativeres Bild von uns haben, als es der Realität entspricht. Vielleicht messen sie einer irreführenden Äußerung oder irgendeiner Unklarheit in unserem Verhalten eine übertrieben große Bedeutung bei. Eine parteiische Sichtweise kann einen solchen Eindruck noch verstärken. Angenommen, ich leihe Ihnen mein Auto, bitte Sie aber, es aufzutanken, bevor Sie es zurückbringen. Sie bringen es mir dann sonntags zurück, nachdem Sie eine Stunde lang vergeblich nach einer geöffneten Tankstelle gesucht haben. Wenn Sie mir eine Nachricht hinterlassen, in der Sie sich bedanken und mir mitteilen, daß Sie leider keine Möglichkeit gefunden haben, zu tanken, könnte ich diese Entschuldigung unter Umständen für eine Ausrede halten und Ihre Vertrauenswürdigkeit in Zweifel ziehen. Da Sie von diesen Verdächtigungen nichts wissen, können Sie sie auch nicht aus dem Wege räumen — und der schlechte Eindruck, den ich nun von Ihnen habe, wird in Zukunft vielleicht zu Unrecht unser Verhältnis beeinträchtigen.

Wir sind alle bemerkenswert verständnisvoll und nachsichtig — wenn es um unser eigenes Verhalten geht. Und das gilt nicht nur für kleine Nachlässigkeiten oder Fehler, sondern auch für Fälle, in denen wir andere absichtlich hintergangen, belogen und ihnen gegenüber unsere Versprechen nicht gehalten haben. Ihr Mißtrauen mir gegenüber könnte also wohlbegründet sein, auch wenn ich mir das nicht eingestehen will. Wahrscheinlich werde ich mein mangelndes Vertrauen Ihnen gegenüber eher auf Ihren Mangel an Ehrlichkeit schieben, als daß ich Ihr Mißtrauen mir gegenüber auf meine Unaufrichtigkeit zurückführe. Vergessen Sie nicht, daß ich ja eigentlich versuche, zu einem glaubwürdigeren Verhalten zu gelangen, damit Sie mir wiederum größeres Vertrauen entgegenbringen.

Manche Menschen meinen, sich mehr Glaubwürdigkeit zu verschaffen, indem sie niemals einen Fehler zugeben oder sich entschuldigen. Wenn ich aber mein eigenes unzuverlässiges Verhalten auf die leichte Schulter nehme, werde ich in Ihren Augen noch weniger vertrauenswürdig erscheinen. Nehmen wir an, Sie wären mein neuer Vermieter und meine Mietzahlung wäre jeweils am ersten jeden Monats fällig. Jedoch zahle ich Ihnen meine Miete während der ersten vier Monate immer mindestens eine Woche zu spät. Wenn Sie mich wegen der verspäteten Zahlung ansprechen und ich Ihnen antworte: »Mein Gott! Wegen der paar Wochen würde ich mir doch keine Gedanken machen«, wird in Ihren Augen mein Ansehen in punkto Vertrauenswürdigkeit erheblich sinken. Die falsche Darstellung von Tatsachen einfach als belanglos zu deklarieren, bedeutet also für Ihre Glaubwürdigkeit mehr Schaden als Nutzen.

Es ist unserer Vertrauenswürdigkeit ebenfalls nicht zuträglich, wenn wir unsere Verpflichtungen eigenmächtig auslegen, ohne uns vorher mit jenen abzusprechen, die davon betroffen sein werden. Angenommen, ich habe meiner Frau gesagt, sie könne mich um 7.00 Uhr zum Abendbrot erwarten, sofern ich ihr nicht noch telephonisch etwas anderes mitteile. Am Samstagabend jedoch komme ich um 7.45 Uhr nach Hause. Ich könnte nun argumentieren, daß der 7.00 Uhr-Termin »natürlich« nur für Wochentage und nicht für Samstage gilt, weil ich an diesem Wochentag ja zum Baseball gehe. Wenn ich aber auf diese Weise meine Vertrauenswürdigkeit bekräftigen will, füge ich ihr nur Schaden zu. Ich täte also besser daran, ein mögliches Mißverständnis einzuräumen, mich bei meiner Frau für die Unannehmlichkeiten, die ich ihr bereitet habe, zu entschuldigen und für die Zukunft klare Absprachen zu treffen.

Helfen Sie den anderen, Ihr Verhalten als vertrauenswürdig wahrzunehmen

Wir können dazu beitragen, daß unsere Beziehungspartner uns mehr vertrauen, indem wir ehrlich über unser Verhalten sprechen und ihnen erklären, warum unser Handeln scheinbar nicht mit unseren vorherigen Versprechungen übereinstimmt. Ein Lieferant beispielsweise könnte seine Glaubwürdigkeit erhöhen, indem er seinem Kunden die Gründe für eine vermeintlich verspätete Lieferung etwa folgendermaßen erläutern würde:

»Wir haben Ihnen zugesagt, Ihnen die Gartenmöbel noch vor dem Maifeiertag zu liefern. Mir ist nun aber eingefallen, daß Sie unsere Lieferung wahrscheinlich bis zum Samstag, dem 30. April erwarten werden, da der 1. Mai in diesem Jahr eben auf einen Montag fällt. Bis zum 30. April zu liefern, wäre für uns außerordentlich schwierig, doch für Dienstag, den 2. Mai, kann ich Ihnen eine feste Zusage geben. Ich wollte Ihnen das vorher mitteilen und hoffe, daß Sie damit einverstanden sind.«

Es ist, wie in diesem Beispiel, besonders ratsam, aufrichtig über Probleme zu sprechen, *bevor* sie auftreten. Sollte es für mich schwierig werden, eine gegebene Zusage einzuhalten, werde ich in Ihren Augen besser dastehen, wenn ich Sie sobald wie möglich darüber informiere. Und Sie werden mich für vertrauenswürdiger halten, wenn ich Ihnen von vornherein sage, daß Schwierigkeiten aufgetaucht sind, daß Sie sich aber keine Gedanken machen müssen, weil ich mich um eine Lösung bemühen werde. Gerate ich in irgendeiner Angelegenheit in Verzug und muß die Reklamation eines Kunden fürchten, sollte ich lieber die Initiative ergreifen und den Kunden selbst anrufen, ihm erklären, daß ich noch nicht dazu gekommen bin, die Sache zu erledigen und ihm einen neuen Termin nennen.

Ich kann also selbst sehr viel tun, um tatsächlich glaubwürdiger zu werden und um auch von Ihnen so wahrgenommen zu werden. Ich zeige damit ein vorbehaltlos konstruktives Verhalten, das sowohl für die Beziehung als auch für mich selbst von Vorteil ist – unabhängig davon, ob auch Sie sich bemühen, für mich vertrauenswürdiger zu werden.

DIE VERTRAUENSWÜRDIGKEIT DER ANDEREN

Das Verhalten der anderen: Fordern wir bei ihnen Unzuverlässigkeit heraus?

Zuallererst müssen wir uns bewußt werden, daß es viel schwieriger ist, die Vertrauenswürdigkeit der anderen zu verbessern als unsere eigene. Doch wenn wir den Eindruck haben, daß die anderen nicht glaubwürdig sind, kann das ein Hindernis für das gute Funktionieren der Beziehung darstellen. Wir sind sehr wohl in der Lage, das tatsächliche Verhalten der anderen günstig zu beeinflussen. Und wir können sicherlich lernen einzuschätzen, welche Risiken es jeweils in sich birgt, anderen zu vertrauen, und wie wir mit diesen Risiken umgehen sollen.

Ebenso wie mein Betragen zumindest teilweise Ihre Einschätzung meiner Vertrauenswürdigkeit rechtfertigt, so kann Ihr Verhalten meinen Eindruck, daß sie unzuverlässig sind, rechtfertigen. Und es ist auch möglich, daß ich selbst durch mein Benehmen dazu beitrage, daß Sie weniger zuverlässig sind, als Sie es ansonsten wären.

Bringen wir den anderen zuviel Vertrauen entgegen? Manchmal vertrauen wir anderen, obwohl kein Anlaß dazu besteht. Wenn ich im Büro Geld herumliegen lasse, führe ich andere in Versuchung, es an sich zu nehmen. Gewerbliche Unternehmen sind sich schon lange der Vorzüge von Rechnungsprüfern bewußt. Die amerikanischen Zollbehörden rechnen damit, daß viele Menschen, die in die USA einreisen, weniger vertrauenswürdig wären, wenn man ihnen zuviel Vertrauen schenken würde – das heißt, wenn sie wüßten, daß es keine Zollkontrolle gäbe. Die Polizei weiß, daß sogar gesetzestreue Amerikaner öfter die Geschwindigkeitsbegrenzungen überschreiten würden, wenn es keine Polizeistreifen auf den Straßen gäbe.

Kluge Eltern verstehen, daß eine Kindererziehung ohne Regeln und eine gewisse Beaufsichtigung – also allein aufgrund der Erwartung, daß kleine Kinder selbständig ihre eigenen Verhaltensrichtlinien finden – unangemessen vertrauensvoll wäre und wahrscheinlich eher dazu führen würde, daß man dem Kind allmählich gar nicht mehr trauen könnte. Das Gleiche gilt für das Geschäftsleben und alle anderen Beziehungen.

Bei der Aushandlung internationaler Rüstungskontrollabkommen ist man sich allgemein der Gefahren eines Übermaßes an Vertrauen bewußt und legt deshalb großen Wert auf die Möglichkeit, die Einhaltung von Verträgen zu überprüfen. Manchmal war die Furcht, der Gegenseite vielleicht zuviel Vertrauen entgegenzubringen so groß, daß dadurch *von vornherein* ein Abkommen verhindert wurde, obwohl die Vertragsbedingungen zweifelsfrei den Interessen beider Supermächte entsprochen hätten.* Diese Position mag zwar

---

* Teilweise herrscht die Auffassung, daß solche vertraglich vereinbarten Beschränkungen wertlos sind, solange keine 100%ige Überwachung zugestanden wird, und daß – umgekehrt – eine solche Überwachung für die Einhaltung der Verträge nicht nur notwendig, sondern auch hinreichend ist. Das Problem ist jedoch in Wahrheit viel komplexer. In manchen Fällen kann eine perfekte Überwachung

extrem sein, doch die ihr zugrundeliegende Besorgnis ist berechtigt: Wir können das Problem des Mißtrauens noch verschärfen, wenn wir anderen übermäßig vertrauen.

Vertrauen wir anderen zu wenig? Die meisten von uns sind sich bewußt, welche Risiken übertriebene Vertrauensseligkeit mit sich bringen kann. Aber wir unterschätzen oft die Gefahren, die von einer gegenteiligen Einstellung ausgehen. Eltern, die ihrem Kind überall helfen oder es ständig vor allen möglichen Gefährdungen schützen wollen, nehmen ihm jegliche Verantwortung ab und verringern die Wahrscheinlichkeit, daß sich das Kind zu einer vertrauenswürdigen Persönlichkeit entwickelt. Warum sollte es auch nach rechts und links schauen, bevor es über die Straße geht, wenn das schon immer jemand anderes macht? Dies gilt ebenso, wenn ein Arbeitgeber seinem Angestellten ständig über die Schulter sieht. In manchen Fabriken hat die Einstellung von Qualitätskontrolleuren dazu geführt, daß die in der Produktion tätigen Arbeiter *weniger* auf Qualität achten, weil »das nicht meine Arbeit ist«.

Wenn wir jemandem überhaupt nicht vertrauen, dann schaden wir seiner Vertrauenswürdigkeit, denn es ist gefährlich, *gar keine* Risiken einzugehen. Die Frage, wie sehr wir uns auf andere verlassen sollten, wird weiter unten nochmals aufgegriffen werden, doch ist es wichtig zu erkennen, daß wir das Verhalten anderer entweder durch zuviel oder durch zuwenig Vertrauen beeinflussen können.

---

weder notwendig noch hinreichend sein. Bei dem vorgeschlagenen Abkommen zur völligen Einstellung aller Atomversuche zum Beispiel sind sich alle Parteien einig, daß eine 100%ige Überwachung unmöglich ist. Beide Seiten könnten nämlich unterirdisch eine kleine atomare Sprengladung anbringen und darauf warten, daß diese durch ein starkes Erdbeben gezündet würde, wobei die Sprengung gerade durch dieses Erdbeben nicht mehr feststellbar wäre. Aber solch ein unentdeckter Atomtest wird für die internationale Sicherheit lange nicht so gefährlich sein wie eine durch nichts eingeschränkte Anzahl unterirdischer Atomwaffentests. Aus diesem Grund wäre ein umfassendes Abkommen über die Einstellung von Atomtests auch dann eine gute Sache, wenn keine vollständige Überprüfbarkeit möglich ist. Doch selbst wenn eine 100%ige Überwachung machbar wäre, würde das nicht ausreichen, um die Einhaltung des Vertrags zu gewährleisten. Ein Land, das unbedingt Tests durchführen will, würde den politischen Schaden, der sich aus einem gebrochenen Versprechen ergäbe, in Kauf nehmen.

Kritisieren wir die anderen, ganz gleich wie sie sich verhalten? Es ist eine weit verbreitete Angewohnheit, einen fragwürdigen Beziehungspartner ständig wegen seiner Unzuverlässigkeit anzugreifen, doch drückt ein solches Vorgehen im allgemeinen aus, daß wir mit zweierlei Maß messen. Wir sind uns selbst und unseren Freunden gegenüber nachsichtig, üben aber an anderen harte Kritik.

Ein solches Vorgehen ist oft deutlicher Ausdruck einer parteiischen Sichtweise. Wenn ich jedoch hoffe, eine besser funktionierende Beziehung zu meinen Gegnern dadurch herzustellen, daß ich ihnen ihre Unzuverlässigkeit vorwerfe, dann werde ich auf diese Weise wahrscheinlich nicht eben ihre Vertrauenswürdigkeit fördern. Pauschale Mißtrauensbekundungen (»Wir können den Russen nicht trauen«) sind sicherlich eher alles andere als ein Anreiz für aufrichtiges und vertrauenswürdiges Verhalten. Wenn die Sowjets ohne Rücksicht auf ihr tatsächliches Handeln ständig der Unaufrichtigkeit bezichtigt werden, könnten sie möglicherweise denken: »Warum sollten wir uns besonders bemühen, bestimmte technische Details eines Abkommens einzuhalten, wenn die USA uns ja sowieso vorwerfen, daß wir vertragsbrüchig geworden sind?«

Ständige Zweifel an der Vertrauenswürdigkeit anderer – d.h. die Angewohnheit, ihr Verhalten negativer zu beurteilen, als es tatsächlich ist – schadet dem für eine funktionierende Beziehung vorhandenen Potential in mehrfacher Hinsicht. Erstens verringern ungerechtfertigte Anschuldigungen die Bereitschaft, sich vertrauenswürdig zu zeigen. (Mit aufrichtigem Interesse geführte private Gespräche hingegen, wo alle Beteiligten einander aufmerksam zuhören und offen miteinander reden, werden wahrscheinlich eine konstruktive Wirkung haben.) Zweitens ruft der öffentlich vorgetragene Vorwurf mangelnder Vertrauenswürdigkeit Ärger hervor und provoziert Gegenvorwürfe. Aus einer Auseinandersetzung, in der sich die Gegner mit Schmutz bewerfen, kann keiner mit weißer Weste hervorgehen.

Schließlich führen derart übertriebene Vorwürfe oft auch zu einem Niedergang der allgemeinen Verhaltensnormen. So kann der irrtümliche Glaube, daß »jeder es macht«, eine Art Kettenreaktion auslösen. Als in der Wall Street in den achtziger Jahren das Gerücht umging, daß einige Börsenmaklerfirmen in unerlaubte Insider-Geschäfte verwickelt waren, fiel es anderen Maklern leichter, ebenfalls derartige Geschäfte zu machen. Je weiter sich das Gerücht verbreitete, desto mehr Leute ließen sich zu betrügerischen Transaktionen hinreißen. Sogar die renommiertesten Maklerfirmen ließen sich auf illegale Praktiken ein.

Helfen Sie den anderen, vertrauenswürdiger zu werden

Obwohl wir nur beschränkte Möglichkeiten haben, bei anderen Aufrichtigkeit und Vertrauenswürdigkeit zu fördern, so können wir in dieser Hinsicht doch einiges ausrichten.

Vertrauen Sie den anderen nicht in übertriebenem Maße; vermindern Sie bestehende Risiken. Es ist schön, wenn man fähig ist, anderen zu vertrauen, doch es ist ein großer Fehler, allzu vertrauensvoll zu sein. Je stärker Sie sich auf Ihr »reines Vertrauen« verlassen, desto größer ist die Gefahr, daß es unangebracht ist – und unter dieser Last zusammenbricht. So groß auch die Kreditwürdigkeit eines Hauseigentümers sein mag: Eine Bank wird dennoch eine Hypothek auf das Haus verlangen, bevor sie ihm einen hohen Kredit gewährt. Ein bedachter Vermieter wird von seinem Mieter eine Kaution verlangen. Solche Sicherheitsmaßnahmen halten den Schaden in Grenzen, wenn eine Verpflichtung mißachtet wird und, was noch wichtiger ist, verhindern oft, daß es überhaupt dazu kommt.

Vertrauen Sie den anderen, wenn sie es verdienen. Wenn ich Ihnen nicht genug vertraue, dann liegt das Problem wahrscheinlich eher in meiner Scheu, irgendwelche Risiken einzugehen, als in Ihrer mangelnden Zuverlässigkeit. Unabhängig davon, wie sicher Sie Auto fahren, fühle ich mich dann sicherer, wenn ich selbst am Steuer sitze. Ganz gleich wie sorgfältig Sie die Hintertür verschlossen haben, ich werde noch einmal zurückkommen, um nachzusehen. Übertriebene Angst vor Risiken wird mich also zu dem Fehler verleiten, Ihnen zu wenig Vertrauen zu schenken.

Wie dem auch sei, wenn ich Ihnen weniger vertraue, als Sie es verdienen, dann könnte ich Sie damit verärgern, Ihre Vertrauenswürdigkeit beeinträchtigen und auf diese Weise unserer Fähigkeit, zusammenzuarbeiten, schaden. Um dieser Gefahr zu begegnen, sollte ich Ihnen erklären, in welcher Hinsicht ich Bedenken habe, mir Ihre Meinung dazu anhören und nach einer Möglichkeit suchen, sowohl meine Interessen zufriedenzustellen als auch Ihnen das Vertrauen entgegenzubringen, das Sie verdienen. Mein Ziel sollte es sein, bei Ihnen ein vertrauenswürdigeres Verhalten zu fördern, indem ich Ihnen soviel Vertrauen entgegenbringe, wie es sich vernünftigerweise rechtfertigen läßt, und indem ich Sie auch wissen lasse, daß ich das ganz bewußt tue.

Verteilen Sie sowohl Lob als auch Kritik – aber gezielt. Wenn das, was wir sagen, einen Einfluß auf das Verhalten anderer hat, dann um so mehr, wenn Sie Lob und Kritik angemessen und gezielt einsetzen. Menschen verhalten sich eher vertrauenswürdig, wenn sie wissen, daß das auch geschätzt wird. Denn oft wird es befriedigender sein, Anerkennung für die eigene Zuverlässigkeit zu ernten, als irgendwelche Vorteile aus einer nicht eingehaltenen Verpflichtung zu ziehen.

Damit Kritik – ob nun positiver oder negativer Art – effektiv sein kann, muß sie fair, exakt und gezielt vorgebracht werden. Hören Sie von mir immer nur ein »gut gemacht« als einzige positive Reaktion, dann werden Sie sich bald fragen, ob ich das wirklich aufrichtig meine oder ob ich Sie nur automatisch oder aus irgendeinem Hintergedanken heraus lobe. Wenn ich jedoch meine Beurteilung näher ausführe (»Mit diesem Vierteljahresbericht haben Sie sehr gute Arbeit geleistet. Ihre Analyse des Wandels in unserer Produktpalette ist so klar und präzise, daß sie uns bei unserer längerfristigen Planung von Nutzen sein wird«), werden Sie sowohl den Grund für meine Einschätzung verstehen als auch wissen, welches Verhalten ich zukünftig für wünschenswert (oder nicht wünschenswert) halte.

Geben wir anderen auf solche Weise ein positives Feedback, dann werden wahrscheinlich auch kritische Stellungnahmen (vorausgesetzt, sie sind ebenso fair und eindeutig) mehr Wirkung zeigen. Wenn Sie jedoch von mir immer nur kritische Bemerkungen zu hören bekommen, werden Sie bald annehmen, daß ich im Grunde ein mißgünstiger Mensch bin oder irgendetwas gegen Sie persönlich habe und daß Ihr Handeln letztlich wenig mit meinem Urteil zu tun hat. Oder Sie glauben, daß ich Sie aus taktischen Gründen kritisiere. Wie auch immer Sie sich mein Verhalten erklären: Eine fortdauernd negative Kritik werden Sie sicherlich bald ignorieren.

Behandeln Sie problematisches Verhalten als ein gemeinsames Problem und nicht als Vergehen. Kritik bezieht sich immer auf vergangenes Verhalten und provoziert leicht Gegenanschuldigungen. Wir können aber mehr zur Verbesserung einer schon bestehenden Beziehung tun, wenn wir jedes nicht eingehaltene Versprechen als eine die Zukunft betreffende Angelegenheit betrachten – als ein akutes Problem für die Beziehung. Es ist niemals zu spät, etwas für die Zukunft zu tun, und wir werden um so eher dazu in der Lage sein, wenn wir:

- vorwärts- und zurückschauen;
- uns in bezug auf den konkreten Fall und nicht allgemein äußern;
- und über das Verhalten einer Person und nicht über die Person selbst sprechen.

Wenn Sie eine Stunde zu spät zu einer Einladung zum Abendessen erscheinen, kann ich Ihr Verhalten verallgemeinernd beurteilen und daraus Rückschlüsse auf Ihren Charakter ziehen: »Schon wieder zu spät! Kein Wunder, daß niemand Vertrauen zu dir hat.« Eine Alternative wäre, Ihnen meinen Unwillen und meine Meinung in vernünftigem Ton zu erklären und Sie um Rat zu bitten, wie wir zukünftig mit Verabredungen umgehen sollten:

»Ich warte nun schon fast eine Stunde auf dich. Ist dir etwas dazwischengekommen? Es würde meine Zeiteinteilung erleichtern und Ärger vermeiden, wenn es möglich wäre, für unsere Verabredungen klare Termine zu vereinbaren. Vielleicht habe ich mich bei meiner Einladung nicht deutlich genug ausgedrückt. Wäre es dir lieber, wenn ich in Zukunft kurz vor unserer Verabredung noch einmal bei dir anrufe, um Termin und Ort zu bestätigen? Oder könntest du mich im Falle einer Verspätung vielleicht selbst telephonisch benachrichtigen? Was schlägst du vor?«

Jeder Vorfall, der anscheinend auf eine gewisse Unzuverlässigkeit zurückzuführen ist, bietet Gelegenheit, zusammenzuarbeiten, um die Situation wieder zu »reparieren« und um Vorkehrungen zu treffen, damit ein solches Vorkommnis in Zukunft weniger wahrscheinlich ist.

Wie wir das Verhalten der anderen einschätzen: Urteilen wir falsch?

Wie sehr wir unserem Beziehungspartner vertrauen, hängt nicht nur von seinem tatsächlichen Betragen ab, sondern auch davon, was in unseren Köpfen vorgeht. Denn wie vertrauenswürdig er sich auch verhalten mag, manchmal ist es nur unsere subjektive Sichtweise, die für unser gesteigertes Mißtrauen verantwortlich ist.

Sehen wir das Verhalten der anderen falsch? Es geschieht ziemlich häufig, daß wir die Vertrauenswürdigkeit einer anderen Person unterschätzen. Patienten vertrauen ihren Ärzten nicht, Wähler mißtrauen den Politikern und fast niemand vertraut Rechtsanwälten. Es genügt schon ein winziger Anlaß, um Mißtrauen hervorzurufen, aber große Anstrengungen sind erforderlich, um es wieder abzubauen. Wenn man bei Verhandlungstrainingsseminaren eine Gruppe von Kollegen – gleichrangige Angestellte, Gewerkschafter, Studenten oder andere Personen – in verschiedene Teams einteilt und in verschiedenen Räumen unterbringt, erwartet jedes Team alsbald von den anderen das allerschlechteste. Was auch immer der Anlaß für Mißtrauen sein mag, meist ist es stärker, als es durch das Verhalten der anderen gerechtfertigt wäre.

Nichtsdestoweniger sind wir manchmal zu vertrauensvoll. Oft beurteilen wir die Zuverlässigkeit eines Freundes nur nach seinem offenen Lachen, seiner angenehmen Art oder nach der Dauer unserer Freundschaft. Hochstapler verdienen ihren Lebensunterhalt mit der Leichtgläubigkeit anderer Menschen. Politiker und Polizeibeamte genießen manchmal ein hohes Maß an Vertrauen, obwohl sie an Unbescholtenheit und Kompetenz zu wünschen übrig lassen. Banken, Geschäfte und andere Unternehmen verlieren jedes Jahr hohe Geldbeträge durch Unterschlagungen seitens angeblich zuverlässiger Mitarbeiter.

Obwohl Mißtrauen die Fähigkeit zweier Menschen, mit ihren Meinungsverschiedenheiten umzugehen, beeinträchtigt, läßt sich doch das Problem nicht dadurch lösen, daß wir jemandem vertrauen, der es nicht verdient.

Verwechseln wir verschiedene Arten von Unzuverlässigkeit miteinander? Unsere Vorstellung von mangelnder Vertrauenswürdigkeit ist so allgemein, daß wir häufig verschiedene Erscheinungen miteinander verwechseln. Wenn jemand ein unberechenbares Verhalten zeigt, meinen wir schnell, daß er nicht vertrauenswürdig sei. Wenn wir einmal festgestellt haben, daß jemand nicht vertrauenswürdig ist, stellen wir seine Ehrlichkeit in Frage. Und dann schreiben wir dem Betreffenden leicht alle möglichen anderen negativen Eigenschaften zu. Wir werfen *alle* »Vertrauensprobleme« in *einen* Topf – der dann in den unterschiedlichsten Situationen überläuft. Eine Firma, die (möglicherweise ohne eigenes Verschulden) ihre Produkte zu spät liefert, muß feststellen, daß die Kunden an der Qualität der Waren selbst und sogar zuweilen an der Redlichkeit der Firmenmitarbeiter zweifeln. Mißtrauen ist etwas Ansteckendes. Es ist deshalb angebracht, mehrere verschiedene Anlässe auseinanderzuhalten, die Grund zum Mißtrauen geben könnten.

Unvereinbare Ziele. Wenn ich sage, daß ich Harry nicht vertraue, dann kann das einfach nur daran liegen, daß er und ich uns um dieselbe Arbeitsstelle bemühen und daß er mir deswegen nicht unbedingt wohlgesonnen ist. Ein amerikanischer Manager, der erklärt, daß er den Japanern nicht traue, bringt damit seine Befürchtungen zum Ausdruck, daß ein japanisches Unternehmen seiner eigenen Firma Marktanteile abnehmen könnte.

Vergeßlichkeit. Kinder sind im allgemeinen weniger vertrauenswürdig als Erwachsene: Sie nehmen Verpflichtungen nicht so ernst oder vergessen sie einfach, wenn ihre Aufmerksamkeit von etwas anderem abgelenkt wird. Unter den Erwachsenen sind es nicht nur geistesabwesende Professoren, die in diesem Sinne nicht vertrauenswürdig sind. Das Gedächtnis kann nun einmal versagen. Wenn wir in eine Arbeit vertieft sind, vergessen wir oft Verabredungen, Rechnungen oder andere »banale« Verpflichtungen.

Unberechenbarkeit. Manche Menschen haben ausgeprägte Gewohnheiten und richten ihr Leben nach einem sorgfältig ausgeklügelten Plan aus. Andere wiederum sind spontaner und flexibler. Oft meinen wir, daß erstere verläßlicher sind als letztere, obwohl diese Verpflichtungen vielleicht mindestens ebenso ernst nehmen wie jene.

Urteilen wir eher nach den moralischen Qualitäten der anderen als nach dem Risiko, das wir eingehen? Bei dem Entschluß, jemandem zu vertrauen – beispielsweise wenn wir Geld verleihen –, achten wir oft vor allem auf die moralische Integrität einer Person. Ist der Betreffende ein rechtschaffener Mensch? Diese Frage ist natürlich von großer Bedeutung, doch sollte sie nicht den entscheidenden Ausschlag geben. Auch unbescholtene Menschen können Bankrott machen. Und selbst wenn es sich um meinen besten Freund handelt, der nicht in der Lage ist, mir geliehenes Geld zurückzuzahlen, so kann ich mir diesen Verlust trotzdem nicht leisten. Ein durch eine Hypothek abgesicherter Wechsel ist sicherlich eine gute Investition, auch wenn ich über die moralischen Qualitäten des Kreditnehmers nichts weiß. Bevor wir uns entscheiden, einem Schuldner, einem Kind oder einem Verbündeten zu trauen, sollten wir die damit verbundenen Vorteile und Risiken analysieren. Moralische Integrität mag zwar bei der Wahl eines Beziehungspartners und der Abschätzung von Risiken eine gewisse Rolle spielen, doch sollten wir nicht vergessen, daß es weder eine notwendige noch eine hinreichende Grundlage für Vertrauen ist.

Gründen Sie Ihr Vertrauen auf eine Risikoanalyse und nicht auf Ihr moralisches Urteil

Lernen Sie das Verhalten der anderen richtig einzuschätzen. Unabhängig davon, wie vertrauenswürdig die andere Seite nun wirklich ist, werden wir Meinungsverschiedenheiten eher bewältigen, wenn das Verhalten der anderen für uns berechenbar ist. Zuviel oder zuwenig Vertrauen wird die Möglichkeit einer gemeinsamen Problemlösung negativ beeinflussen. Um die anderen richtig einschätzen zu können, müssen wir ihre Interessen, ihre Äußerungen und Versprechen und ihr früheres Verhalten realistisch – also unparteiisch – sehen. Es soll hier jedoch keine umfassende Strategie geliefert werden, um die Vertrauenswürdigkeit anderer einzuschätzen, sondern nur einige Grundregeln.

Unterscheiden Sie zwischen verschiedenen Arten von Unzuverlässigkeit. Wie bereits erwähnt wurde, kann mangelnde Vertrauenswürdigkeit verschiedene Ausprägungen haben. Sie kann auf Irrtümern, unklaren Abmachungen, Geheimnistuerei, Irreführung, Betrug oder Unehrlichkeit beruhen oder darauf, daß der Betreffende angesichts veränderter Umstände seine Versprechen auf die leichte Schulter nimmt. Je nachdem welche Art von Unzuverlässigkeit wir bei jemandem antreffen – ob sie also eher der eines Kindes oder der eines Hochstaplers gleicht –, sollten wir jeweils grundlegend anders damit umgehen.

Neben den oben getroffenen Unterscheidungen sind noch zwei andere wichtige Aspekte zu beachten:

Unterscheiden Sie zwischen böser Absicht und bloßer Unaufrichtigkeit. Daß sie mir eher etwas Schlechtes als etwas Gutes wünschen, muß sich nicht unbedingt auf unser beiderseitiges Verhältnis auswirken. Wir möchten doch auch mit jenen zurechtkommen können, die völlig andere Auffassungen als wir vertreten. Sogar böse Absichten können durchaus berechenbar sein.

Die Regierung der USA würde es wahrscheinlich begrüßen, wenn die kommunistische Regierung Chinas durch ein nicht-kommunistisches System abgelöst würde. Die chinesische Führung wiederum sähe es vermutlich gern, wenn die Regierung in Washington sich der sozialistischen Ideologie verschreiben würde. Diese unvereinbaren Ziele hindern die beiden Regierungen jedoch nicht unbedingt daran, sich aufrichtig mit den in diesem Bereich bestehenden Meinungsverschiedenheiten sowie mit Differenzen in bezug auf Handel, Einwanderungspolitik und den internationalen Terrorismus auseinanderzusetzen.

In der Geschäftswelt könnte Chrysler natürlich daran gelegen sein, Ford vom Markt zu verdrängen, ebenso wie der kleine Lebensmittelladen an der Ecke den nahegelegenen Supermarkt zum Teufel wünscht. Zwei Führungskräfte, die sich um dieselbe Stelle bewerben, haben sicherlich miteinander konkurrierende Interessen, ebenso wie zwei Männer, die sich um die gleiche Frau bemühen. In jedem Fall besteht Anlaß, dem anderen gegenüber »mißtrauisch« zu sein. Doch müssen miteinander nicht zu vereinbarende Ziele nicht unbedingt jener Vertrauenswürdigkeit entgegenstehen, die der Lösung beiderseitiger Probleme förderlich ist. Inkompatible Ziele wie auch konträre Wertvorstellungen und Ansichten rufen Konflikte hervor, die wir zu meistern in der Lage sein sollten. Wir sind nicht darauf angewiesen, daß andere uns wohlgesonnen sind (so angenehm das auch sein mag). Was wir brauchen, ist Ehrlichkeit.

Probleme für eine funktionierende Beziehung ergeben sich weniger aus der bloßen Existenz einander zuwiderlaufender Interessen, als vielmehr aus dem Versuch, die Gegenseite darüber hinwegzutäuschen. Wenn jemand vorgibt mein Freund zu sein, obwohl ich Anlaß habe anzunehmen, daß er mir nichts Gutes will, und obwohl er meinen Interessen zuwiderhandelt, dann kann ich ihm zu Recht mißtrauen. Leugnet der Betreffende fälschlicherweise, daß überhaupt konkurrierende Interessen existieren, dann werden wir unsere Differenzen kaum regeln können. Wenn er jedoch offen zu seinen Absichten steht und ich guten Grund habe zu glauben, daß er aufrichtig ist — also daß er auch meint, was er sagt, und seine Versprechen auch wirklich halten will —, dann können wir unsere Schwierigkeiten gemeinsam meistern. Ernsthafte Interessenskonflikte sollten kein Hindernis sein, sich um die Lösung gemeinsamer Probleme zu bemühen: zum Beispiel, wenn Arbeitnehmer und Arbeitgeber versuchen, einen Bankrott abzuwenden, oder wenn die UdSSR und die USA sich bemühen, die Gefahr eines Atomkrieges zu bannen. Mißtrauen läßt sich leichter abbauen, wenn wir zwischen feindlichen Absichten und absichtlicher Täuschung unterscheiden lernen.

Unterscheiden Sie zwischen Unberechenbarkeit und Unehrlichkeit. Wenn wir das für eine gute, funktionierende Beziehung erforderliche Vertrauen erreichen wollen, müssen wir Unberechenbarkeit und Unehrlichkeit scharf voneinander trennen. Ein Mensch kann nämlich absolut aufrichtig und gleichzeitig höchst unberechenbar sein. Vielleicht ist er versponnen, vergeßlich, gibt selten feste Versprechen und nimmt diese nicht so ernst, wie es anderen lieb wäre. Und auch das Gegenteil trifft zu: Menschen können unehrlich, aber trotzdem durchaus berechenbar sein. So brauchte zum Beispiel der Vater einer dreijährigen Tochter über ein Jahr lang keinen Wecker, weil er sicher sein konnte, daß ihn das Kind jeden Morgen vor 7.00 Uhr wecken würde, unabhängig davon, was es am Abend vorher gesagt hatte. Ob seine Tochter nun gedroht hatte, ihn verschlafen zu lassen, so daß er sein Flugzeug verpassen würde, oder ob sie versprochen hatte, ihn ausschlafen zu lassen, weil es Sonntag war – all das machte keinen Unterschied. Sie holte ihn immer zwischen 6.00 und 7.00 Uhr aus dem Bett. Obwohl der Vater also seiner Tochter aufgrund ihres jungen Alters im allgemeinen nicht trauen konnte, konnte er sich jedoch in dieser Hinsicht vollkommen auf sie verlassen.

Wenn Sie aufgrund unvorhergesehener Umstände ein Versprechen nicht eingehalten haben, sollte ich daraus nicht den Schluß ziehen, daß Sie ein unehrlicher Mensch sind. Wenn Sie etwas in dem Moment, als Sie es sagten, wirklich ernst gemeint haben, dann waren Sie ehrlich. Angenommen, ich trete als junger Arzt eine Stelle an, in dem »Vertrauen« darauf, daß der leitende Arzt mir eine hervorragende Ausbildung zukommen lassen wird und ständig hohe Forschungsgelder zu seiner Verfügung haben wird. Er hat mir auch versichert, daß er nicht die Absicht hätte, sich in absehbarer Zeit zu verändern. Wenn er dann aber kurzfristig in Washington eine wichtige neue Position annimmt und mich im Stich läßt, sollte ich die Tatsache, daß er seine Pläne geändert hat, nicht als Unehrlichkeit, Betrug und mangelnde Vertrauenswürdigkeit auslegen. Ich mag von der Annahme ausgegangen sein, daß er weiterhin mit mir zusammenarbeiten würde, doch ist es nicht moralisch verwerflich, daß er eine andere berufliche Position übernimmt. Auch wenn er mich durch die Änderung seiner Pläne in eine unangenehme Situation gebracht hat, so verdient er doch ebensowenig, moralisch verurteilt zu werden, wie ein Meteorologe, aufgrund dessen falscher Vorhersage mein Picknick ins Wasser fällt. Wenn wir in irgendeiner Form enttäuscht worden sind, sollten wir uns die genauen Gründe dafür vor Augen führen und uns vor pauschalem Mißtrauen hüten, das sich ungerechtfertigterweise auch auf andere Bereiche ausdehnen könnte.

Auch auf internationaler Ebene sollte man darauf achten, aufgrund der Unberechenbarkeit einer Regierung keine falschen Schlüsse über die diesem Verhalten zugrundeliegenden Motive zu ziehen. Jahrelang empfanden sowohl die UdSSR als auch die USA die Politik der jeweils anderen Seite als unberechenbar. Die Amerikaner beklagten die extreme Heimlichtuerei bei der sowjetischen Entscheidungsfindung. Die Sowjets wiederum kritisierten die plötzlichen Meinungsumschwünge der amerikanischen Politiker und deren Neigung, auftauchende Probleme ohne Berücksichtigung früherer Stellungnahmen zu behandeln. Beide Seiten würden hier irren, wenn sie die Unberechenbarkeit der anderen Seite als Unehrlichkeit auslegten.

Verlassen Sie sich ausschließlich auf eine Risikoanalyse. Wenn ich mich entscheide, wieviel Vertrauen ich Ihnen entgegenbringe, sollte das eine Frage der Risikoabschätzung und nicht der Moral sein. Habe ich Zweifel an Ihrer Ehrlichkeit und Zuverlässigkeit, so werden diese nicht ohne Auswirkungen auf die für eine Vertrauensbildung erforderliche Risikoanalyse bleiben. Und da ich wahrscheinlich davon ausgehen kann, daß Sie zugunsten Ihrer eigenen Interessen handeln werden, werde ich sorgfältig die anstehenden Interessen so abwägen, wie Sie es wahrscheinlich aus Ihrer Sicht tun würden. Ob ich also eine bestimmte Entscheidung treffe, die davon abhängt, daß ich Ihren Aussagen oder Versprechen vertraue, ist vor allem eine Frage der Risikoabwägung und des Kosten-Nutzen-Verhältnisses.

In manchen Fällen ist es ratsam, ein Risiko einzugehen, ohne Rücksicht darauf, ob die Person mit der man es zu tun hat, moralisch integer ist oder nicht. So scheint es sehr wohl vernünftig zu sein, sich zusammen mit jemandem, der einem nicht ganz geheuer ist, in ein Rettungsboot zu begeben, anstatt mit dem sinkenden Schiff unterzugehen. Andere Risiken jedoch sollte man sogar dann nicht auf sich nehmen, wenn man es mit äußerst ehrenhaften und aufrichtigen Menschen zu tun hat. So kann ich zwar volles Vertrauen in die moralische Integrität eines guten Freundes haben, doch werde ich mich nicht von ihm nach Hause fliegen lassen, wenn er keinen Pilotenschein hat. Und wenn er nicht weiß, wie man ein Geschäft führt, sollte ich meine Ersparnisse nicht in seine neue Firma investieren.

Ungeachtet etwaiger Zu- oder Abneigung sollte ich die Gefahren, die sich aus meinem Vertrauen zu anderen ergeben könnten, gegen jene Risiken abwägen, die ich eingehe, wenn ich ihnen kein Vertrauen entgegenbringe. Wie hoch ist im jeweiligen Fall der mögliche Verlust oder Schaden? Und wo liegen die möglichen Vorteile?

Wenn wir unser Vertrauen in andere auf eine Risikoanalyse statt auf moralische Urteile stützen, dann ist das auf allen Ebenen, vom persönlichen bis zum politischen Bereich, ein guter Weg zur Entscheidungsfindung.

SYSTEME KÖNNEN SICH AUF DIE VERTRAUENSWÜRDIGKEIT AUSWIRKEN

Manche Systeme sind der Entwicklung von Vertrauen hinderlich

Das Mißtrauen, von dem manche Beziehungen erfüllt sind, muß nicht unbedingt auf das unzuverlässige Verhalten des einen Partners oder die verzerrte Wahrnehmung des anderen zurückzuführen sein, sondern kann auf bestimmten Verhaltensanreizen beruhen, denen wir in einem sozialen oder ökonomischen System ausgesetzt sind. So kauft zum Beispiel eine Firma ihre Elektrizität bei einem öffentlichen Versorgungsunternehmen. Aufgrund seiner öffentlichen Monopolstellung hat dieses Unternehmen die Möglichkeit, Gebühren zu verlangen, die zu einem gewissen Prozentsatz über seinen tatsächlichen Kosten liegen. Dadurch wird es ermutigt, seine Kosten so hoch wie möglich zu kalkulieren. Ich kann also nicht erwarten, daß sich die Versorgungsgesellschaft um meine Interessen kümmert. Würde man ein anderes System – ein Wettbewerbssystem – einführen, würden sich grundlegend andere Verhaltensanreize ergeben. Mein Mißtrauen gegenüber dem Versorgungsunternehmen beruht auf der Erkenntnis, daß die gegebenen Bedingungen Tendenzen erzeugen, durch die das System – aus meiner Sicht – wenig vertrauenswürdig wird.

Wir sollten vertrauensfördernde Systeme stärken

Oft ist uns gar nicht bewußt, in welchem Maße ein vertrauenswürdiges System dazu beitragen kann, unser Mißtrauen in bestimmte Personen oder Institutionen abzubauen. Durch das Kreditkartensystem können auf der ganzen Welt Geschäftsunternehmen Millionen von Menschen vertrauen, obwohl ihnen diese persönlich unbekannt sind. Während ich mit einer Geschwindigkeit von 55 Meilen pro Stunde auf einem zweispurigen Highway fahre, fahren andere Autos in allernächster Nähe mit derselben oder noch höheren Geschwindigkeit in die entgegengesetzte Richtung. Dennoch verlasse ich mich darauf, daß sie auf der anderen Straßenseite bleiben. Obwohl ich also die anderen Fahrer nicht kenne und auch nichts über ihre Fähigkeiten als Autofahrer weiß, vertraue ich ihnen mein Leben an.

Wenn ich im Flugzeug den Atlantik überquere, vertraue ich bei Piloten aller Herren Länder darauf, daß sie die internationalen Vorschriften über die Flughöhe, über den Abstand zu anderen Flugzeugen usw. beachten. Wir haben hier ein System geschaffen, dessen Respektierung in jedermanns Interesse liegt. Diese Art von Vertrauenswürdigkeit ist erfolgversprechend – sowohl in persönlichen als auch in geschäftlichen und internationalen Beziehungen.

Häufig ist es einfacher, einem festgelegten Verfahren zu vertrauen als einer Person. So verlasse ich mich beispielsweise darauf, daß mein Bruder ehrlich ist und Wort hält, obwohl ich aus Erfahrung weiß, daß es zwischen uns immer wieder zu Meinungsverschiedenheiten kommt. Für den Fall, daß Differenzen auftreten sollten und wir nicht in der Lage wären, uns rasch zu einigen, haben wir jedoch abgemacht, daß wir dann eine Münze werfen und die Sache auf diese Art bereinigen. Die Bürger der USA erwarten selbstverständlich von ihrer Regierung, daß sie eine Vielzahl von Entscheidungen trifft. Doch vertrauen wir unserer Regierung nur deshalb weil wir wissen, daß wir in den meisten Fällen zu den Wahlurnen oder vor Gericht gehen können, wenn es ihr nicht gelingt, bestimmte Angelegenheiten zu regeln. Wir haben also ein System, in dessen Rahmen wir sogar Konflikte mit der Regierung lösen können. Und wir verlassen uns eher auf dieses System als auf irgendwelche Regierungsversprechen, wenn es um die Regelung unserer Meinungsverschiedenheiten geht. Und wenn wir dennoch verlieren: Dann schon lieber bei einer Wahl oder vor Gericht, als daß wir uns dem Diktat eines Regierungsbeamten beugen.

Jeder von uns kann etwas tun, um seine eigene Vertrauenswürdigkeit zu erhöhen und um Mißtrauen abzubauen.

Unser eigenes Verhalten sollte vertrauenserweckend sein. Wir können uns bemühen, ehrlich zu sein und uns offenkundig verläßlich zu verhalten. Auf diese Weise haben wir eine sehr große Chance, daß man uns Vertrauen entgegenbringt und daß wir dieses auch verdienen.

Unser Verhalten gegenüber dem jeweiligen Beziehungspartner gestaltet sich notwendigerweise etwas komplizierter. Wir sollten versuchen, soviel wie möglich über die Menschen zu erfahren, mit denen wir zu tun haben. Wenn sie sich in der Vergangenheit als vertrauenswürdig erwiesen haben, können wir eher davon ausgehen, daß sie uns in Zukunft nicht absichtlich hintergehen werden. Doch bleiben weiterhin Risiken bestehen – Mißverständnisse, sich wandelnde Umstände und unvorhersehbare Ereignisse. Wir sollten weder vertrauensvoller noch mißtrauischer sein, als es den bestehenden Risiken angemessen ist. Wir sollten über eine rein moralische Beurteilung der anderen hinausgehen und Kosten, Nutzen, Risiken und Alternativen sorgfältig analysieren. Wenn wir so vorgehen, haben wir eine gute Chance, ein Gleichgewicht zwischen gesunder Skepsis und wohlbegründetem Vertrauen zu finden.

8. Überzeugen statt Druck ausüben

Verhandeln Sie Seite an Seite

»Es kam einmal ein Streit zwischen dem Wind und der Sonne auf, wer von beiden wohl der stärkere sei. Um diese Frage zu entscheiden, forderte die Sonne den Wind zu einem Wettkampf heraus: Derjenige, der einen gerade vorbeiziehenden Reisenden dazu bringen könne, seinen Mantel auszuziehen, wäre der stärkere. Die Sonne war siegessicher und überließ es dem Wind, als erster sein Glück zu versuchen.

Die Sonne versteckte sich also hinter einer Wolke, und der Wind fing an, in eisigen Böen zu blasen. Doch je heftiger er blies, desto fester hüllte der Reisende sich in seinen Mantel. Schließlich gab der Wind auf. Dann kam die Sonne hinter der Wolke hervor und schien mit voller Kraft auf den Reisenden herab. Dieser fühlte die wohltuende Sonnenwärme und bald wurde ihm immer heißer und heißer, bis er schließlich seinen Mantel auszog und sich in den Schatten setzte.«

»Der Wind und die Sonne«, *Fabeln des Aesop*

Ebenso wie meine Fähigkeit, mit jemandem zu verhandeln, durch die Qualität unserer Beziehung beeinflußt wird, wird die Qualität unserer Beziehung durch meine Verhandlungsweise geprägt. Die Methoden, mit denen wir uns gegenseitig zu beeinflussen suchen, sind in hohem Maße dafür verantwortlich, ob die Beziehung auch in Zukunft in der Lage sein wird, Meinungsverschiedenheiten zu bewältigen.

Bestimmte Verhandlungsmethoden können eine Beziehung zerstören

Schon ein einziger Verhandlungsfehler kann unsere Beziehung zur anderen Partei für lange Zeit beeinträchtigen. Das Verhältnis zu jemandem, mit dem wir keine Meinungsverschiedenheiten haben, ist unproblematisch. Wenn Sie und ich ähnlich denken und ähnliche Interessen und Wertvorstellungen haben, dürften keinerlei Schwierigkeiten auftauchen – doch nur so lange, bis wir uns in irgendeinem Punkt uneinig sind. In diesem Moment fangen wir an zu streiten. Ich gebe Ihnen dann vielleicht zu verstehen, daß alles nach meinen Vorstellungen laufen muß – »oder sonst« ... Vielleicht erkläre ich Ihnen auch, daß einer von uns zurückstecken muß und daß das auf keinen Fall ich sein werde. Binnen kurzem kann ich etwas sagen oder tun, das eine höchst destruktive Wirkung auf die Beziehung hat. Und für einen eventuell erzielten Vorteil zahle ich dann den Preis, daß jegliches gegenseitige Verständnis, jegliche Kommunikation und jedes Vertrauen – alles, was wir allmählich aufgebaut haben – schweren Schaden nehmen.

Jeder von uns wird immer wieder in Diskussionen mit anderen Personen verwickelt, bei denen wir uns so verhalten, daß die zukünftige Lösung von Problemen erheblich erschwert wird. Wir sind dann enttäuscht und ärgerlich, unglücklich über den Verlauf des Gesprächs, über das Ergebnis, über den anderen und häufig auch über uns selbst.

Um eine Beziehung nicht irgendeinem kurzfristigen Vorteil zu opfern, sollten wir Verhandlungstechniken anwenden, die sowohl unseren Interessen entgegenkommen als auch einer guten, funktionierenden Beziehung förderlich sind. Eine umfassende Darstellung dieser Techniken würde aber den Rahmen dieses Buches sprengen. (Einige Grundregeln haben wir in *Das Harvard-Konzept* erläutert.) In diesem Kapitel werden wir uns mit den Verhandlungstaktiken beschäftigen, die für eine funktionierende Beziehung äußerst gefährlich sind – das heißt jene, die auf der Ausübung von Druck basieren – und werden mögliche Alternativen aufzeigen.

Druck ist für eine funktionierende Beziehung meist schädlich. In Kapitel 2 wurden sechs Elemente aufgeführt, die die Lösung von Problemen erleichtern, wozu auch zwangfreie Methoden der Einflußnahme gehören. Üben die Beziehungspartner Druck aufeinander aus, so hat das meist schädliche Auswirkungen auf die anderen fünf Elemente. Je mehr ich mich unter Druck gesetzt fühle:

- desto eher werden Emotionen und Frustrationen die Oberhand über meine Vernunft gewinnen;
- desto geringer wird die Chance für gegenseitiges Verständnis;
- desto weniger wird eine effiziente Kommunikation erforderlich und wahrscheinlich;
- um so weniger werde ich Sie für vertrauenswürdig halten;
- und desto mehr werde ich den Eindruck haben, daß meine Interessen und Ansichten abgelehnt werden.

Druck schadet meist der Qualität einer Übereinkunft. Oft verhindert der Versuch, Druck auszuüben, von vornherein jedwede Einigung. Wenn Sie versuchen, mich zu drängen oder zu bedrohen, werde ich Ihnen gegenüber dieselbe Taktik anwenden. Arbeitskämpfe, gewalttätige Konfrontationen und militärische Aktionen liefern viele Beispiele dafür, daß ein solches Vorgehen nicht dazu geeignet ist, irgendwelche Abmachungen zu erleichtern.

Werde ich dazu gezwungen, eine Übereinkunft zu akzeptieren, dann ist es unwahrscheinlich, daß diese:

- in dem Maße meinen Interessen entspricht, wie es möglich gewesen wäre;
- durch einen kreativen Beitrag von mir mitgestaltet wurde;
- meinen Vorstellungen von Fairness entspricht.

Und im Vergleich zu einer Übereinkunft, der ich aufgrund überzeugender Argumente der Gegenseite zugestimmt habe, ist eine unter Zwang zustande gekommene Einigung schwieriger zu verwirklichen und wird eher scheitern.

Anhand einer Fallstudie läßt sich dieses Problem gut illustrieren. Die Firma Spinthrift Mills, Inc. betreibt eine große Textilfabrik, die Hemdenstoffe produziert. 1984 wurde Spinthrift lange Zeit von der größten in diesem Unternehmen vertretenen Textilarbeitergewerkschaft, der International Brotherhood of Textile Workers, bestreikt. In den zur Beendigung des Streiks getroffenen Vereinbarungen gestand Spinthrift den Arbeitern eine Gewinnbeteiligung und mehr Mitbestimmung zu, wofür diese als Gegenleistung Konzessionen im Lohn- und Gehaltsbereich machten.

1986 machte das Unternehmen jedoch immer noch Verluste, die hauptsächlich auf die koreanische und chinesische Konkurrenz zurückzuführen waren. George Wade, der Vorstandsvorsitzende von Spinthrift, und der Aufsichtsrat kamen zu dem Schluß, daß das Unternehmen nur konkurrenzfähig werden könne, wenn neue Webstühle angeschafft würden, durch die sich die Lohnkosten senken und die Produktionsgeschwindigkeit steigern ließen. Wade bestellte also Webstühle, die sechs Monate später geliefert werden sollten.

Verfolgen wir nun einmal die »Verhandlungen«, die drei Monate nach dieser Bestellung stattfanden. Bei der nächsten der vierteljährlichen Zusammenkünfte zwischen Unternehmensleitung und Gewerkschaften berichtete George Wade dem Gewerkschaftsführer Bob Dunlap über die neuen Webstühle:

Wade: Ich möchte Ihnen mitteilen, daß unser Unternehmen 15 Millionen Dollar für neue Webstühle zur Produktion von Hemdenstoffen ausgeben wird. Wir werden viele Arbeiter anders einsetzen müssen, und auch einige Entlassungen werden unumgänglich sein, doch wir hoffen, daß wir bei niedrigeren Kosten Marktanteile gewinnen und die Produktion steigern können.

Dunlap: Sie können heute nicht mehr einfach solche Entscheidungen treffen, ohne vorher mit uns Rücksprache zu halten.

Wade: Schauen Sie, Bob, wir können einfach nichts anderes tun, wenn wir wieder wettbewerbsfähig werden wollen. Wir haben die Webstühle schon bestellt. Die Entscheidung ist also bereits getroffen. Wir können jetzt nicht mehr zurück.

Dunlap: Das können Sie mit uns nicht machen. Ich verlange im Namen der Gewerkschaft, daß Sie die Bestellung rückgängig machen. Dieses Mal werden Sie nicht gewinnen.

Wade: Früher oder später muß ich als Vorstandsvorsitzender zu einem Urteil darüber kommen, was für das Unternehmen das beste ist. Mir ist ebensowenig wie Ihnen daran gelegen, daß die Leute ihren Arbeitsplatz verlieren, aber wenn wir gegenüber den Koreanern konkurrenzfähig bleiben wollen, haben wir keine andere Wahl.

Dunlap: Ihnen sind die Leute vollkommen egal. Sie fahren in Ihrem Cadillac herum und kriegen die Arbeiter niemals zu Gesicht. Sie haben aus diesen Leuten fünfzig Jahre lang Geld herausgeschlagen. Und nun haben Sie uns schon wieder angelogen. Sie haben niemals die Absicht gehabt, uns in dieser Firma irgendein Mitspracherecht einzuräumen.

Wade: Ich weiß, daß Sie den harten Gewerkschaftsboß markieren wollen, doch nehmen Sie den Mund nicht zu voll. Diese Frage ist nicht mehr verhandlungsfähig. Es hat keinen Sinn, weiter darüber zu diskutieren. Wenn Sie in diesem Unternehmen arbeiten wollen, müssen Sie auch etwas dafür tun, damit es überleben kann. Sie haben keine andere Wahl. Sie wissen genau, daß Sie nicht streiken können. In dieser Stadt gibt es Hunderte von Arbeitslosen, die sich um Ihre Arbeitsplätze reißen würden.

Dunlap: An dem Tag, an dem Sie diese Maschinen hier aufstellen, werden Sie Schwierigkeiten bekommen. Streiken werden wir vielleicht nicht, aber Sie können verdammt sicher sein: Wir werden verhindern, daß diese Maschinen in Betrieb genommen werden.

Wade: Wenn auch nur eine dieser Maschinen beschädigt wird, sind Sie Ihre Stelle los.

Niemand würde das als eine vorbildliche Verhandlungsführung bezeichnen, doch was ist es genau, was hier nicht stimmt?

Verhandlungspartner üben oft aus taktischen Gründen Druck aus

Es besteht ein grundlegender Unterschied zwischen einem Duell und dem Bemühen um die Lösung von Problemen. Ebenso hat es weitreichende Konsequenzen, ob man Verhandlungen nun als einen

Wettkampf zwischen Feinden betrachtet oder als eine gemeinsame, schwierige Aufgabe für Kollegen. Natürlich: Es gibt sehr wohl widerstreitende Interessen; eine Übereinkunft erfordert zweifellos, daß die Beteiligten ihre Meinung ändern; und oft sind die Gemüter in außerordentlichem Maße erhitzt. Trotzdem macht es einen wesentlichen Unterschied, ob man eine Entscheidung durch Druck, gegen den Willen des anderen erzielt oder ob man durch ehrliche, überzeugende Argumente dahin gelangt, die an den Verstand des Beziehungspartners appellieren. Die Grenze zwischen diesen beiden Wegen ist zwar nicht ganz klar auszumachen; oft ist sie nur gradueller Natur. Doch ob wir nun leichten oder schweren Druck ausüben: Meist hat

Was gesagt wurde	*Druckmittel*
»Ihnen . . . sind vollkommen egal.« »Sie haben uns schon wieder angelogen.« »Sie wollen den harten Boß markieren.« ». . . nehmen Sie den Mund nicht zu voll.«	Persönlicher Angriff auf den anderen.
». . . werden Sie nicht gewinnen.«	Das Verhandlungsgespräch wird als Wettkampf gesehen.
»Wir können jetzt nicht mehr zurück.« »Wir haben die Webstühle schon bestellt.«	Man legt sich schon zu einem frühen Zeitpunkt des Verhandlungsgesprächs fest.
»Ich verlange . . .«	Man bezieht eine feste Position.
». . . haben wir keine Wahl.« »Sie haben keine andere Wahl.« »Diese Frage ist nicht mehr verhandlungsfähig.«	Man beschränkt die Optionen auf »entweder/oder«.
»Sie wissen genau, daß Sie nicht streiken können.« ». . . Arbeitslose, die sich um Ihre Arbeitsplätze reißen würden.«	Man versucht den Willen des anderen zu brechen.
»Wir werden verhindern, daß diese Maschinen in Betrieb genommen werden.« »Wenn auch nur eine dieser Maschinen beschädigt wird, sind Sie Ihre Stelle los.«	Man droht den anderen und schränkt ihre Ausweichmöglichkeiten ein.

ein solches Vorgehen schädliche Auswirkungen auf die Sachergebnisse von Verhandlungen und auf den weiteren Verlauf der Beziehung.

Die Verhandlungen zwischen Wade und Dunlap illustrieren einige weit verbreitete Taktiken, um Druck auszuüben (vgl. dazu die Zusammenstellung auf der vorherigen Seite). In jedem Fall wird der Versuch gemacht, vom Beziehungspartner ein Zugeständnis zu erlangen, indem man nicht gemeinsam mit ihm Probleme angeht, sondern ihn persönlich angreift, versucht, seinen Willen zu brechen, oder ihn mit vollendeten Tatsachen konfrontiert.

Niemand läßt sich gern erpressen. Doch trotzdem versuchen wir immer wieder, andere unter Druck zu setzen und das ganz besonders, wenn wir wenig Zeit oder Gelegenheit haben, sie durch Argumente zu überzeugen. Wir erpressen unsere Kinder, indem wir ihnen den Nachtisch so lange vorenthalten, bis sie ihren Teller leer gegessen haben. Wir erpressen andere Autofahrer, indem wir ihnen an einer Kreuzung die Vorfahrt nehmen. Wir erpressen unseren Arbeitgeber, indem wir drohen zu kündigen, falls wir keine Gehaltserhöhung bekommen.

Drohen läßt sich leicht. Und oft scheint das auch ohne weiteren großen Aufwand zu funktionieren. Gibt die andere Seite nach, bekommen wir, was wir wollen, ohne uns weiter darum bemühen zu müssen. Gehen die anderen nicht darauf ein, können wir uns unseren nächsten Schritt immer noch überlegen. Ein solches Denken verleitet uns dazu, die eine oder andere Form der Erpressung anzuwenden, obwohl dadurch meist keine Einigung zustande kommt und obwohl die negativen Konsequenzen, die ein solches Vorgehen für die Beziehung hat, absehbar sind. Wir üben also deshalb Druck aus, weil uns keine bessere Strategie einfällt.

Für jede der hier beschriebenen Taktiken gibt es jedoch eine Alternative:

Druckmittel	*Alternative*
Ich greife die anderen persönlich an.	Ich gehe das Problem an.
Ich betrachte das Verhandlungsgespräch als einen Wettkampf.	Ich sehe das Verhandlungsgespräch als Weg zur gemeinsamen Problemlösung.
Ich lege mich zu einem frühen Zeitpunkt fest.	Ich bleibe für überzeugende Argumente aufgeschlossen.
Ich beziehe einen festen Standpunkt.	Ich versuche, ihre Interessen herauszufinden.
Ich beschränke die Optionen auf »entweder/oder«.	Ich schlage eine Vielzahl von Optionen vor.
Ich versuche, den Willen der anderen zu brechen.	Ich versuche sie mit fairen Argumenten zu überzeugen.
Ich setze die anderen unter Druck und nehme ihnen Ausweichmöglichkeiten.	Ich biete Ausgleichsmöglichkeiten an.

Im folgenden soll näher auf jedes dieser Druckmittel und die dazu vorgeschlagenen Alternativen eingegangen werden.

Persönliche Angriffe vs. Inangriffnahme des Problems

Persönliche Angriffe sind ein psychologisches Druckmittel. Seine Kritik direkt gegen die Person zu richten, mit der man verhandelt, ist ein häufig angewandter Trick. So glaube ich vielleicht, Sie zum Nachgeben bewegen zu können, wenn ich mich auf Ihre Person anstatt auf unsere sachlichen Differenzen konzentriere. Ich versuche also, Ihre Ängste und Unsicherheiten auszunutzen: »Offensichtlich ist Ihnen nicht klar, was Sie da tun. Ich möchte nicht in Ihrer Haut stecken, wenn Ihr Chef davon erfährt.«

Oft ist es tatsächlich einfach, Urteilsvermögen, Vorgehensweise, Ehrlichkeit und Charakter einer anderen Person anzugreifen. Manchmal geschieht das sogar, ohne daß man sich dessen richtig bewußt ist. Es ist auf jeden Fall verräterisch, wenn ich Ihnen sage, was Sie wirklich denken, wirklich wollen und wie Ihre geheimen Beweggründe aussehen. Persönliche Angriffe sollen den Verhandlungspartner psychisch zermürben. Ein solches Verhalten wird als Druckausübung empfunden und wird den Beteiligten auf jeden Fall die zukünftige Zusammenarbeit erschweren.

Nehmen Sie das Problem in Angriff. In jedem Verhandlungsgespräch tauchen zwei Arten von Problemen auf: »zwischenmenschliche« Probleme, so wie sie in diesem Buch erörtert werden (wie zum Beispiel Rationalität, Verständnis, Kommunikation, Ehrlichkeit und das gegenseitige Akzeptieren der Beziehungspartner), und die zur Debatte stehenden Sachprobleme (wie zum Beispiel Preise, Fristen, technische Daten, Termine, Mengen und Konditionen). Wie in Kapitel 2 erörtert, ist es von Vorteil, diese beiden Problembereiche getrennt voneinander zu behandeln. Allzuoft legen wir bei Verhandlungen den Menschen gegenüber Härte an den Tag, gehen aber die Probleme nicht entschieden an. Ratsamer wäre es, den Menschen gegenüber rücksichtsvoll zu sein, aber hart zu bleiben, wenn es um die Probleme geht. Auf diese Weise würden ungeklärte Sachfragen die Beziehung nicht mehr so sehr belasten.

Damit es uns leichter fällt, die Probleme auf- und nicht den Beziehungspartner anzugreifen, können wir uns in einer Verhandlungssituation möglichst neben den anderen setzen und eine Tabelle, eine Landkarte, eine Aufstellung der anstehenden Fragen, eine Skizze oder einen anderen konkreten Anhaltspunkt für die zu klärenden Sachprobleme vor uns ausbreiten. Auf dieser Grundlage kann ich mir Notizen machen und den von Ihnen vorgebrachten Argumenten gegebenenfalls widersprechen, ohne Sie persönlich anzugreifen und dadurch unserer Beziehung zu schaden.

Gewinnen vs. Problemlösen

Wenn wir das Verhandlungsgespräch als Wettkampf ansehen, üben wir Druck aus. Viele Verhandlungspartner gehen stillschweigend von der Annahme aus, daß sie, wie bei einem Footballspiel, an einem Wettkampf teilnehmen, bei dem eine Partei gewinnen und die andere verlieren wird. In diesem Fall erscheint Druck natürlich als eine geeignete Taktik.

Betrachten Sie das Verhandlungsgespräch als einen Prozeß gemeinsamer Problemlösung. Je mehr sich zwei Verhandlungspartner als Kollegen (mit teilweise divergierenden Interessen) begreifen, die sich bemühen, für ein schwieriges Problem eine gute Lösung zu finden, desto weniger werden sie zu Druckmitteln greifen, die ihr beiderseitiges Verhältnis stören könnten. Ein auf gemeinsame Problemlösung bedachter Rechtsanwalt, der in einem Streitfall eine der beiden beteiligten Firmen vertritt, könnte deshalb eine Unterredung mit dem Anwalt der Gegenpartei folgendermaßen eröffnen:

»Sehen Sie, unsere Mandanten haben sich wirklich in eine mißliche Lage manövriert. Und während nun Ihr Mandant aufs Ganze geht und auf Sieg setzt, hat mich mein Mandant gebeten, mich mit Ihnen zusammenzusetzen, damit wir uns gemeinsam eine Regelung ausdenken, die jeder von uns seinem Mandanten empfehlen könnte. Ich habe keine Vollmacht, bindende Zusagen für meinen Mandanten zu machen, und erwarte auch nicht, daß Sie das für Ihren Mandanten tun.

Meinen Sie, daß wir uns etwas einfallen lassen könnten, was beide Seiten akzeptieren würden?«

Bei einer solchen Tonart wird keine der beiden Parteien irgendwelche Druckmittel für erforderlich halten.

Frühzeitige Festlegung vs. offene Haltung

Frühzeitige verbindliche Aussagen fordern vom anderen, daß er seine Position aufgeben muß. Eine weitverbreitete, aber unzureichende Strategie besteht darin, daß eine oder beide Parteien sich noch vor Beginn des Verhandlungsgesprächs auf eine bestimmte Lösung festlegen und eine Einigung von der alleinigen Kompromißbereitschaft der anderen Seite abhängig machen: »Unsere Entscheidung steht fest.« »Als Mindestpreis für dieses Auto verlange ich $ 3500.« »Die Gewerkschaft wird keine unter 12% liegende Lohnerhöhung akzeptieren.« »Der Präsident hat entschieden, daß er keine Einschränkung seiner SDI-Pläne zulassen wird.«

Nimmt jemand eine feste Position ein, muß das nicht unbedingt ein Druckmittel darstellen, so zum Beispiel dann, wenn damit ein definitives Angebot – eine Aussage darüber, was man zu tun (oder zu akzeptieren) bereit ist – ausgedrückt wird: »Ich bin bereit, das Auto für $ 3500 zu verkaufen.« »Die Gewerkschaft ist bereit, eine Lohnerhöhung von 12% zu akzeptieren.« Anderen seine Position auf diese Weise klarzumachen, ist allerdings insofern ein Druckmittel, als man ihnen dadurch zu verstehen gibt, was man *nicht* zu tun bereit ist. »Ich werde meine Meinung nicht ändern; wenn wir zu einer Einigung gelangen sollten, müssen *Sie* nachgeben.« Die gleiche Botschaft übermitteln wir auch, wenn wir sagen: »Alles oder nichts«, oder: »Entweder geht es nach meinem Willen, oder es geht gar nichts.«

Die Taktik, sich frühzeitig festzulegen, basiert auf der Annahme, daß Sie lieber zu meinen Bedingungen zu einer Übereinkunft gelangen möchten, als gar keine Einigung zu erzielen. Damit Sie meine Bedingungen akzeptieren, müßte ich dieser Theorie zufolge nur genügend Festigkeit demonstrieren, so daß Sie glauben, ich würde meine Haltung unter keinen Umständen ändern. Die vielleicht am weitesten verbreitete Methode, um sich selbst jedes Abweichen von einer einmal eingenommenen Position unmöglich zu machen, besteht darin, sich öffentlich festzulegen: »Ich werde niemals die Steuern erhöhen.« Oder man schafft vollendete Tatsachen: »Wir haben die Webstühle schon bestellt.«

Manchmal »funktioniert« es, wenn wir uns frühzeitig auf ein bestimmtes Verhandlungsangebot festlegen. Wenn ich Sie vor die Wahl »alles oder nichts« stelle, dann gehen Sie vielleicht auf meine Bedingungen ein – zumindest dieses eine Mal. Doch mit allergrößter Sicherheit wird diese Taktik auf zukünftige Verhandlungsgespräche negative Auswirkungen haben. Wenn ich immer wieder von Anfang an eine unnachgiebige Haltung einnehme und von Ihnen erwarte, daß Sie darauf eingehen, dann wird das bei Ihnen wachsenden Ärger über diese Erpressungsversuche hervorrufen, und Sie werden unter Umständen eine ähnliche Strategie anwenden. Und abgesehen von den aus dieser Taktik erwachsenden Schäden für die Beziehung, nehme ich mir dadurch auch die Chance, später – wenn ich Ihre Interessen besser verstehe und wir gemeinsam mir vorher unbekannte Optionen erkundet haben – eine bessere Übereinkunft auszuhandeln.

Bleiben Sie für überzeugende Argumente offen. Wie schon oben bemerkt wurde, kann eine verbindliche Stellungnahme darüber, was ich zu tun *bereit* bin, den Weg zu möglichen Lösungen öffnen. Das trifft aber nur zu, wenn ich dem anderen auch deutlich zu verstehen gebe, daß mein Angebot nicht das *einzige* ist, das ich zu akzeptieren bereit bin, sondern daß ich mich gegebenenfalls auch mit einem anderen einverstanden erklären würde. Dazu kann es hilfreich sein, wenn ich mir vor dem Verhandlungsgespräch darüber Gedanken mache, wie eine meinen Wünschen entsprechende Einigung aussehen sollte, welche Bedingungen für mich günstig und gleichzeitig für Sie akzeptabel sein könnten und mit welchen – auch für Sie überzeugenden – Argumenten ich meine Position rechtfertigen könnte. Kenne ich mich in dem betreffenden Sachbereich sehr gut aus, kann ich mich schon von Anfang an auf ein bestimmtes Angebot festlegen, wobei ich Ihnen aber zweifelsfrei mitteilen sollte, daß ich für überzeugende Argumente von Ihrer Seite aufgeschlossen bin:

»Ich bin bereit, einen dem Wert dieses Hauses entsprechenden Preis zu zahlen, sofern er im Rahmen meiner finanziellen Möglichkeiten liegt. Nach den kürzlich in Ihrer Nachbarschaft erzielten Kaufpreisen, nach den Schätzungen einer Bank, den Steuerschätzungen und den Mietwertschätzungen müßte Ihr Haus zwischen $ 165.000 und $ 185.000 wert sein. Hier sind die Quellen, aus denen diese Zahlen stammen. Aufgrund dieser Informationen möchte ich Ihnen schon jetzt das feste Angebot machen, Ihr Haus – vorbehaltlich einer Überprüfung auf Termitenbefall – für den Preis von $ 172.000 zu erwerben. Falls Sie mir reelle Gründe nennen können, warum der Wert des Hauses höher anzusetzen sei, bin ich bereit, sie in Betracht zu ziehen.«

Ein solches Angebot drückt klar aus, wozu ich bereit bin und warum ich meinen Vorschlag als fair erachte. Jedoch lege ich mich dadurch weder auf eine einzige Option fest noch suggeriere ich dem Hauseigentümer, daß der einzige Weg zu einer Einigung darin besteht, meine Bedingungen zu akzeptieren. Wenn ich auf diese Weise verhandle, kann ich entschieden auftreten, mich aber gleichzeitig auch aufgeschlossen zeigen. Fühlt sich der Verkäufer dann trotzdem unter Druck gesetzt, dann liegt das an dem objektiven Wert des Hauses und nicht an mir.

Sich auf Positionen fixieren vs. Interessen erkunden

Die ausschließliche Konzentration auf Positionen lenkt von den beiderseitigen Interessen ab. Wenn ich zu Beginn eines Verhandlungsgesprächs sofort eine feste Position beziehe, dann lenke ich die Diskussion auf eine bestimmte Antwort hin, anstatt mich zuerst zu bemühen, das Problem zu verstehen. Mit einem von vornherein feststehenden Standpunkt werde ich Ihre Interessen kaum berücksichtigen können. Und auch wenn ich eine gewisse Flexibilität an den Tag lege, habe ich mir Ihre Auffassungen trotzdem noch nicht angehört, weshalb Sie sich unter Druck gesetzt fühlen könnten.

Viele Firmen und Gewerkschaften beginnen Verhandlungen mit einer Definition ihrer Positionen. Dieses Vorgehen begünstigt jedoch ein törichtes Feilschen: Jede Position fordert eine Gegenposition heraus. Schon der Begriff *collective bargaining** deutet an, daß in jedem Falle eine Gegenleistung erwartet wird. Jede Entscheidung stellt dann einen Tauschhandel dar. Keine Seite wird irgendetwas tun, ohne etwas dafür zu erhalten. In einer Familie, deren Mitglieder nur dann Familiensinn beweisen würden, wenn sie etwas dafür bekämen, würde sich die gemeinsame Lösung von Problemen äußerst schwierig gestalten.

Das eben beschriebene Vorgehen wird meist Ergebnisse zeitigen, bei denen beide Parteien Kompromisse eingehen, welche ihre eigentlichen Interessen nur in ungenügendem Maße zufriedenstellen. Beide Seiten werden dann das Gefühl haben, sie hätten »verloren« – und werden die dafür verantwortliche Taktik als Druck empfinden. Obwohl der Handel um Positionen im Einzelfall kaum als Erpressung angesehen wird, kann eine solche Strategie, sofern sie häufiger angewandt wird, einen destruktiven Effekt auf eine Beziehung haben.

Interessen erkunden. Ein Verhandlungsergebnis, das den Interessen beider Seiten entspricht, kommt leichter zustande, wenn wir über diese Interessen diskutieren. Anstatt zu Beginn einseitige Positionen festzulegen – von denen uns die Gegenseite sowieso wird abbringen wollen –, sollten wir bei einer Art Vorverhandlung gemeinsam die vorhandenen Interessen erkunden. Welche verschiedenen Aspekte könnten in einer Übereinkunft berücksichtigt werden? Was für »Bauchschmerzen« hat jeder Verhandlungspartner in bezug auf die einzelnen Punkte?

---

* *Collective bargaining* (dt. Tarifverhandlungen) ist abgeleitet von *to bargain* (dt. handeln, feilschen) (A.d.Ü.).

Im Verlauf eines solchen Gesprächs entdecken die Beteiligten häufig voneinander abweichende Interessen, die sich aber nicht unbedingt gegenseitig widersprechen müssen. Derartige Interessenskonstellationen können dazu beitragen, Lösungen zu finden. So möchte vielleicht eine Abteilung aus steuerlichen Gründen die Firmenaktiva verringern, während eine andere diese Aktiva im Hinblick auf die Bilanz höher bewerten möchte. Durch gemeinsames Bemühen werden beiden, Seiten wahrscheinlich eher einander ergänzende Interessen finden als durch eine Gegenüberstellung krass divergierender Positionen. Außerdem kann die Suche nach gemeinsamen Interessen auch dazu beitragen, eine für die Problemlösung förderliche Haltung zu erzeugen.

»Entweder/oder« vs. vielfältige Optionen

Schränkt man die Entscheidungsmöglichkeiten der anderen ein, werden sie sich unter Druck gesetzt fühlen. Auch wenn ich zu Beginn eines Verhandlungsgesprächs keine feste Position beziehe, meine ich vielleicht trotzdem, daß ich im Verlauf des Gesprächs Ihre Entscheidungsmöglichkeiten immer weiter einschränken und Ihnen schließlich nur noch zwei Optionen offenlassen sollte. Wenn ich Sie aber mit beschränkten Entscheidungsmöglichkeiten konfrontiere und andere Alternativen ablehne, beschneide ich Ihre Entscheidungsfreiheit, und das werden Sie mir mit Sicherheit übelnehmen.

Rechtsanwälte versuchen häufig Probleme zu vereinfachen, indem sie sie auf eine bloße Rechtsfrage reduzieren oder eine komplizierte Situation einfach als »eine Geldfrage« hinstellen. Je öfter ich Ihnen jedoch sage, daß Ihre Entscheidungsmöglichkeiten beschränkt sind, desto mehr werden Sie sich wahrscheinlich unter Druck gesetzt fühlen.

Überlegen Sie sich eine Vielzahl von Optionen. Die Chancen für gute Verhandlungsergebnisse steigen, wenn die Verhandlungspartner, ohne sich festzulegen, eine große Zahl sachbezogener Ideen und Vorschläge entwickeln. Je mehr Optionen in Betracht gezogen werden, desto eher ist zu hoffen, daß eine davon den beteiligten Parteien helfen kann, ihre Meinungsverschiedenheiten zu überwinden.

Auf diese Weise werden wahrscheinlich nicht nur bessere Sachergebnisse erzielt, sondern es wird im Verlauf des Verhandlungsgesprächs auch weniger Druck ausgeübt. Beides ist von Vorteil für die Beziehung.

Den Willen der anderen brechen vs. mit fairen Argumenten überzeugen

Wer dem Verhandlungspartner seinen eigenen Willen aufzuzwingen versucht, übt schon Druck aus. Wenn einmal die Positionen abgesteckt sind und beide Seiten sich festgelegt und die Optionen der anderen Seite eingeschränkt haben, dann streiten die Verhandlungspartner nur noch darum, was sie tun oder nicht tun werden. Die Diskussion dreht sich dann nur noch um die mangelnde Bereitschaft beider Parteien, sich so zu verhalten, wie die andere Seite es von ihnen verlangt. Grob gesagt, ist das der Fall, wenn ein Händler zu einem potentiellen Käufer sagt: »Ich verkaufe dieses gebrauchte Fahrrad nicht unter $ 75«, während der Kunde bekräftigt: »Ich zahle dafür nicht mehr als $ 45.« Von diesem Moment an wird der Dialog hauptsächlich darin bestehen, den anderen Verhandlungspartner zu drängen, genau das zu tun, was er eigentlich nicht tun wollte: »Sie sollten das Rad lieber jetzt verkaufen, sonst haben Sie es noch den ganzen Winter über im Laden stehen.« »Wenn Sie für das kommende Wochenende ein Fahrrad wollen, dann müssen Sie dieses kaufen. Jetzt, am Freitagabend, sind keine anderen Geschäfte mehr offen.«

Eine solche Taktik kann von vornherein als Druckausübung bezeichnet werden, weil sie gegen den Willen des anderen gerichtet ist und nicht an seine Vernunft appelliert. Wenn wir auf diese Weise vorgehen, sprechen wir nicht in vernünftiger Weise das zwischen uns existierende Problem an – den Preis des Fahrrads –, sondern versuchen den Willen des anderen zu schwächen, damit er unseren Forderungen leichter nachgibt.

Versuchen Sie die anderen mit fairen Argumenten zu überzeugen. Verhandlungspartner, die nur immer erklären, was sie tun werden und was nicht, sprechen oft nicht darüber, was sie tun *sollten.* Sie versäumen es, objektive Kriterien zu diskutieren, die als geeignete Maßstäbe für eine faire Entscheidung dienen könnten. Ein gutes Ergebnis läßt sich daran erkennen, daß es von beiden Parteien als gerecht empfunden wird. Und oft ist es leichter, sich einem objektiven Maßstab zu beugen, als einer von der anderen Seite vorgebrachten willkürlichen Forderung nachzugeben. Denn wenn ich nur deshalb zurückstecke, weil Sie sturer sind als ich, dann fühle ich mich erpreßt. Überzeugt werde ich erst sein, wenn Sie mir durch objektive Argumente beweisen können, daß ich einen fairen Preis bezahle. »Ich als Händler habe für dieses Fahrrad letzte Woche $ 50 bezahlt. Wenn ich gebrauchte Fahrräder nicht für das anderthalbfache des Einkaufspreises weitergebe, kann ich es mir nicht mehr leisten, sie zu führen. Oder sehen Sie es doch einmal so: Übers Wochenende ein Fahrrad zu mieten, würde Sie $ 25 kosten; Sie würden für dieses Rad also nur den Mietpreis für das Wochenende bezahlen plus der Summe, die mich das Rad gekostet hat.«

Den anderen Ausweichmöglichkeiten nehmen vs. eigene Ausweichmöglichkeiten verbessern

Wenn wir den anderen keine Ausweichmöglichkeiten mehr lassen, bedrohen wir sie. Das stärkste Druckmittel besteht darin, den anderen negative Konsequenzen anzudrohen, falls sie auf unsere Vorstellungen nicht eingehen. Anstatt uns zu bemühen eine Übereinkunft zu erzielen, die sowohl unsere als auch die Interessen der anderen zufriedenstellt, erklären wir ihnen, daß wir ihnen Schaden zufügen werden, wenn sie unseren Forderungen nicht nachgeben. In einem Gespräch unter vier Augen würde ich dann beispielsweise sagen: »Wenn Sie mir nicht die von mir geforderte Gehaltserhöhung gewähren, kündige ich und schreibe allen Ihren Kunden, daß sie gute Gründe hätten, sich andere Geschäftspartner zu suchen.«

Drohungen beziehen sich vor allem auf die Konsequenzen, die sich aus fehlender Zustimmung ergeben könnten. Diese Konsequenzen wollen wir (wie schon in *Das Harvard-Konzept,* S. 141 ff.) zweckmäßigerweise als »Beste Alternative« zur Verhandlungsübereinkunft bezeichnen.* Wenn ich Ihnen drohe, dann gebe ich Ihnen zu verstehen, daß Ihre »Beste Alternative« schlechter ist, als Sie glauben, weil ich nämlich gerade durch meine Drohung dafür sorge, daß sie schlechter wird. Denn, sind Sie daraufhin zum Einlenken bereit, dann liegt das daran, daß Sie sich unter Druck gesetzt fühlen. Sie sind

---

* Das eingeführte Kürzel im englischen Sprachraum ist BATNA: *best alternative to negotiated agreement* (A.d.Ü.).

also nicht deshalb zu einer Einigung bereit, weil diese für Sie so attraktiv wäre, sondern weil die Weigerung, sich zu einigen, an Attraktivität verloren hat.

Aus einer Drohung können sich drei Resultate ergeben: Erstens »gewinne« ich, weil Sie sich entschließen zurückzustecken; zweitens, Sie geben nicht nach, und ich mache meine Drohung wahr; oder drittens, Sie geben nicht nach, und ich mache meine Drohung trotzdem nicht wahr. Keines dieser Ergebnisse ist für die Beziehung von Vorteil. Und keines wird uns den Umgang mit zukünftigen Problemen erleichtern. In jedem Fall sind »für das nächste Mal« Probleme vorprogrammiert.

Wir sollten unsere eigenen Ausweichmöglichkeiten verbessern. Mein Verhandlungsspielraum ist zum großen Teil davon abhängig, was ich tun kann, wenn wir nicht zu einer Einigung gelangen. In manchen Situationen kann ich Ihre Bereitschaft zur Zustimmung erhöhen, wenn ich mir die Möglichkeit schaffe, mir einen anderen Verhandlungspartner zu suchen – indem ich also meine »Beste Alternative« stärke. Sollten Sie also $ 75 für ein Fahrrad verlangen, dann könnte ich vielleicht einen Freund finden, der mir seines, das sogar in einem etwas besseren Zustand ist, für $ 60 verkauft. Wenn Sie unter diesen Umständen nicht auf $ 55 heruntergehen, kaufe ich für $ 60 das Rad meines Freundes. Auf diese Weise habe ich Ihre »Beste Alternative« nicht verschlechtert, aber meine eigene verbessert. Ich habe Ihnen keinen Schaden angedroht, sondern Ihnen aufrichtig gesagt, daß es in meinem Interesse liegt, auf eine Übereinkunft zu verzichten, wenn wir uns nicht innerhalb eines bestimmten Preisrahmens einigen können. Auch wenn Sie sich in dieser Situation gedrängt fühlen, werden Sie doch nicht in ungerechtfertigter Weise erpreßt. Mein Verhalten wird also in diesem Fall unsere Fähigkeit, mit zukünftigen Problemen umzugehen, nicht unbedingt beeinträchtigen.

Während Druck einer funktionierenden Beziehung fast immer schadet, werden wir durch überzeugende Argumente die gleiche Wirkung erzielen wie durch die anderen, in diesem Buch beschriebenen Elemente. Solche Methoden der Einflußnahme, die auf dem Versuch die anderen zu überzeugen aufbauen, werden sich für unsere Beziehung als vorbehaltlos konstruktiv erweisen – für mich selbst werden sie mit großer Wahrscheinlichkeit bessere Resultate hervorbringen, und darüber hinaus werden sie unsere Fähigkeit zur Zusammenarbeit verbessern, egal, ob Sie sie nun ebenfalls anwenden oder nicht.

9. Die Gegenseite akzeptieren

Nehmen Sie Ihren Beziehungspartner ernst, auch wenn er anders ist als Sie

Vernunft, Verständnis, Kommunikation, Vertrauenswürdigkeit und überzeugende Argumente reichen noch nicht aus, um eine funktionierende Beziehung zu garantieren, sofern beide Seiten die jeweils andere nicht eines Dialogs für würdig halten. Eine Beziehung kann kurz- oder langfristig sein; sie kann so geartet sein, daß beide Seiten sie, ohne große Nachteile in Kauf nehmen zu müssen, aufgeben können; oder sie kann uns, wie die Beziehungen zwischen Verwandten sowie zwischen den USA und der UdSSR, durch vorgegebene Umstände aufgezwungen sein: Wenn Sie und ich uns erfolgreich mit unseren Meinungsverschiedenheiten auseinandersetzen wollen, muß ich in jedem Falle die Tatsache unserer Beziehung akzeptieren und Sie als ernstzunehmenden Verhandlungspartner anerkennen – als jemanden, dessen Interessen und Ansichten Beachtung verdienen.

Ablehnung stellt ein physisches Hindernis für die Lösung von Problemen dar

Wenn ich jemandem, dessen Interessen den meinen zuwiderlaufen, mit Ablehnung begegne, dann verhindert das schon auf einer sehr fundamentalen Ebene eine gegenseitige Verständigung. Vielleicht knalle ich dann die Tür zu, laufe fort oder lege den Telephonhörer auf. Ich weigere mich also, mit Ihnen zu verhandeln, und bin infolgedessen gezwungen, allein mit den anstehenden Problemen zurechtzukommen, ohne von Ihnen Informationen über eben diese zu erhalten und ohne die Chance zu haben, Sie meinerseits zu informieren und zu überzeugen. Obwohl wir uns gemeinsam in einer bestimmten Situation – der Beziehungssituation – befinden, tue ich demnach so, als ob es nicht so wäre.

Palästinenser und Israelis haben einander vierzig Jahre lang die Anerkennung verweigert. Manchmal waren es die Palästinenserführer, manchmal die israelischen Politiker, manchmal auch beide Seiten gleichzeitig, die der Gegenseite zu verstehen gaben, daß sie keine akzeptablen Verhandlungspartner seien. Diese pauschale Ablehnung stellte schon von vornherein ein praktisches Hindernis für eine Verständigung dar, die beiden Parteien hätte helfen können, ihre gravierenden Meinungsverschiedenheiten zu überwinden.

Ablehnung schafft psychologische Barrieren

Auch dort, wo Ablehnung keine praktischen Hindernisse für eine gegenseitige Verständigung mit sich bringt – wo also die beteiligten Personen rein physisch in der Lage sind, miteinander zu sprechen und sich gegenseitig zuzuhören –, können sich psychologische Barrieren entwickeln, die ebenso obstruktiv wirken können. Wenn ich Ihnen zu verstehen gebe, daß ich mich Ihnen überlegen fühle oder Ihre Ansichten für bedeutungslos halte, werden Sie wohl kaum mehr den Wunsch haben, mit mir zusammenzuarbeiten. Das gilt sogar für kurze, einmalige Begegnungen. Werfen wir einmal einen Blick auf das folgende Beispiel:

Ich fahre auf einer schmalen Landstraße durch ein Waldgebiet. Als ich langsam um eine Kurve biege, stoße ich frontal mit einem Auto zusammen, das von einer sehr jungen Frau gesteuert wird. Wir haben zwar beide einen ziemlichen Schock, sind aber anscheinend unverletzt. Die Autos allerdings sind erheblich beschädigt: zerbrochene Scheinwerfer, eingedrückte Kühlergrills und Stoßstangen.

Eine Möglichkeit, die Beziehung in dieser Situation anzugehen, wäre, die Kompetenz der jungen Autofahrerin in Frage zu stellen, sie für den Unfall verantwortlich zu machen und ihre Erklärungen als ungerechtfertigt abzutun. Ein solches Verhalten macht es jedoch schwierig, mit den Problemen umzugehen, die durch den Unfall entstanden sind. Ein Beispiel für diese Art der Ablehnung liefert der folgende Dialog:

Aussage	*Wirkung*
»Sie sind wohl nicht ganz bei Trost, so Auto zu fahren.«	Ich mache Schuldzuweisungen.
»Typisch Frau am Steuer.«	Ich setze den anderen herab und presse ihn in ein negatives Klischee.
»Ihr Fahrstil ist unentschuldbar. Kommen Sie mir bloß nicht mit einer Ausrede.«	Ich tue die Auffassungen der anderen Seite als unbedeutend ab.
»Wer ist für Sie verantwortlich? Gehört das Auto Ihrem Vater? Wo kann ich ihn erreichen?«	Ich will mit jemandem sprechen, der »ernster« zu nehmen ist.

Nach einem solchen Gespräch wird die Autofahrerin verärgert sein, weil sie sich herabgesetzt fühlt und den Eindruck hat, keine Gelegenheit zur Stellungnahme gehabt zu haben. Diese Reaktionen machen es unwahrscheinlich:

- daß sie versuchen wird, sich mit mir effektiv zu verständigen;
- daß ich ihre Sichtweise der Situation verstehe;
- daß wir einander vertrauen;
- daß wir einander überzeugen können.

Unter diesen Umständen besteht wenig Hoffnung, daß wir vernünftig miteinander umgehen werden.

Ablehnung kann sogar dann Schaden anrichten, wenn sie nur partiell ist. Irgendwann ist jeder von uns schon einmal von jemand anderem gedemütigt worden. So zum Beispiel, wenn ein Juraprofessor fragt: »Und wenn Sie einmal *nachdenken* würden, bevor Sie diese Frage beantworten, was würden Sie dann sagen?« Ein Oberkellner zieht vielleicht nur die Augenbrauen hoch, um seiner Verachtung Ausdruck zu verleihen. Überall gibt es Menschen, die versuchen, sich wichtig zu machen, indem sie andere herabsetzen.

In der Geschäftswelt und den Verwaltungshierarchien wird oft ein bestimmter Jargon benutzt oder es werden wie zufällig die Namen bestimmter Leute fallengelassen, was anderen folgende Botschaft vermitteln soll: »Ich gehöre zu den Eingeweihten; du aber nicht.« Akademische Titel, separate Speiseräume, besondere Sicherheitsüberprüfungen und statusgebundene Vergünstigungen werden manchmal dazu benutzt, um uns spüren zu lassen, daß die anderen uns nicht für ebenbürtig halten.

Bei Regierungen und politischen Organisationen kann eine ablehnende Haltung gegenüber der anderen Seite sowohl physische als auch psychologische Barrieren errichten. Weil die Israelis sich jahrzehntelang von den Palästinensern anhören mußten, daß sie nicht in den Nahen Osten gehörten, und sie selber den Palästinensern das Recht auf Selbstbestimmung abgesprochen haben, taten beide alles dafür, daß ihre Kommunikation ernsthaft blockiert ist, und förderten nicht gerade den Wunsch nach einem besseren gegenseitigen Verständnis.

In Südafrika wird den Schwarzen die Botschaft vermittelt, daß sie minderwertig und nicht als Verhandlungspartner akzeptabel seien. Eine ebensolche Haltung wird offensichtlich, wenn die UdSSR die Amerikaner als »kapitalistische Imperialisten« und diese umgekehrt die UdSSR als das »Reich des Bösen« bezeichnen.

In persönlichen, geschäftlichen und internationalen Beziehungen drückt offene oder versteckte Ablehnung immer aus, daß die eine Seite sich im Recht fühlt und die andere im Unrecht glaubt; daß die eine Partei meint, daß die andere nichts gilt und daß man von ihr nichts lernen kann. Wenn Sie eine solche Botschaft von mir erhalten, werden Sie wahrscheinlich kaum noch Interesse daran haben, sich mit mir zu verständigen, sich um Verständnis für meine Ansichten zu bemühen, mir Vertrauen zu schenken oder mit mir zusammenzuarbeiten. Ich habe Ihnen auf diese Weise nämlich faktisch zu verstehen gegeben, daß meine Meinung über Sie feststeht, daß Sie mir völlig egal sind und daß alles, was Sie sagen, für mich bedeutungslos ist. Ich könnte also kaum eine wirkungsvollere Methode finden, um unsere Fähigkeit, unsere Meinungsverschiedenheiten zu bewältigen, zu zerstören.

Akzeptieren Sie den anderen vorbehaltlos

Bei manchen Menschen, wie zum Beispiel einem Bettler, dem ich auf der Straße begegne, mag ich entscheiden, daß ich nichts mit ihm zu tun haben möchte, und kann ihm das mitteilen, indem ich meine ablehnende Haltung offen zeige. Wenn ich aber eine funktionierende Beziehung zu Ihnen anstrebe, muß ich Sie als Arbeitspartner akzeptieren. Es wäre widersinnig eine Beziehung zu Ihnen abzulehnen, wenn ich gleichzeitig möchte, daß wir unsere Meinungsverschiedenheiten vernünftig regeln.

Wie in Kapitel 3 dargelegt wurde, können wir nur mit unseren beiderseitigen Differenzen und Problemen umgehen, sofern ich trotz dieser Unstimmigkeiten fähig und gewillt bin, mich mit Ihnen auseinanderzusetzen. (Denn wenn diese Unstimmigkeiten uns beide betreffen, *muß* ich mich mit Ihnen auseinandersetzen, um sie zu lösen.) Das heißt jedoch *nicht,* daß ich Ihr Verhalten unbedingt gutheißen muß. Wir werden also eher in der Lage sein, eine Beziehung zu akzeptieren, wenn wir eine klare Unterscheidung zwischen »akzeptieren« und »billigen« treffen.

Oft drücken wir unser Mißfallen über das Handeln anderer dadurch aus, daß wir uns weigern, uns mit ihnen abzugeben. Halten wir jemandes *Verhalten* für anstößig, meinen wir sogleich die ganze *Person* sei es nicht wert, daß wir ihr Zeit und Mühe opfern: »Nachdem, was sie getan hat, rede ich nie mehr ein Wort mit ihr.« »Da wir das Vorgehen des Afrikanischen Nationalkongresses verurteilen, verzichten wir auf eine Zusammenkunft mit dieser Organisation.« Daß wir eine Beziehung zu jemandem unterhalten wollen, dessen Handeln wir nicht billigen, könnte uns und unseren Wählern widersprüchlich erscheinen. Es erscheint leichter und eindeutiger, sowohl die Person als auch ihr Verhalten abzulehnen. Denn niemand kann behaupten, daß ich die Dummheiten meines nichtsnutzigen Sohnes billige, wenn ich ihn enterbe und den Kontakt zu ihm abbreche. Doch wird ein solches Vorgehen zweifellos auch jede Chance, unsere Meinungsverschiedenheiten zu klären, zunichte machen.

Die Bibel mahnt uns: »Du sollst deine Feinde lieben«, doch sie sagt nicht, daß wir ihr Verhalten um jeden Preis gutheißen sollen. Wir sollten Interesse für den anderen aufbringen und bereit sein, ihm zuzuhören und mit ihm in einer zur Problemlösung fähigen Beziehung zusammenzuarbeiten. Dazu müssen wir aber nicht beide Augen zudrücken, wenn uns sein Verhalten negativ auffällt. Doch unabhängig davon, wie sehr wir das Handeln des anderen verurteilen, sollten wir ihn nicht als wertlos abtun. Wenn wir unsere Differenzen erfolgreich regeln wollen, sollten wir ihn nicht mit Verachtung behandeln oder ihn gnadenlos vernichten.

Einem Vater wird es zum Beispiel sicher nicht gefallen, wenn sein Sohn die Schule schwänzt. Er kann darauf aber in zweierlei Weise reagieren. Aus Furcht, daß jede Nachsichtigkeit als ein Zeichen von Einverständnis gewertet werden würde, kann er sich seinem Sohn gegenüber verschließen und sagen: »Ich will keine Entschuldigung hören. *Mein* Sohn ist kein Schulschwänzer!« Der Sohn wird daraufhin den Eindruck haben, daß sein Vater ihn nicht versteht, ihm nicht zuhört und nicht vertraut. Vater und Sohn werden unter diesen Umständen wahrscheinlich auf eine lange Reihe ungelöster Konflikte zusteuern.

Eine andere Möglichkeit wäre, daß der Vater antwortet: »John, als ich ein Junge war, habe ich auch manchmal die Schule geschwänzt und es später bitter bereut. Wenn du glaubst, daß du gute Gründe dafür hattest, dann möchte ich sie hören. Du sollst aber wissen, daß ich ein solches Verhalten keinesfalls billige.« John hat ein gutes Verhältnis zu seinem Vater. Er wird spüren, daß sein Vater ihm Interesse entgegenbringt und ihn ernst nimmt. Gleichzeitig wird ihm aber auch deutlich, daß sein Vater das Schuleschwänzen nicht gutheißt.

Die Vorstellung, die anderen zu akzeptieren, wird attraktiver, wenn wir wirklich verstanden haben, daß wir um einer funktionierenden Beziehung willen:

- die Wertvorstellungen der anderen nicht akzeptieren müssen;
- ihre Auffassungen nicht als korrekt anerkennen müssen;
- und ihr Verhalten nicht billigen oder als »akzeptabel« betrachten müssen.

Was wir allerdings brauchen, ist die Bereitschaft, uns mit der realen Person auseinanderzusetzen, die Bereitschaft, uns ihre Ansichten anzuhören und ihren Interessen gebührende Aufmerksamkeit zu schenken.

Behandeln Sie die anderen mit Respekt. Wir alle neigen auf die eine oder andere Weise zu Klischeevorstellungen. Wir setzen uns dann eher mit einem Bild, das wir in unserem Kopf haben, auseinander als mit der realen Person vor uns. Wenn wir aber eine funktionierende Beziehung verbessern wollen, müssen wir den Menschen vor uns in seiner Individualität respektieren.

Hinterfragen Sie Klischeevorstellungen. Im Geiste strukturieren wir unsere Vorstellungen in Bildern und Theorien, die uns dabei helfen, äußere Ereignisse und das Verhalten anderer zu deuten. Bis zu einem gewissen Grade hat dies jedoch zur Folge, daß wir nur das wahrnehmen, was wir sowieso zu sehen erwarten, und daß wir das Gesehene auf der Grundlage unserer Annahmen und unseres subjektiven Verständnisses interpretieren. Wenn wir Informationen in dieser Weise kategorisieren, verschafft uns das zwar eine einfachere Weltsicht und stützt unser Selbstvertrauen. Doch laufen wir auch Gefahr, neue Ideen zu übersehen und uns so zu verhalten, daß unsere Fähigkeit mit anderen zusammenzuarbeiten darunter leidet. Besonders dann, wenn wir von etwas fest überzeugt sind und neue Informationen uns nicht eindeutig oder befremdlich und bedrohlich erscheinen, neigen wir dazu, neue Tatsachen und die mit ihnen in Verbindung stehenden Menschen unter dem Einfluß vorgefaßter Meinungen zu interpretieren.

Es ist für uns sehr wichtig zu kategorisieren und zu verallgemeinern. Wir können nicht jedes Detail, das wir über jemand anderen erfahren, neu analysieren. Doch kann unsere Neigung zu Vorurteilen einer funktionierenden Beziehung schaden oder sie von vornherein ausschließen, wenn sie darüber entscheidet, ob wir zu anderen überhaupt Kontakt aufnehmen und wie wir mit ihnen umgehen. Und diese Tendenz erweist sich genau dann als irrational, wenn wir ein und dieselbe Information, je nach unseren jeweiligen Vorurteilen, verschieden deuten. Psychologen zeigten zum Beispiel bei einem Experiment den Testpersonen eine Reihe von Frauenphotos, bei denen sie Schönheit und Charakter der abgebildeten Personen beurteilen und sagen sollten, ob sie ihnen sympathisch seien oder nicht. Anderen Testpersonen wurden dieselben Bilder vorgelegt, jedoch waren entweder irische, italienische oder jüdische Namen hinzugefügt worden. Die Urteile der zweiten Gruppe entsprachen gängigen ethnischen Vorurteilen, die der ersten Gruppe nicht.

Die Politik ausländischer Regierungen nehmen wir in ähnlich verzerrter Weise wahr. Im Oktober 1987 veröffentlichte die amerikanische Regierung einen Bericht, in dem behauptet wurde, die UdSSR forsche auf amerikanischen Industriemessen »Industriegeheimnisse« aus, wobei das Verhalten der UdSSR zugleich implizit verurteilt wurde. Doch weiß jeder, der schon an solchen Veranstaltungen teilgenommen hat, daß alle Unternehmen hier die Gelegenheit nutzen, um herauszufinden, was sich bei der Konkurrenz in der gleichen Branche tut. Die Überzeugung daß die Sowjetunion ein eifrig spionierender Gegner sei – die manchmal durchaus zutrifft –, verleitet die amerikanische Regierung dazu, das Verhalten der UdSSR generell als böswillig einzustufen, selbst wenn genau dieselben Vorgehensweisen allgemein akzeptierte Geschäftspraxis amerikanischer Firmen sind.

Die am meisten vorurteilsbeladenen Vorstellungen machen wir uns über solche Gruppen, die offensichtlich ganz anders sind als wir und möglicherweise eine Bedrohung für unsere politische, soziale oder wirtschaftliche Ordnung darstellen könnten. Diese Klischees sind gefühlsmäßig tief verankert und meist schwer zu ändern. Marxisten, Schwarze, Schiiten und Juden sind alle Opfer solcher Vorurteile.

Schnell geschieht es, daß wir jene, gegenüber denen wir Vorurteile hegen, verunglimpfen. Wir schätzen sie gering und messen ihren Meinungen und Interessen wenig Wert bei. Wenn wir uns aber ihren Ansichten verschließen, werden sie wahrscheinlich uns gegenüber dasselbe tun und unsere Interessen nicht anerkennen. Wir sehen in dieser Reaktion dann wiederum eine Bestätigung für unsere vorgefaßte Meinung und sind noch weniger bereit, ihre Ansprüche anzuerkennen. Und wir sind dann wahrscheinlich auch weniger geneigt, zu glauben, daß sie unser Interesse und unsere Aufmerksamkeit verdienen. Unter diesen Voraussetzungen ist es sehr schwierig, unsere Meinungsverschiedenheiten zu regeln.

Versuchen Sie etwas darüber zu erfahren, wie der andere wirklich ist. Um eine vorgefaßte Meinung, die ich über Ihre Person habe, zu überwinden, muß ich mehr über Sie wissen. Eine Möglichkeit sich bestimmter Klischeevorstellungen zu entledigen besteht darin, etwas über die individuelle Geschichte der Menschen, mit denen ich zu tun habe, in Erfahrung zu bringen. Bei der jungen Frau mit dem Autounfall, beispielsweise, kann ich versuchen, mir etwas über ihr Leben erzählen zu lassen. Wo kommt sie her? Was für eine Familie hat sie? Was ist ihr wichtig?

Auch bei einer Institution, der gegenüber ich gewisse Vorurteile habe, kann ich meine Fähigkeit, Meinungsverschiedenheiten zu klären, verbessern, wenn ich mich mehr auf die einzelnen Menschen konzentriere. Ich werde leichter mit einer »radikalen« Gewerkschaft und einer »gewerkschaftsfeindlichen« Firmenleitung verhandeln können, wenn ich die Klischeegestalten in meinem Kopf durch einige reale Personen ersetze, die Namen, Gesichter, Wohnungen, Kinder, Arbeitsplätze und Hobbys haben. Sollte es uns gelingen, aus unseren institutionsbedingten Rollen herauszuschlüpfen und auf persönlicher Ebene miteinander Kontakt zu knüpfen – zum Beispiel bei einem gemeinsamen Essen oder bei gegenseitigen privaten Besuchen –, werden wir mit allergrößter Wahrscheinlichkeit einige vorher existierende Verallgemeinerungen erschüttern können. Und es wird für uns nicht mehr so leicht sein, einander als wertlos abzutun.

Es ist wichtig, daß ich mir bewußt werde, in welchem Maße ich unbewußt Klischeevorstellungen übernehme. Wenn eine Zusammenkunft oder ein Verhandlungsgespräch mit jemandem, der ganz anders ist als ich, bevorsteht, könnte ich mir notieren, welche Tatsachen ich wirklich über ihn weiß, und meine Vermutungen über ihn in Frage stellen sowie mir überlegen, wie ich ihn auf einer persönlicheren Ebene kennenlernen könnte.

Gestehen Sie den Interessen der anderen das ihnen gebührende Gewicht zu. Wenn ich meine und Ihre Interessen in Einklang bringen und unsere Meinungsunterschiede klären möchte, muß ich zunächst Ihre Interessen erkennen und ihnen Beachtung schenken. Auch wenn ich Sie für unvernünftig oder böswillig halte, muß ich davon ausgehen, daß Sie zumindest *einige* legitime Ansprüche haben. Viele gewalttätige Aktionen auf unserer Welt werden dadurch verursacht, daß eine herrschende oder mächtige Gruppe es versäumt, sich mit den Forderungen einer anderen, weniger mächtigen Gruppe auseinanderzusetzen. Hat eine Regierung einmal eine oppositionelle Gruppierung als unerheblich oder auch nur als unrespektabel eingestuft, läßt sie deren Interessen häufig total unbeachtet. Dies ist häufig auch dann der Fall, wenn ein objektiver Beobachter, der die von der betreffenden Regierung propagierten Fairneßkriterien anlegen würde, zu dem Ergebnis käme, daß die Forderungen der schwächeren Gruppe durchaus gerechtfertigt sind. In Südafrika zum Beispiel sprechen die Weißen den Schwarzen das Recht auf volle Gleichberechtigung und demokratische Mitverantwortung ab – ein Recht, das sie für sich selber für legitim halten und hartnäckig verteidigen. Ähnlich hat die israelische Regierung bisher keinerlei Pläne vorgelegt, die den Interessen der Palästinenser durch freie Wahlen und Selbstverwaltung entgegenkämen, obwohl die Israelis diese Rechte für sich selbst als wesentlich erachten.

Den anderen stehen ihre Interessen ebenso zu wie uns selbst. Ebenso wie wir ein Recht auf unsere eigene Meinung haben, steht es uns auch zu, eigene Interessen zu verfolgen. Auch wenn uns die Projekte gewisser Bauunternehmen nicht gefallen; auch wenn wir gegen die Ziele konservativer politischer Aktionsausschüsse etwas einzuwenden haben; auch wenn wir die Pläne der Sowjetunion fürchten: Wir sollten ihnen allen das Recht zugestehen, *überhaupt eigene Interessen zu haben.* Tun wir das nicht, werden wir nicht in der Lage sein, uns mit ihnen auseinanderzusetzen. Und in diesem Fall werden wir Zorn, Protest und einseitige Aktionen provozieren, die unseren Interessen schaden werden.

Lassen Sie den anderen Recht angedeihen. Die Gerichte erfüllen in den USA die Funktion eines gesellschaftlichen Mechanismus zur

Lösung von Problemen. Wenn uns unrecht getan oder unsere Interessen verletzt wurden, können wir unseren Fall einem Richter zur Entscheidung vorlegen. Die Gerichte stellen ein Forum dar, wo auch den Anliegen der Bescheidensten ein ordentliches Verfahren gewährt wird – ein Forum, wo Interessenskonflikte im Rahmen des Gesetzes gelöst werden können.

In sozialer Hinsicht ebenso bedeutend ist die Möglichkeit, sich mit *nicht-legalen* Interessen auseinanderzusetzen. Ohne einen Mechanismus, der es erlaubt, divergierenden menschlichen, gesellschaftlichen und politischen Ansprüchen in legitim erscheinender Weise Rechnung zu tragen, würde das soziale Gefüge einer Gesellschaft – ihre längerfristigen Beziehungen – auseinanderbrechen. Und auch jede Beziehung wird wahrscheinlich zerbrechen, wenn die Forderungen einer Seite fortwährend ignoriert werden. Zuhören allein reicht nicht aus. Die konkurrierenden Interessen müssen in einer allen Parteien legitim erscheinenden Weise gegeneinander abgewogen und es muß ihnen ihr jeweils zukommender Stellenwert zuerkannt werden.

Das heißt nicht, daß wir eine philosophische, amoralische Einstellung übernehmen sollten, derzufolge es kein Gut und Böse gibt. Ich kann und soll mir ein Urteil darüber bilden, welche Bedeutung ich Ihren Interessen beimesse. Wollen wir aber beide unsere widerstreitenden Ansprüche in einen vernünftigen Ausgleich bringen, muß ich mir mein Urteil immer wieder von Fall zu Fall neu bilden, nachdem ich Ihnen ausreichend Gelegenheit gegeben habe, Ihre Ansichten darzulegen.

Behandeln Sie die anderen als grundsätzlich ebenbürtig. Implizit geht man bei einer funktionierenden Beziehung davon aus, daß jede Partei die andere als einen gleichwertigen Partner akzeptiert. Falls ich jedoch überzeugt bin, daß mir aufgrund meines Alters, meiner Fähigkeiten und meines Wissens eine höhere Stellung als Ihnen zukommt, werde ich unter Umständen weniger bereit sein Sie zu akzeptieren, weil ich befürchte, dadurch meinen Status zu verlieren. Ich könnte mich sorgen, daß Ihnen meine wohlwollende Haltung zu Kopf steigt und daß Sie auf den Gedanken kommen, Ihnen stünde nun bei unserer Entscheidungsfindung eine weit größere Rolle zu.

Wir brauchen Unterschiede nicht zu ignorieren. Der Besitzer einer großen Ranch erzählte uns einmal die Geschichte von seinem ansonsten unfähigen Farmhelfer, der jedoch ein guter Schreiner war. Der Rancheigentümer bat den Farmhelfer, ein Gatter zu bauen und betätigte sich dabei freiwillig als Handlanger, damit die Arbeit schneller beendet würde. Der Farmarbeiter machte seine Sache gut, und der Ranchbesitzer lobte ihn dafür. Am Tag darauf kündigte der Farmhelfer. Als Begründung führte er an, daß er sich, wenn er klug genug sei, dem Rancheigentümer Anweisungen geben zu können, zu gut sei, um als Handlanger in einem Lohnverhältnis zu arbeiten.

Eine Chefin, die ihre Sekretärin in einer bestimmten Hinsicht als gleichberechtigt behandelt, muß unter Umständen feststellen, daß diese sich in jeder Hinsicht gleiche Rechte herausnimmt, wie zum Beispiel eine lange Mittagspause. Natürlich wünsche ich mir ein herzliches und funktionierendes Verhältnis zu meinem Klempner, zur Sekretärin meines Arztes und zu meinen Studenten, doch sollte das nicht dergestalt ausarten, daß alle diese Personen sich das Recht herausnehmen, unangemeldet bei mir zu erscheinen und sich zu benehmen, als wären sie bei sich zu Hause. Ein Chef, der alle seine Mitarbeiter als ebenbürtig behandelt, muß möglicherweise irgendwann feststellen, daß manche von ihnen gleiches Mitspracherecht in Fragen fordern, die eindeutig in seine Entscheidungskompetenz fallen. Genau jener Schritt, den man unternimmt, um besser mit Meinungsverschiedenheiten zurechtzukommen, kann also genau diese verschlimmern.

Es gibt viele gut funktionierende Beziehungen, wie zum Beispiel zwischen Eltern und Kindern, Vorgesetzten und Untergebenen, Professoren und Studenten, die nicht auf Gleichheit beruhen. In Japan und auch in einigen anderen Kulturen gründet sich das soziale Gefüge größtenteils auf hierarchische Systeme, die nach Alter und Status gegliedert sind. Solche Hierarchien scheinen aber bestimmten Ansätzen zur Problemlösung, für die zum Beispiel gerade die Japaner berühmt sind, nicht im Wege zu stehen.

Setzen Sie Gleichheit voraus, sofern keine objektiven Verdienste Unterschiede rechtfertigen. Eine gute, funktionierende Beziehung erfordert nicht, daß wir Ungleichheiten eliminieren, die auf unterschiedliche Fähigkeiten oder auf ein verschieden hohes Dienstalter zurückzuführen sind. Sachkenntnis, Erfahrung und Autorität sollten, in dem Maße, wie sie vorhanden sind, gewürdigt werden – nicht mehr und nicht weniger. Ganz allgemein läßt sich sagen: Wenn zwei einander nicht gleichgestellte Beziehungspartner den gleichen Rangunterschied bei zwei anderen Personen als akzeptabel ansehen, dann erscheint dieser Rangunterschied gerechtfertigt. So würden wir wohl alle einem Arzt bei der Beurteilung eines medizinischen Problems wie auch einem Richter bei der Entscheidung eines Rechtsfalls höchste Autorität einräumen. Wir wollen gute, funktionierende Beziehungen zwischen Personen, die unterschiedlich kompetent sind und über ein unterschiedliches Maß an Autorität verfügen. Und jene, die mehr Wissen und Autorität haben, müssen ihren Status nicht aufgeben, um ihre Meinungsverschiedenheiten mit weniger Kompetenten zu regeln. Nichtsdestoweniger besteht weder Anlaß, einen Arzt in politischen Fragen zu konsultieren, noch gibt es einen Grund, warum ein Richter in seiner Familie das letzte Wort haben sollte, wenn es um den Kauf eines Fernsehgerätes geht.

Wenn wir jemanden als »gleichwertigen« Verhandlungspartner akzeptieren, dann soll dadurch eine Basis geschaffen werden, auf der sich Vernunft, Verständnis, Kommunikation und Vertrauenswürdigkeit entwickeln können und wo wir uns gegenseitig eher mit vernünftigen Argumenten überzeugen, anstatt Druck aufeinander auszuüben. Doch gleichzeitig wollen wir dieser Haltung auf eine Weise Ausdruck verleihen, die bei unserem Gegenüber keine falschen Erwartungen weckt. Den anderen zu akzeptieren, soll nicht dazu führen, daß gerechtfertigte Unterschiede zwischen uns verwischt werden. Der gesunde Menschenverstand und unsere Erfahrung legen es nahe, daß jeder Partner anerkennen sollte, daß der andere ebenso menschlich und ebenso situationsabhängig ist wie er selbst, daß er ebenso Rechte hat und daß es ihm ebenso zusteht, seine Interessen und Ansichten berücksichtigt zu finden. Wie wir das erreichen, hängt von der jeweiligen Person und den Umständen ab, doch sollten wir uns dabei immer von der Annahme leiten lassen, daß der andere uns gleichwertig ist.

Was aber, wenn . . . Vielen von uns widerstrebt es, unseren Verhandlungspartner zu akzeptieren – vor allem dann, wenn wir schwerwiegende Differenzen haben –, weil wir befürchten, daß wir dadurch unseren eigenen Interessen schaden oder unsere Position ihm gegenüber schwächen würden. Einige dieser Annahmen – wie zum Beispiel der Gedanke, daß wir, wenn wir die anderen akzeptieren, auch ihr Verhalten gutheißen oder einen legitimen Vorteil aufgeben müßten – beruhen auf falschen Vorstellungen darüber, auf welche Art wir den anderen akzeptieren müßten, um eine gute, funktionierende Beziehung zu schaffen. Andere Befürchtungen wiederum sind auf falsche Vorstellungen darüber zurückzuführen, welche Konsequenzen es für uns haben könnte, wenn wir unser Gegenüber akzeptieren. Alle diese Vorstellungen können dazu führen, daß ich mich gegen eine Beziehung zu Ihnen sperre. Ich werde dann aber vielleicht bald feststellen, daß ich mich dadurch nicht absichere, sondern eher schlechter in der Lage bin, mit meinen Befürchtungen umzugehen.

Meine Befürchtung: Werden die anderen nicht zu negativem Verhalten ermutigt, wenn ich sie akzeptiere? Wenn ich mich früher aufgrund unserer unterschiedlichen Auffassungen nicht mit Ihnen auseinandergesetzt habe, dann wahrscheinlich deshalb, weil Sie ein Verhalten gezeigt haben, das ich mißbillige. Waren Sie zum Beispiel einmal führender Kopf einer radikalen studentischen Organisation, so werden Sie höchstwahrscheinlich wilde Protestdemonstrationen organisiert haben. Sind Sie Mitglied einer baskischen Separatistenorganisation, dann vertreten Sie wahrscheinlich auch Menschen, die aus politischen Gründen Gewaltakte begangen haben. Wenn ich Sie unter diesen Umständen als Verhandlungspartner anerkenne und akzeptiere, dann hat das zwei widersprüchliche Konsequenzen:

Im positiven Fall ergibt sich dadurch eine Chance für bessere Kommunikation und ein größeres gegenseitiges Verständnis, für die gemeinsame Lösung von Problemen und für gewaltfreie Einflußnahme. Andererseits billige und fördere ich damit jedoch anscheinend – wenigstens aus meiner Sicht – Ihre gewalttätigen Aktionen: Sie haben ja Gewaltakte begangen, weil Sie nach irgendeiner Form von Anerkennung strebten, und haben diese auch erhalten. Öffnet sich für

Sie nun die Tür zu gewaltfreien Verhandlungen, so besteht die Gefahr, daß genau dadurch noch mehr Gewalt provoziert wird. Wenn ich also eine schlechte Beziehung konstruktiver gestalten und Sie als Verhandlungspartner akzeptieren will, muß ich dabei so vorgehen, daß ich weder bei Ihnen noch bei anderen falsche Erwartungen wecke.

Akzeptieren Sie die Gegenseite routinemäßig. Eine routinemäßige, ausnahmslos in allen Fällen gewährte Anerkennung verleiht der anderen Partei keinen besonderen Status. Jedes Jahr finden auf der ganzen Welt zahlreiche Regierungswechsel statt, teilweise auf dem Wege demokratischer Wahlen, teilweise durch bewaffnete Kämpfe. Würde die Regierung der USA sich prinzipiell weigern, die ihr nicht genehmen Staatsführungen anzuerkennen, würde das ihre weltweiten Einflußmöglichkeiten beschneiden. Um das zu vermeiden, betreibt sie regulär eine Politik der Anerkennung aller Regierungen (mit einigen denkwürdigen und teuer bezahlten Ausnahmen), welche de facto Kontrolle über ein Land ausüben. Da dies die allgemeine Politik der USA ist, können Regimes wie zum Beispiel in Afghanistan und Nicaragua aus ihren diplomatischen Beziehungen zu den USA keine Sonderstellung und keinen Erfolg für sich ableiten.

Sicherlich kann es Probleme schaffen, wenn ich es in der Vergangenheit abgelehnt habe, mit Ihnen zusammenzutreffen oder mit Ihnen zu sprechen, und dann plötzlich mein Verhalten ändere und Ihnen nun einen neuen, »akzeptierten« Status einräume. Sie könnten möglicherweise glauben, daß ich Ihrem Druck nachgegeben habe, und folglich noch mehr Druck auf mich ausüben, um von mir Sachkonzessionen zu erlangen. Ich habe also bei Ihnen vielleicht falsche Erwartungen geweckt. Mein Fehler liegt jedoch nicht in der Tatsache meiner Anerkennung an sich, sondern in meiner anfänglichen Weigerung, mich mit für mich wichtigen Menschen auseinanderzusetzen. Derartige Probleme können wir in Zukunft vermeiden, indem wir generell jeden, dessen Verhalten für uns von Bedeutung ist, akzeptieren, ihm Gehör schenken und uns mit ihm auseinandersetzen.

Da nur einer nicht regulär gewährten Anerkennung besondere Bedeutung beigemessen werden kann, müßten wir, wenn wir die Gegenseite ausnahmslos in jedem Fall akzeptieren, die Erwartungen der anderen in Grenzen halten und den Eindruck vermeiden können, daß wir negatives Verhalten honorieren. Selbst wenn sich ein solch einheitliches Vorgehen von unserer früheren Strategie unterscheidet, wird unsere Bereitschaft, uns mit einem bestimmten Gegner auseinanderzusetzen, weder als Zugeständnis noch als ein Zeichen von Schwäche aufgefaßt werden. Und anstatt negatives Verhalten zu belohnen, werden wir durch unsere Aufgeschlossenheit besser damit umgehen können.

Meine Befürchtung: Ist es nicht ansteckend, sich mit dem Teufel an einen Tisch zu setzen? Vielleicht bin ich besorgt, daß »schlechte« Menschen auf mich abfärben könnten, falls ich mich mit ihnen einlasse. Meine Meinung über Sie kann so tiefverwurzelt sein, daß ich mich nicht überwinden kann, mich mit Ihnen abzugeben. Vielleicht glaube ich auch, daß ich mich auf die gleiche moralische Ebene (wie niedrig sie auch immer sein mag) wie Sie begebe, wenn ich in Ihnen jemanden sehe, dessen Interessen Beachtung verdienen. Und vielleicht fürchte ich sogar, daß ich in den Augen meiner Parteigänger schlecht dastehe, wenn ich mich einem erbitterten Gegner gegenüber gesprächsbereit zeige.

Regierungen, die von innenpolitischen Problemen ablenken und ihre Macht sichern wollen, suchen häufig nach einem äußeren Feind, den sie anprangern können. Schlägt die staatliche Führung aber einen anderen Ton an – indem sie der Öffentlichkeit verkündet, daß die »imperialistischen Aggressoren« von gestern heute bereit sind, sich um die gemeinsame Lösung von Problemen zu bemühen –, so wird sie damit wahrscheinlich auf innenpolitischer Ebene Nachteile in Kauf nehmen müssen. Ein Regierungschef wird deshalb nicht so schnell geneigt sein, offene Feindseligkeit zugunsten einer akzeptierenden Haltung aufzugeben. Die Tatsache, daß ein Großteil der Öffentlichkeit die »Anerkennung« einer anderen Regierung als »Einverständnis« mit deren Politik interpretiert, wird als ein weiteres innenpolitisches Risiko erscheinen.

Wenn die USA gute, funktionierende Beziehungen zu Fidel Castro unterhalten würden, so meinen viele, könnten sie in Kuba und Lateinamerika mehr Einfluß ausüben. Nachdem aber die Isolierung Castros so lange Zeit offizielle politische Linie der USA war, würde es wahrscheinlich sogar einer neuen Regierung politisch kaum tragbar erscheinen, diplomatische Beziehungen zu Kuba aufzunehmen. Und sie wird eine negative Reaktion der Wähler besonders dann fürchten, wenn ein hohes Risiko besteht, daß solche Versuche fehlschlagen. Einigermaßen verbreitet ist auch die Überzeugung, daß Generalsekretär Gorbatschow sein Ziel, bessere Beziehungen zum Westen aufzubauen, wieder aufgeben wird, wenn seine Bemühungen für die sowjetische Bevölkerung keine greifbaren Ergebnisse zeigen. Eine konservative Politik wird, obwohl sie weit weniger Chancen für eine Verbesserung der Beziehungen und für zufriedenstellende Sachergebnisse bietet, kurzfristig weniger risikoreich erscheinen.

Wenn wir uns mit dem Teufel an einen Tisch setzen, lernen wir eher, wie wir mit ihm umgehen sollten. Welche Gründe wir auch immer dafür haben, den anderen zu verdammen: Mit einem Teufel, den wir kennen, werden wir leichter zurechtkommen als mit einem, über den wir nichts wissen. Wenn wir die Hindernisse für Kommunikation und Verständnis abbauen, sind wir besser für die Realität gerüstet. Zwei in Scheidung lebende Ehepartner mögen noch so verbittert übereinander sein: Sie werden ihren Anwälten viel weniger Geld in den Rachen werfen müssen, wenn es ihnen gelingt, selbst zu einer gütlichen Einigung zu gelangen anstatt ihren Fall vor Gericht auszufechten.

Ein Gewerkschaftsführer, der seit jeher eine Strategie der Ablehnung propagiert hat, wird natürlich zunächst heftige Kritik ernten, wenn er seine Vorgehensweise ändert. Nichtsdestoweniger wird er auf diese Weise bei den Tarifverhandlungen bessere Ergebnisse für die Gewerkschaftsmitglieder erzielen. Ebenso konnte Präsident Anwar Sadat die Sinai Halbinsel nur deshalb für Ägypten zurückgewinnen, weil er sich vorher entschied, Israel anzuerkennen und mit diesem Staat zu verhandeln. Ein Staatsoberhaupt wird folglich bemüht sein, seiner Wählerschaft die langfristigen Vorteile seiner neuen Strategie so deutlich wie möglich vor Augen zu führen.

Meine Befürchtung: Gebe ich nicht meine Trümpfe aus der Hand? Vielleicht glaube ich auch, daß ich eigentlich etwas von Ihnen als Gegenleistung bekommen müßte, wenn Sie von mir Respekt, Interesse und Anerkennung erwarten, und daß ich, sollte ich dafür nichts von Ihnen verlangen, meine Verhandlungsposition schwäche.

Die USA haben erklärt, daß sie eventuell mit der Palästinensischen Befreiungsorganisation Gespräche aufnehmen würden, wenn die PLO vorher bedingungslos das Existenzrecht Israels anerkennen würde. Die Weigerung, die PLO anzuerkennen, stellt hier offensichtlich eine Verhandlungstaktik dar. Die USA verhandeln über die Verhandlungsbedingungen, in der Hoffnung, daß sie die PLO auf diese Weise eher beeinflussen könnten als in einer besser funktionierenden Beziehung. Doch wird es durch den Verzicht auf Gespräche mit dieser Organisation extrem schwierig, eine Formel zu finden, die sowohl für die PLO als auch für die USA akzeptabel wäre. Es gibt keine Garantie dafür, daß diese Formel wirklich existiert, doch bestünde sicherlich eine erheblich größere Chance, eine solche Lösung auszuarbeiten, wenn die USA ohne Vorbedingungen zu Gesprächen mit der PLO bereit wären, anstatt ohne vorherigen Dialog auf dem von den USA favorisierten Wortlaut zu bestehen.

Wenn ich Sie akzeptiere, kann ich effektiver verhandeln. Jemandem aus taktischen Gründen die Anerkennung zu verweigern, um von ihm Zugeständnisse zu erwirken, ist ungefähr dasselbe, als wenn ich mit Ihnen am Telephon verhandle und dabei das Telephonkabel aus der Wand reiße, um Sie zu überzeugen. Ein solches Vorgehen mag zwar recht dramatisch wirken, doch ansonsten erreiche ich damit höchstwahrscheinlich gar nichts und habe mir außerdem für die Zukunft viele Chancen verbaut.

Jahrelang hat sich die PLO selbst manövrierunfähig gemacht, indem sie ihre »Trumpfkarte«, die Anerkennung Israels, zurückhielt, weil sie hoffte, sie später noch einmal mit Gewinn ausspielen zu können. Doch mit der Anerkennung verhält es sich wie mit einer Entschuldigung. Je länger man sie zurückhält, desto wertloser wird sie. Beide haben nur einen konstruktiven Effekt, wenn sie gewährt, aber nicht, wenn sie verweigert werden. Bei Verhandlungen um die gegenseitige Anerkennung zu feilschen, heißt, aufeinander Druck auszuüben. Ein solches Verhalten ruft Mißtrauen hervor und verhindert von vornherein, daß wir Optionen finden, die den widerstreitenden Interessen möglichst weit entgegenkommen. Am gravierendsten ist aber wahrscheinlich, daß dadurch feindselige Verhaltensmuster eingeführt werden, die die Umgangsweise der Betroffenen bis weit in die Zukunft hinein prägen.

Ich werde viel mehr Einfluß auf Sie haben, wenn ich mich mit Ihnen auseinandersetze, als wenn ich Sie ignoriere. Dies zeigt sich auch an den Unterschieden zwischen den USA und Japan, was die Beziehungen zwischen Unternehmern und Gewerkschaften angeht. Als in den USA die ersten Gewerkschaften entstanden, weigerten sich die Arbeitgeber grundsätzlich, sie anzuerkennen oder mit ihnen zu verhandeln. Ende des 19. und in der ersten Hälfte des 20. Jahrhunderts nahmen die Beziehungen zwischen Arbeitgebern und Arbeitnehmern einen feindseligen Charakter an. Dies ist auch heute noch so und hat zum Nachteil beider Seiten die Wettbewerbsfähigkeit der USA beeinträchtigt.

In Japan hingegen akzeptierte die Arbeitgeberseite zu einem frühen Zeitpunkt, daß die Arbeiter an den Entscheidungsfindungsprozessen teilhaben wollten. So konnten beide Seiten zusammenarbeiten, um die Arbeitsqualität und -effizienz zu steigern, wobei beide vom Anstieg der japanischen Exporte profitiert haben.

Zeigen Sie Interesse – dann werden Sie es auch empfinden

Aber auch wenn ich ernsthaft versuche, Sie zu akzeptieren, meine Vorurteile zu überwinden, Ihre Interessen zu berücksichtigen und Sie als gleichberechtigten Partner anzuerkennen – hat das Ganze überhaupt einen Sinn? Werden Sie meine Verstellung nicht sehr schnell durchschauen? Wenn ich mich Ihnen überlegen fühle, werden Sie dann nicht meine Herablassung am Ton meiner Stimme erkennen und an jeder meiner Bewegungen ablesen? Kann es denn irgendeinen Nutzen haben, wenn ich nur vorgebe, Sie zu akzeptieren? Und wenn ich Sie im Grunde meines Herzens wirklich als minderwertig und verachtenswert ansehe und Ihre Interessen am liebsten übergehen würde, was dann?

Diese Sorge ist durchaus berechtigt. Das Interesse am anderen wirkt sehr stark motivierend, wenn es darum geht, eine Beziehung zu verbessern. Jenen, die uns in irgendeiner Form besonders nahe stehen — Familien, Freunde und Verbündete —, bringen wir normalerweise besonders viel Anteilnahme entgegen. Es ist uns nicht egal, wie es ihnen ergeht. Wenn ich Interesse an Ihrer aktuellen und zukünftigen Situation habe, stellt das für mich eine Motivation dar, Probleme gemeinsam mit Ihnen zu lösen. Und wenn ich Ihnen dieses Interesse aufrichtig zeige, dann werden Sie wahrscheinlich eher geneigt sein, mit mir zusammen anstehende Fragen anzugehen. Außerdem wäre es unrealistisch, sollte ich für einen Gegner das gleiche Maß an Interesse empfinden wie für einen Freund. Wieviel Interesse müssen wir also den anderen entgegenbringen? Und wie können wir es aufbringen?

Grundsätzlich ist ein gewisses Interesse für den anderen unerläßlich, wenn eine Beziehung funktionieren soll. Behandle ich Sie wie ein Werkzeug, wie ein bloßes Mittel zur Verwirklichung meiner Ziele, besteht für Sie kein Anreiz, mit mir zusammenzuarbeiten. Sofern die Beziehung nicht ebenso Ihren wie meinen Plänen dient, wird sie wahrscheinlich keinem von uns beiden nützen. Fühlen sich beide Beziehungspartner instrumentalisiert, so ist die Beziehung wohl in keinem Fall ein zweckdienliches »Instrument«. Ich muß auch um Ihre Belange besorgt sein, damit Sie zu einer Kooperation mit mir bereit sind. Diese Sorge um den anderen ist teilweise rationaler, teilweise emotionaler Natur.

Als ersten Schritt muß ich mir verstandesmäßig bewußt werden, daß wir bis zu einem gewissen Grad gegenseitig voneinander abhängig sind. Ich muß mich mit der Tatsache vertraut machen, daß wir teils gemeinsame und teils widerstreitende Interessen haben und daß wir uns gemeinsam damit auseinandersetzen müssen, wenn wir zu einer vernünftigen Lösung gelangen wollen. So gesehen haben wir wohl oder übel eine Beziehung. Eine ambivalente Haltung — d.h. einerseits das Bewußtsein, daß ich mit Ihnen zusammenarbeiten muß, und andererseits die Ablehnung jedweder Beziehung zu Ihnen — kann mein Verhalten so beeinflussen, daß ich Sie dadurch verärgere und so eine effiziente Zusammenarbeit unmöglich mache.

In den Jahren von 1917 bis 1933 wollten die Amerikaner aufgrund der Aversion und vielleicht auch Furcht, die sie der UdSSR gegenüber empfanden, nichts mehr mit diesem Staat zu tun haben. Vom

Verstand her sahen die amerikanischen Diplomaten sehr wohl ein, daß die USA ihre Konflikte mit den Sowjets nur hätten beilegen können, wenn sie sie auch akzeptiert hätten. Doch waren die USA damals insgesamt gesehen nicht dazu in der Lage. Das Land mußte eine intellektuelle und politische Hemmschwelle überwinden, um sich selbst und der UdSSR gegenüber einzugestehen, daß seine Sicherheit und sein Wohlergehen davon abhingen, ob es sich mit der sowjetischen Regierung auseinandersetzen konnte.

Haben wir erst einmal verstandesmäßig erfaßt, daß unser Beziehungspartner für uns wichtig ist – daß wir also unsere Probleme nicht ohne ihn lösen können –, können wir uns mit gutem Gewissen so verhalten, daß sich unsere gemeinsame Fähigkeit, mit Meinungsverschiedenheiten umzugehen, verbessert. Es ist dann auch keine Heuchelei, die Ansichten und Interessen der anderen Seite in Erfahrung bringen zu wollen. Wir müssen diese nämlich kennen, um unsere eigenen Interessen voranzubringen.

Sobald ich einmal eine effiziente Beziehung *zu* Ihnen habe, werde ich wahrscheinlich auch anders *über* Sie denken. Wenn ich anfange, Sie als eine ernstzunehmende Person zu betrachten, die ein Recht auf eine eigene Meinung hat, werde ich möglicherweise die Erfahrung machen, daß Sie in manchen Bereichen ein größeres Wissen und größere Fähigkeiten als ich haben und daß manche Ihrer Ansichten durchaus Respekt verdienen. Wenn ich mich bemühe, Ihre Sichtweise zu verstehen, werde ich mit ziemlicher Sicherheit feststellen, daß meine eigenen Auffassungen mehr als vermutet von Vorurteilen geprägt sind. Verhalte ich mich so, als ob ich vertrauenswürdig wäre, so werde ich wahrscheinlich wirklich meine Zusagen eher einhalten. Höre ich aktiver zu und verhalte ich mich, als ob ich vernünftigen Argumenten gegenüber aufgeschlossen wäre, so werde ich möglicherweise zu meiner Überraschung feststellen, daß ich mich häufiger überzeugen lasse als vorher angenommen. Wenn ich Sie wie jemanden behandle der mir wichtig ist, dann werde ich mich bald wirklich für Ihre Person interessieren.

Eine Verhaltensänderung bewirkt immer eine Veränderung im Denken.

Wie läßt sich die Theorie in die Praxis umsetzen?

Wie lassen sich diese Vorschläge im konkreten Fall anwenden, um eine Beziehung von Anfang an konstruktiver zu gestalten? Kehren wir dazu noch einmal zu dem oben beschriebenen Autounfall mit der jungen Frau zurück. Ich sollte mich hier von vornherein um einen Gesprächston bemühen, der uns die Lösung unserer Probleme erleichtert. Wahrscheinlich wird sich aus diesem Gespräch keine längerfristige Beziehung ergeben, doch solange wir hier miteinander zu tun haben, kann ich das beste daraus machen.

Anstatt einer Konfrontation:	*Versuchen Sie, die Gegenseite zu akzeptieren:*
Klischeevorstellungen: *»Frau am Steuer.«*	Beschäftigen Sie sich mit der individuellen Person: *»Würden Sie mir bitte Ihren Namen sagen?«* Versuchen Sie, etwas über ihre Sichtweise zu erfahren: *»Wie konnte das denn Ihrer Meinung nach passieren?«*
Abwertung der anderen Person: *»Wie kann man nur so dämlich autofahren?«*	Zeigen Sie Anteilnahme und Respekt: *»Sind Sie verletzt?«*
Ablehnung ihrer Sichtweise: *»Kommen Sie mir bloß nicht mit irgendwelchen Entschuldigungen.«*	Seien Sie aufgeschlossen und bemühen Sie sich um Verständnis: *»Ich glaube, ich verstehe, wie es dazu kommen konnte.«*
Weigerung, sie ernst zu nehmen: *»Wer ist für Sie verantwortlich?«*	Fragen Sie sie um Rat: *»Was meinen Sie, was wir jetzt tun sollten?«*

Man kann nie im voraus wissen, was man alles nicht erfahren wird, wenn man nicht aufgeschlossen auf den anderen zugeht. Im eben beschriebenen Fall wäre es durchaus möglich, daß die junge Frau eine gutsituierte Ärztin ist, die gerade eilig zu einem Notfall unterwegs war; der Unfall ist ihr entsetzlich peinlich, sie gibt sich selbst die Schuld daran und wollte mir gerade anbieten, für die Reparatur beider Autos aufzukommen – bis ich sie durch mein feindseliges Verhalten verärgert habe.

Eine akzeptierende Haltung gegenüber dem Beziehungspartner kommt nicht von allein. Und ebensowenig ist eine solche Einstellung nur beim allerersten Zusammentreffen von Belang. Eine Beziehung läßt sich nicht dadurch aufbauen, daß man in schönen Worten eine Entschließung abfaßt, sie annimmt und dann so schnell wie möglich vergißt. Eine Beziehung gleicht eher einem Garten: Sie ist in ständigem Wandel begriffen und braucht regelmäßige Pflege, sonst verkommt sie. Dem anderen zu zeigen, daß man ihn akzeptiert, ist sowohl ein Ausgangspunkt als auch eine ständige Notwendigkeit. Jedesmal, wenn das Verhältnis durch irgendeinen Vorfall getrübt wird, haben wir die Wahl, den anderen entweder zu verurteilen und abzulehnen oder unser Interesse an ihm zu bekunden, indem wir ihn als ernstzunehmende Person behandeln. Wenn wir uns entschließen, uns ehrlich mit der Gegenseite auseinanderzusetzen, so werden wir eher in der Lage sein, unsere Meinungsverschiedenheiten auf vernünftigem Wege zu klären.

III. Die einzelnen Elemente und das Ganze

10. Kohärenz

Achten Sie darauf, daß alles zusammenpaßt

Vieles – vielleicht sogar das meiste – von dem, was in diesem Buch beschrieben wird, ist schlicht gesunder Menschenverstand in geordneter Form. Manches möchten Sie sicher aufgrund Ihrer persönlichen Erfahrungen bestätigen; vieles war Ihnen zweifellos auch schon bekannt. Trotzdem bleibt es immer noch schwierig, Beziehungen zu entwickeln, die es erlauben, Meinungsunterschiede erfolgreich zu bewältigen. Dies gilt für persönliche ebenso wie für geschäftliche und internationale Beziehungen.

Wenn also ein Großteil von dem, was in diesem Buch vorgeschlagen wird, lediglich der praktischen Vernunft entspringt: Warum gibt es dann immer noch Beziehungen, die nicht funktionieren? Warum ist die Lücke zwischen Einsicht und Praxis so groß? Eine Erklärung hierfür könnte darin liegen, daß wir zwar eine Vielzahl verschiedener guter Ratschläge kennen, doch diese dann nicht in jener konsequenten Weise anwenden, die allein erst eine stabile und effiziente Beziehung ermöglichen würde.

Die für das Funktionieren einer Beziehung verantwortlichen Elemente stellen ein zusammenhängendes System dar. Schon das Fehlen eines einzigen Bestandteils schadet dem Ganzen. Rationales Verhalten und gute Kommunikation können keine funktionierende Beziehung garantieren, wenn das beiderseitige Verhältnis ansonsten von Mißverständnissen, Mißtrauen, Druck und Ablehnung geprägt ist.

Häufig unternehmen wir Schritte, die jeweils für sich genommen angemessen erscheinen; insgesamt gesehen ergeben sie jedoch eine wenig kohärente Strategie. Wenn sie der gegebenen Situation nicht entsprechen, nicht miteinander harmonieren und nicht mit unseren inneren Überzeugungen übereinstimmen, wird sich damit keine effiziente Beziehung aufbauen lassen.

Deshalb wird mir daran liegen, diese Schwierigkeiten zu überwinden, und ich werde versuchen, die einzelnen Elemente so miteinander zu verbinden, daß meine Schritte:

- in bezug auf die spezielle Beziehung und Situation übereinstimmen;
- miteinander übereinstimmen;
- und mit meinen Überzeugungen übereinstimmen.

Ihr Verhalten sollte mit der Beziehung und der Situation übereinstimmen

Bisher wurden in diesem Buch Eigenschaften erörtert, die in jeder Art von Beziehung, sei sie nun persönlicher, geschäftlicher oder politischer Natur, wünschenswert sind. Dabei wurde von der Hypothese ausgegangen, daß eine allgemeine Theorie hilfreicher und wirkungsvoller sei als Vorschläge, die sich nur in einem ganz bestimmten Kontext anwenden lassen. Generell fällt es uns wohl auch leichter, die in einer Geschäftsbeziehung oder auf internationaler Ebene existierenden Schwierigkeiten zu verstehen, wenn wir sie im Rahmen eines persönlichen Verhältnisses sehen. Außerdem sind Verständnis, Vertrauenswürdigkeit und eine gute Kommunikation in jeder Art von Beziehung von Nutzen. Doch wenn wir diese unbestritten wertvollen Richtlinien im konkreten Fall anwenden, ist große Sorgfalt angebracht. Jede Beziehung ist anders, weshalb wir bei unseren Bemühungen jeweils die im speziellen Fall gegebenen Bedingungen berücksichtigen müssen.

Manche von uns legen fast in allen Situationen die gleichen Verhaltensmuster an den Tag. Oft gehen wir dabei so mit anderen Menschen um, wie wir es von unseren Eltern gelernt haben. So zum Beispiel, wenn wir bei einem Streit mit einem Familienmitglied jedesmal den Raum verlassen und einen Spaziergang machen. Vielleicht stellen wir mit der Zeit fest, daß unser Verhalten auch bei anderen Menschen eine Wirkung zeigt, und benehmen uns dann bei ihnen ebenso. Und mit zunehmendem Alter versteifen wir uns auf ein bestimmtes Verhalten.

Eine solch einseitige Vorgehensweise wird zwar einige gute, aber auch viele schlechte Beziehungen hervorbringen. Manche Menschen legen besonderen Wert darauf, daß man ihnen zuhört und sie auch wirklich versteht, andere erwarten vor allem Anerkennung und Interesse von der anderen Seite; manche brauchen ein großes Maß an Sicherheit, während andere explodieren, wenn sie nur den leisesten Hauch von Zwang verspüren. Wir können also nicht erwarten, daß wir mit immer dem gleichen Verhalten zu allen Menschen eine gute, funktionierende Beziehung herstellen können.

Achten Sie auf die besonderen Eigenschaften Ihres Beziehungspartners. Generell sollte ich versuchen, mein Verhalten auf die spezielle Person abzustimmen, zu der ich eine Beziehung aufbauen möchte – auf Sie. Und ganz egal wie sehr ich bereit bin, Ihnen zuzuhören und Sie zu akzeptieren; gleichgültig, für wie rational, verständnisvoll, vertrauenswürdig und offen ich *mich* halte – was zählt, sind Ihre Sichtweise und Ihre Bedürfnisse und Meinungen.

Ich muß verstehen, wodurch Sie anders und einzigartig sind. Falls Sie zum Beispiel ein Mensch sind, der ein hohes Maß an Zuverlässigkeit erwartet, sollte ich mich möglichst unter allen Umständen vertrauenswürdig zeigen. Sind Sie in der Kreditabteilung der Bank beschäftigt, zu der meine Firma ständige Geschäftsbeziehungen unterhält, sollte ich versuchen, nicht nur über Sie persönlich etwas herauszufinden, sondern auch über die Anforderungen, die Ihre Arbeit an Sie stellt und über die Entscheidungsfindungsprozesse in Ihrer Bank.

Beziehungen können sich in den folgenden Bereichen beträchtlich voneinander unterscheiden:

Emotionen. Manche Menschen sind sehr viel emotionaler veranlagt als andere. Sie verleihen ihren Gefühlen viel ungebremster Ausdruck und werden stärker von ihnen beeinflußt. Auch wenn ich nicht in der Lage bin, meine Gefühlslage auf die Ihrige abzustimmen, so sollte ich mir doch zumindest bestehender Unterschiede bewußt sein. Nehme ich zum Beispiel ein Problem mit kühler Logik in

Angriff, während Sie sehr gefühlsbetont daran herangehen, dann wird das mehr Probleme schaffen als lösen. Ich muß also versuchen, das emotionale Klima eines Zusammentreffens vorauszuahnen und mein Verhalten darauf abzustimmen.

Erwartungen. Ihre Erwartungen haben auf jeden Fall einen Einfluß auf Ihre Reaktionen. Um erfolgreich mit Ihnen zu verhandeln, muß ich alle Ihre Ansprüche kennen: in bezug auf Beziehungen allgemein, in bezug auf unser konkretes Zusammentreffen, in bezug auf meine Person usw. Mag ich auch nicht bereit sein, mich Ihren Vorstellungen anzupassen, so lassen sich durch deren Kenntnis doch leichter unnötige Konflikte vermeiden.

Geschwindigkeit. Bedeutende interkulturelle Unterschiede bestehen auch bezüglich der Geschwindigkeit, mit der Menschen handeln, bzw. bezüglich des Tempos, mit dem ihrer Meinung nach andere vorgehen sollten. Amerikaner, und das gilt besonders für das Geschäftsmilieu der Ostküste, legen oft eine große Hektik an den Tag; Zusammenkünfte und Reisepläne sind von der Zeit her sehr knapp kalkuliert. Bei anderen Völkern und in anderen Teilen der Welt verläuft das Leben gemächlicher. Wenn ich also weiß, welchen Rhythmus mein Verhandlungspartner gewöhnt ist, so kann das unsere Zusammenarbeit erheblich erleichtern.

Was sich gehört und was nicht. In jeder Kultur – und jeder Familie – entwickeln sich Verhaltensmuster, die nicht nur die Erwartungen der Menschen bestimmen, sondern auch dafür entscheidend sind, wie gut ich mit dem Verhalten anderer zurechtkomme. Manches tut man eben und manches nicht. Es ist oft nicht leicht, uns unserer eigenen »Spielregeln« und der unseres Beziehungspartners bewußt zu werden – und manchmal auch sehr schmerzhaft. So muß vielleicht eine frischverheiratete Frau schockiert feststellen, daß ihr Mann schon am Heiligen Abend seine Geschenke öffnet, anstatt bis zum Weihnachtsmorgen zu warten! Wenn schon solche trivialen Angelegenheiten problematisch sein können, dann läßt sich leicht ermessen, welche Schwierigkeiten sich ergeben, falls wir entdecken, daß der andere in sehr viel wichtigeren Bereichen andere Gewohnheiten hat als wir. Kennen wir die dahinterstehenden Verhaltensmaßregeln nicht, wird das wahrscheinlich die Lösung unserer Probleme erheblich erschweren.

Förmlichkeit und Reserviertheit. Es existieren ebenfalls bestimmte Normen dafür, wie formell Menschen miteinander umgehen. Israelis und Amerikaner von der Westküste beispielsweise geben sich meist betont informell. Häufig sprechen sie andere gleich mit dem Vornamen an, kleiden sich leger und erscheinen gern unerwartet. In vielen anderen Ländern der Welt – zum Beispiel in England und Japan – sind formellere Umgangsformen üblich. Ein höheres Maß an Förmlichkeit geht darüber hinaus meistens einher mit persönlicher Zurückhaltung, mehr Respekt vor der Privatsphäre des anderen und einer größeren sozialen Distanz in persönlichen Angelegenheiten.

Um mein Handeln einer gegebenen Situation anzupassen, muß ich versuchen zu erkennen, wie es bei meinem Beziehungspartner um all diese Verhaltensnormen bestellt ist.

Versuchen Sie den Zustand der Beziehung einzuschätzen. Bevor wir uns bemühen, eine Beziehung zu verbessern, sollten wir versuchen, die aktuelle Situation zu bewerten. Das gilt besonders dann, wenn ein Verhältnis – ob es nun persönlicher Natur ist, wie unter Ehepartnern, oder auf institutioneller Ebene besteht, wie bei zwei Regierungen – schon gefestigt ist. In länger dauernden Beziehungen entwickeln sich oft festgefahrene Gewohnheiten, die einer kritischen Überprüfung bedürfen.

Ein solches Verhältnis von Zeit zu Zeit unter die Lupe zu nehmen, kann die Entstehung ernsthafter Probleme verhindern. Nur zu oft gehen wir in diesem Bereich, wie bei unserer Gesundheit, solange davon aus, daß alles in Ordnung ist, bis irgendwelche Schwierigkeiten auftreten. Ebenso wie eine regelmäßige Untersuchung durch einen Arzt unserer Gesundheit dienlich ist, kann eine gelegentliche gedankliche Überprüfung einer wichtigen Beziehung dazu beitragen, sie in gutem Zustand zu erhalten. Es kann daher sinnvoll sein, ganz allgemein über das eigentliche Ziel der Beziehung und die zu seinem Erreichen benötigte Strategie nachzudenken. Wenn wir jedes Element – möglichst zusammen mit dem Beziehungspartner – überprüfen, werden wir möglicherweise Bereiche entdecken, die besonderer Aufmerksamkeit bedürfen. Sich zusammenzusetzen, um die letzten Zusammenkünfte zu rekapitulieren und sich eine Reihe spezieller diskussionswürdiger Fragen zu überlegen, kann uns neue Anregungen für eine Verbesserung unseres Interaktionsmusters liefern. Genauso wie ein Arzt, der sich bei einer Untersuchung einer Chekkliste bedient, könnte ich die folgende Aufstellung verwenden, um zu sehen, wie gut unsere Beziehung funktioniert:

Wie gut ist unsere Beziehung?

Eine Checkliste

Ziel

Versuche ich, aus dieser Beziehung als Sieger hervorzugehen, oder bemühe ich mich, sie zu verbessern?
Wie gut lösen wir unsere Schwierigkeiten?
Wie oft denke ich über eine Verbesserung unserer langfristigen Zusammenarbeit nach?

Allgemeine Strategie

Beeinträchtigen wichtige Sachprobleme unsere Fähigkeit zur Zusammenarbeit?
Neige ich dazu, in einer Weise auf Sie zu reagieren, die unser zukünftiges Verhältnis verschlechtern könnte?
Ignoriere ich Probleme oder kehre ich sie unter den Teppich, anstatt mich mit Ihnen auseinanderzusetzen?

Gleichgewicht zwischen Gefühl und Vernunft

Bewußtsein: Welche Emotionen, sowohl von meiner als auch von Ihrer Seite, beeinflussen die Art und Weise, wie wir miteinander umgehen?
Auswirkungen: Inwiefern sind unsere Emotionen bei der Entscheidungsfindung nützlich oder störend?

Gegenseitiges Verständnis

Wie gut kann ich Ihre Auffassungen, Interessen, Wertvorstellungen und Beweggründe nachfühlen?
Kann ich diese in für Sie zufriedenstellender Weise in meinen Worten wiedergeben?
Wie gut verstehen Sie meine Auffassungen, Interessen, Wertvorstellungen und Beweggründe?
Können Sie diese in für mich zufriedenstellender Weise in Worte fassen?

Wie effizient gestaltet sich unsere Kommunikation?

Halte ich regelmäßig Rücksprache mit Ihnen, bevor ich Entscheidungen treffe?
Gibt es wichtige Themen, über die wir nicht sprechen? Warum vermeiden wir dieses Thema?
Wie ausgiebig und häufig betreiben wir einen Meinungsaustausch? Höre ich Ihnen dann auch zu?

Vertrauenswürdigkeit: Wieviel Vertrauen haben Sie in mein zukünftiges Vorgehen?

Könnte ich zuverlässiger sein? Auf welche Weise könnte mir das gelingen?
Wie kann ich meine Vertrauenswürdigkeit verbessern?
Können mir Ihre Beobachtungen Hinweise darauf geben, was ich an meinem Verhalten ändern sollte?
Für wie risikoreich halte ich es, Ihnen zu vertrauen? Sind meine Bedenken wirklich begründet?

Überzeugen oder Druck ausüben

Bemühe ich mich, Sie in jedem einzelnen Fall mit sachlichen Argumenten zu überzeugen?
Könnte ich mich selbst aufgeschlossener für überzeugende Argumente zeigen? Wie könnte mir das gelingen?
Verzichte ich auf Drohungen, Warnungen, frühzeitige Festlegungen und auf eine »Entweder/Oder«-Taktik?

Gegenseitiges Akzeptieren

Akzeptiere ich Sie als jemanden, der es wert ist, daß ich mich mit ihm auseinandersetze?
Nehme ich Sie im Rahmen meiner Weltanschauung ernst?
Schenke ich Ihren Interessen und Ansichten wirklich Beachtung?
Erkenne ich an, daß unsere Beziehung potentiell langfristiger Natur ist?

Mit einer gewissen Übung werden wir die in einer Beziehung auftauchenden Probleme schnell erkennen, uns damit auseinandersetzen, sofern sie gerade akut sind und auf eine Checkliste verzichten können. Doch ist es sinnvoll, ab und zu all die genannten Elemente zu überprüfen und sich zu überlegen, was sich daran verbessern ließe.

Obwohl viele der in diesem Buch enthaltenen Ratschläge lediglich dem gesunden Menschenverstand entspringen, fallen wir doch alle hin und wieder in kontraproduktive Verhaltensweisen zurück.

Manche unserer wichtigen Beziehungen weisen gewisse Schwachstellen auf. Das gilt zum Beispiel für das Verhältnis zwischen den USA und der UdSSR, wo jede Regierung sich immer wieder in einer Weise verhält, die wir normalerweise nicht für vernünftig halten.

Das Gipfeltreffen zwischen Präsident Reagan und Generalsekretär Gorbatschow in Washington im Dezember 1987 bot eine günstige Gelegenheit, um über die Geschichte der Beziehungen zwischen beiden Ländern und über die unmittelbaren Chancen für eine Veränderung nachzudenken. Erstellt man eine vollständige Analyse der Beziehungen, fallen einige Aspekte besonders ins Auge.

Ziele. Viele Politiker beider Regierungen halten es vor allem für wichtig, daß jeweils die andere Regierung ihre Sachpolitik ändert und messen den Erfolg der Beziehungen nur an diesem Kriterium. Vielerorts wurde das Treffen von Rejkjavik im Jahre 1986 als Fehlschlag betrachtet, weil die beiden Parteien zu keiner Übereinkunft gelangt waren. Und sogar während des Gipfels im Dezember 1987 bemerkte ein Sprecher des sowjetischen Außenministeriums, daß er die Zusammenkunft nur als Erfolg werten würde, »wenn wir den Boden« für »ein zweites Abkommen über strategische Waffen bereiten« können *(New York Times,* 8. Dez. 1987, S. A14). Doch ließen die beiden Staatschefs in Washington auch durchscheinen, daß es Chancen für eine längerfristige Beziehung gäbe. So erklärte Präsident Reagan: »Wir können nur hoffen, daß dieses historische Abkommen keinen Schlußpunkt bedeutet, sondern den Beginn einer funktionierenden Beziehung, die es uns ermöglicht, andere vor uns liegende dringende Probleme zu bewältigen.« *(Washington Post,* 9. Dez. 1987, S. A28)

Strategie. Sowohl die amerikanische als auch die sowjetische Regierung vermischen Sachprobleme gern mit Beziehungsproblemen und spielen beide gegeneinander aus. Historisch gesehen haben sich die Beziehungen zwischen beiden Staaten immer genau dann verschlechtert, wenn die Streitigkeiten einen kritischen Punkt erreicht hatten. Der »Geist von Camp David«, der auf dem Gipfeltreffen zwischen Präsident Dwight. D. Eisenhower und Generalsekretär Nikita Chruschtschow im Jahre 1959 geherrscht hatte, wurde zerstört, als die Sowjets über ihrem Territorium ein U-2 Spionageflugzeug abschossen. Ähnlich scheiterte die Entspannungspolitik der siebziger

Jahre an den Konflikten, die sich aus Auswanderungs- und Handelsbeschränkungen und aus der militärischen Unterstützung von Aufständen in Angola und anderswo ergaben. 1980 entschied sich Präsident Carter zum Boykott der Olympischen Spiele in Moskau, um damit gegen den sowjetischen Einmarsch in Afghanistan zu protestieren. Zwar mochte man von mancher Seite meinen, daß dies schlicht ein auf Gegenseitigkeit basierendes Verhalten gewesen sei, doch bedeutete das einen Rückschlag in den Bemühungen, das Verständnis und Vertrauen zwischen beiden Ländern zu fördern. In der jüngeren Vergangenheit haben die USA ihre Bereitschaft mit den Sowjets zusammenzuarbeiten, häufig von einer Änderung der Menschenrechtssituation in der UdSSR abhängig gemacht. So erklärte zum Beispiel der Vertreter der USA bei der Helsinki-Nachfolgekonferenz im Mai 1985, daß »jede Verbesserung der bilateralen Beziehungen unauflöslich mit Fortschritten im Bereich der Menschenrechte verknüpft« sein müsse *(New York Times,* 16. Mai 1985, S. A14). Und noch kurz vor dem Treffen in Rejkjavik betonte Präsident Reagan: »Ich werde Herrn Gorbatschow deutlich machen, daß sich in der Sowjetunion auf dem Gebiet der Menschenrechte wirklich etwas bewegen muß, damit ein politisches Klima entstehen kann, welches für bleibende Fortschritte in anderen Fragen notwendig ist.« *(New York Times,* 8. Okt. 1986, S. A6)

Einige Monate vorher hatte die UdSSR als Reaktion auf die amerikanische Bombardierung Lybiens im April 1986 ein Treffen zwischen den Außenministern Eduard Schewardnadse und George Shultz abgesagt, das eigentlich die Basis für die Gespräche in Rejkjavik schaffen sollte. »Die sowjetische Führung hat bereits früher davor gewarnt, daß ein solches Vorgehen sich unweigerlich nachteilig auf die Beziehungen zwischen der UdSSR und den USA auswirken würde. Leider ist diese Warnung in Washington nicht beherzigt worden. Infolgedessen ist die amerikanische Regierung dafür verantwortlich, daß das geplante Treffen der beiden Außenminister zum gegenwärtigen Zeitpunkt nicht stattfinden kann.« *(New York Times,* 16. Apr. 1986, S. A19)

Auf dem Gipfel im Dezember 1987 jedoch ließen die Äußerungen der beiden Staatschefs darauf hoffen, daß sie sich in Zukunft bemühen würden, zusammenzuarbeiten, trotz und sogar gerade wegen ihrer gravierenden Meinungsverschiedenheiten in Sachfragen. Präsident Reagan bemerkte, daß »wir zwar grundlegend anderer Auffassung darüber sind, wie menschliche Gemeinschaften sich regieren sollten, doch sind wir nichtsdestotrotz zu einer Zusammenarbeit in der Lage.« Und Generalsekretär Gorbatschow meinte: »Ohne die großen politischen und ideologischen Unterschiede zwischen uns herunterspielen zu wollen, wollen wir uns doch bemühen, Wege der Annäherung in Bereichen zu finden, die für unsere beiden Länder und für die gesamte Menschheit von essentieller Bedeutung sind.« (*Washington Post,* 9. Dez. 1987, S. A29)

Gefühle. Die Beziehungen zwischen der UdSSR und den USA sind schon seit langer Zeit von Angst und Mißtrauen geprägt. Generalsekretär Gorbatschow gab dies auf dem Gipfeltreffen im Dezember 1987 zu, als er erklärte, daß jede Annäherung zwischen beiden Ländern nur durch einen Kampf gegen »alte Ängste und Klischees« möglich sei (*New York Times,* 9. Dez. 1987, S. A20). Auf dem Washingtoner Treffen kam hingegen sogar ein der beiderseitigen Zusammenarbeit förderlicher Enthusiasmus auf. Jedoch schlugen die Wogen so hoch, daß nun die Gefahr bestand, daß die Vernunft von Euphorie überwältigt würde. Ein Regierungsbeamter bemerkte damals, daß die Atmosphäre so positiv sei, daß »das größte Problem darin besteht, den Enthusiasmus zu dämpfen« (*Washington Post,* 9. Dez. 1987, S. A24).

Verständnis. Die USA und die UdSSR haben wenig Verständnis füreinander. Was zum Beispiel das Problem der Strategischen Verteidigungsinitiative (das sogenannte »Star Wars«-Projekt) angeht, so hat sich jede Regierung auf eine Position versteift, die es ihr nicht mehr erlaubt, die Interessen der anderen Seite zu begreifen. Die USA erkannten 1985, daß die von den Sowjets gebauten Defensivwaffen »unter Umständen einen Erstschlag ermöglichen könnten« (*New York Times,* 20. März 1985, S. A19), doch wollten sie nicht einsehen, daß die amerikanischen Abwehrwaffen bei den Sowjets möglicherweise ähnliche Befürchtungen hervorrufen könnten. Ebenso scheinen die Sowjets jene Auffassung der USA nicht zu verstehen, derzufolge Defensivwaffen unter gewissen Umständen tatsächlich die militärische Lage stabilisieren können.

Kommunikation. Beide Regierungen beeinträchtigen die gegenseitige Verständigung, indem sie meist ein sehr heterogenes Publikum ansprechen. Jede Staatsführung wendet sich in ihren öffentlichen Verlautbarungen sowohl an das eigene Volk, an ihre Verbündeten, an den eigenen Verwaltungsapparat als natürlich auch an die jeweils andere Regierung. Nach dem Gipfeltreffen von Rejkjavik übermittelte die Regierung Reagan den Sowjets eine recht verwirrende Botschaft, weil sie versuchte, die Zusammenkunft in einer Weise zu interpretieren, die die amerikanischen Konservativen beschwichtigen sollte. Generalsekretär Gorbatschow reagierte daraufhin folgendermaßen: »Nicht genug, daß die Vereinigten Staaten ein völlig verzerrtes Bild von den Verhandlungen in Rejkjavik entworfen haben, so haben sie darüber hinaus in den letzten Tagen ein Handeln an den Tag gelegt, das angesichts des vorangegangenen Treffens nach normalem menschlichen Ermessen schlichtweg unsinnig wirkt ... Was für eine Regierung ist das, was kann man unter diesen Umständen in anderen weltpolitischen Angelegenheiten von ihr erwarten? Wie weit wird sie in ihrem unberechenbaren Verhalten noch gehen?« (*New York Times,* 23. Okt. 1986, S. A12)

Dergleichen Probleme haben auch die Sowjets schon oft durch einen Mangel an Offenheit und Klarheit heraufbeschworen. Besonders deutlich wurde das nach der Tschernobyl-Katastrophe, wo sie den westlichen Ländern zunächst genauere Informationen über den Unfall verweigerten.

Vertrauen. Jede Regierung hegt tiefes Mißtrauen gegenüber den Absichten und dem Handeln der anderen Seite. Doch konzentrieren sich beide eher auf die Übergriffe der anderen Regierung anstatt sich darüber Gedanken zu machen, wie sie selbst das Vertrauen in der Beziehung fördern könnten. Teilweise mißtrauen die USA der UdSSR deshalb, weil diese in der Vergangenheit ein aggressives und unzuverlässiges Verhalten gezeigt haben. Doch hat die Reaktion der Regierung Reagan die Situation oft noch verschlimmert. 1985 empfahlen Außenminister Caspar Weinberger und CIA-Chef William Casey, daß die USA den SALT II-Vertrag nicht ratifizieren sollten, und konnten sich schließlich damit durchsetzen. Als Begründung für ihren Vorschlag führten sie an, daß dies »die einzige Möglichkeit für die Vereinigten Staaten sei, zu demonstrieren, daß sie die Einhaltung des Vertrags ernst nähmen« *(New York Times,* 31. Mai 1985, S. A3). Ein solches Argument kann bestenfalls verwirren.

Sowohl Präsident Reagan als auch Generalsekretär Gorbatschow äußerten während des Gipfeltreffens in Washington den Wunsch nach größerem gegenseitigen Vertrauen, jedoch sprach keiner von beiden darüber, was er selbst dazu beitragen könne, um dies zu ermöglichen. Jeder der beiden Staatschefs hätte sein eigenes Verhalten ändern können, beispielsweise durch das Bemühen, auch weniger wichtige Versprechen ernst zu nehmen, und durch eine vorsichtige, möglichst vorurteilsfreie Abwägung der Risiken, die sich für die eine Seite ergeben könnten, wenn sie den Versprechen der anderen Glauben schenkt.

Druck. Jede der beiden Regierungen versucht immer wieder, die Politik der anderen Seite durch Druck zu beeinflussen. So ist die UdSSR bestrebt, die USA auf diese Weise zu einer Einstellung ihrer Militärhilfe für die Contras in Nicaragua zu bewegen, während die USA die Sowjets durch Zwang zu einer Verbesserung der Menschenrechtssituation und zu einem Rückzug aus Afghanistan bewegen wollen.

Gern wird auch die öffentliche Meinung als Druckmittel gegen die andere Seite eingesetzt. So bemerkte 1985 ein amerikanischer Regierungsbeamter, der an den Genfer Abrüstungsgesprächen beteiligt war: »Dies wird in den westlichen Medien und Parlamenten ausgefochten werden, und nicht hier in Genf mit Hilfe von Logik und Vernunft.« *(New York Times,* 21. März 1985, S. A10) Der ehemalige Präsident Richard Nixon hatte den erpresserischen Charakter dieser Öffentlichkeitsdiplomatie erkannt und war sich ihrer Wirkungslosigkeit in bezug auf die Menschenrechte deutlich bewußt: »Wir sollten Menschenrechtsfragen als ein vorrangiges Thema der stillen Diplomatie betrachten, anstatt sie öffentlich abzuhandeln . . . Je mehr öffentlichen Druck wir auf die sowjetische Führung ausüben, desto unnachgiebiger wird sie sich zeigen.« *(Christian Science Monitor,* 31. Okt. 1985, S. 12)

Heute, im Frühjahr 1988, läßt sich noch nicht absehen, ob die beiden Männer an der Spitze der Supermächte erkannt haben, daß überzeugende Argumente ein besseres Mittel der Beeinflussung sind als die Ausübung von Druck. Lediglich während der Abschlußzeremonie des Gipfeltreffens vom Dezember 1987 bemerkte Präsident Reagan: »Wir haben bewiesen, daß sogar Gegner, die grundlegend verschiedene ideologische Überzeugungen vertreten, offen und mit gegenseitigem Respekt miteinander reden und mit einiger Hartnäkkigkeit und Geduld eine gemeinsame Basis finden können.« *(New York Times,* 11. Dez. 1987, S. A22)

Gegenseitiges Akzeptieren. Die Regierungen der USA und der UdSSR sind einander immer wieder mit Verachtung und Ablehnung begegnet. 1982 bezeichnete Präsident Reagan die Sowjetunion als das »Reich des Bösen«, und die sowjetische Führung nannte die USA einen »imperialistischen Unterdrücker«. Diese Schimpfnamen drükken eine heftig empfundene Ablehnung aus, und beide Regierungen waren immer rasch zu einer moralischen Verurteilung der anderen Seite bereit. 1986 bekräftigte Präsident Reagan seinen Wunsch, »die entscheidenden moralischen Unterschiede [zwischen den beiden Ländern] deutlich zu machen« *(New York Times,* 7. Okt. 1986, S. A4). Und die Sowjets haben unter Hinweis auf Obdachlosigkeit, Armut und Drogenabhängigkeit immer wieder auf die moralische Verwerflichkeit des Kapitalismus und der westlichen Gesellschaft hingewiesen. Solche Urteile waren alles andere als konstruktiv, weil sie in jedem Land die Bereitschaft minderten, sich mit der anderen Seite auseinanderzusetzen.

Auf dem Gipfel in Washington jedoch wurde ein anderer Ton spürbar, der die Bereitschaft, sich gegenseitig zu akzeptieren, zum Ausdruck brachte. So erklärte Generalsekretär Gorbatschow: »Wir sind uns unserer Interessen wohl bewußt, doch sind wir bereit, uns als gleichberechtigte Partner auf halbem Wege mit Ihnen zu treffen.« *(Washington Post,* 9. Dez. 1987, S. A29) Ebenso äußerte Präsident Reagan den Wunsch, mit der sowjetischen Regierung »zusammenzuarbeiten«.

Würden die USA und die UdSSR ihre Beziehung regelmäßig kritisch überprüfen, würden sie wahrscheinlich mehr darauf achten, einander mehr Anerkennung und Verständnis entgegenzubringen, sich vertrauenswürdig zu verhalten und sich auf möglichst klare und unmißverständliche Weise miteinander zu verständigen. Beide Regierungen würden auf diese Weise immer wieder daran erinnert, daß sie aus vielen Gründen das gemeinsame Interesse und die gemeinsame Aufgabe haben, ihre Meinungsverschiedenheiten auf vernünftigem Wege zu klären. Eine besser funktionierende Beziehung könnte beide Länder von den ökonomischen Zwängen der Aufrüstung befreien und die Welt vor den schlimmstmöglichen Konsequenzen einer schlechten Beziehung bewahren.

Konzentrieren Sie sich vor allem auf die wichtigeren Beziehungen. Verständnis für den Beziehungspartner zu entwickeln, den aktuellen Zustand aller in einer Beziehung wichtigen Elemente einzuschätzen und unser Vorgehen so zu planen, daß es der jeweiligen Situation und den beteiligten Personen angemessen ist – all das kostet Mühe. Und manchmal ist eine Beziehung diese Anstrengungen nicht wert. So ist es für mich sicherlich viel weniger wichtig, ein gutes Verhältnis zu dem Lebensmittelhändler an der Ecke zu haben als zu meiner Schwiegertochter oder meiner Frau. Ebenso haben die Beziehungen zu Albanien für die amerikanische Regierung viel geringere Bedeutung als das Verhältnis zur Sowjetunion. Wenn wir unsere Beziehungen zu anderen überprüfen, sollten wir also abschätzen, wie wichtig sie für uns sind und unsere Aufmerksamkeit entsprechend verteilen.

Bemühen Sie sich um ein kohärentes Vorgehen

Alle Elemente einer funktionierenden Beziehung wirken zusammen. Oft achten wir bei uns selbst nur auf ein oder zwei Faktoren, entdecken aber im Verhalten anderer alle möglichen Fehler. Ein Mann, der seine Liebesbeziehung zu einer Frau beendet, könnte in etwa folgendes sagen: »Ich dachte, wir hätten eine wunderbare Beziehung, weil wir über alles reden konnten. Doch im Grunde habe ich mich manipuliert gefühlt – immer wollte sie, daß alles nach ihrem Kopf geht.« Die Frau hingegen könnte ganz anderer Auffassung sein: »Sicher, wir haben immer über alles gesprochen, doch hat er mir immer das Gefühl vermittelt, daß meine Meinung nicht viel wert sei.«

Dieses Paar wäre vielleicht in der Lage gewesen, seine Schwierigkeiten zu bewältigen, wenn es nicht nur auf das Problem der Kommunikation geachtet hätte, sondern auch an anderen wichtigen Elementen, allem voran an der gegenseitigen Anerkennung und dem gegenseitigen Verständnis gearbeitet hätte.

Schon das Fehlen eines einzigen Elementes kann einer Beziehung schaden. Wenn ich mit einem Angehörigen einer anderen Kultur zusammentreffe – einem Afghanen oder Japaner zum Beispiel –, mag ich mir noch so große Mühe geben, ihn zu akzeptieren, mich rational, verständigungsbereit, vertrauenswürdig und offen für überzeugende Argumente zu zeigen: Sofern ich nicht in der Lage bin, seine Weltsicht zu verstehen, werden wir höchstwahrscheinlich nicht erfolgreich zusammenarbeiten.

Es ist nicht allzu schwer, sein Vorgehen kohärent zu gestalten, wenn man lediglich das Ziel verfolgt, eine Beziehung zu verbessern. Jedoch ist es schwieriger, sein Handeln aufeinander abzustimmen, wenn – wie es fast immer der Fall ist – unsere Schritte auch einem konkreten Sachziel dienen sollen. In einem solchen Fall handle ich an einem Tag möglicherweise so und am nächsten Tag aufgrund neuer Fakten oder einer Streßsituation ganz anders. Vielleicht zeige ich auch verschiedenen Leuten gegenüber ein unterschiedliches Verhalten. Diese Ungereimtheiten werden den anderen wahrscheinlich auffallen, und sie werden meine Glaubwürdigkeit in Frage stellen.

Unsere Fähigkeit, Meinungsverschiedenheiten zu bewältigen, wird in dem Maße zunehmen, wie sich alle unsere Bemühungen gegenseitig fördern. Im Grunde ergänzen sich all die in diesem Buch dargelegten Verhaltensrichtlinien ihrer Natur nach sowieso einander. Stellen Sie sich einmal vor, eine Ehefrau schreibt einige Stichpunkte nieder, um die in ihrer Ehe aufgetauchten Schwierigkeiten zu analysieren und mögliche Lösungswege zu erschließen. Die Checkliste auf den beiden folgenden Seiten zeigt, wie die einzelnen der in diesem Buch beschriebenen Elemente zusammenwirken.

Bei der Erstellung einer solchen Liste dienen die aufgeführten Elemente zwar als Anhaltspunkte zur Überprüfung, doch wird auch bald offensichtlich, daß der hier vorgeschlagene Ansatz zur Schaffung einer funktionierenden Beziehung keine bloße Aneinanderreihung zusammenhangloser Handlungsschritte ist. Falls Bobs Frau nach einem solchen Plan vorginge, würde das bei ihm nicht sieben verschiedene, unabhängig voneinander existierende Gefühle hervorrufen. Der Erfolg einer solchen Strategie hinge davon ab, ob sie sich zu einem zusammenhängenden Ganzen entwickeln würde, wo alle Aspekte miteinander in Einklang stehen.

Ansatzpunkte dafür, wie ich Bob und mir selbst bei der Bewältigung unserer Meinungsverschiedenheiten helfen kann

Emotionen

Wenn ich mich ärgere, muß ich es Bob sagen. (Ich muß mich mitteilen.)
Vielleicht sollten wir eine Pause einlegen. (Ich muß ihn vor einer Entscheidung um seine Meinung fragen.)
Ich sollte ihn vielleicht umarmen oder ihm einen Kuß geben. (Worte sind nicht der einzige Weg, um etwas mitzuteilen.)

Verständnis

Wenn ich verwirrt oder verunsichert bin oder mich unbehaglich fühle, weil ich die Gründe für sein Handeln nicht verstehe, sollte ich mich fragen, warum.
Ich sollte mir jeden Tag etwas Zeit nehmen und den Mut aufbringen, ihn zu fragen, was ihm durch den Kopf geht.
Ich sollte mich in seine Lage versetzen und versuchen, ein Problem mit seinen Augen zu sehen.

Kommunikation

Ich sollte Bob um seine Meinung fragen, bevor ich eine größere (oder auch geringfügigere) Entscheidung treffe, die auch auf ihn Auswirkungen hat.
Ich sollte ihn bei allem, was mir Sorgen bereitet, um Rat fragen.
Wenn er mir etwas erzählt, sollte ich *zuhören.*
Ich sollte seine Ansichten und nicht seine *Person* beurteilen.

Vertrauenswürdigkeit

Ich sollte mit ihm Rücksprache halten, bevor ich Verpflichtungen eingehe.
Ich sollte mit ihm Rücksprache halten, bevor ich meine Meinung oder meine Pläne ändere.
Ich sollte versuchen, pünktlich zu sein. (Ist das einmal nicht möglich, sollte ich ihm vorher Bescheid sagen.)

Wenn er seine Pläne ändert, sollte ich das nicht gegen ihn verwenden, sondern verständnisvoll sein. Ich sollte ihm auch vorschlagen, wie er mich in Zukunft rechtzeitig darüber informieren kann.

Überzeugen
Ich sollte aufgeschlossen sein, zuhören und neue Vorschläge in Gedanken auf ihre Tauglichkeit überprüfen.
Ich sollte es vermeiden, Druck auszuüben.
Ich sollte Probleme nicht breittreten, sondern immer jeweils für sich ausdiskutieren.
Wir sollten unsere Meinungsverschiedenheiten gemeinsam analysieren und aus der Distanz betrachten.
Ich sollte mir eine Vielzahl von Vorschlägen überlegen und auch die Ideen Dritter in Betracht ziehen.

Gegenseitiges Akzeptieren
Ich sollte seine Interessen und Vorschläge ernst nehmen, denn ich habe nicht immer recht.
Ich sollte mit dieser Liste zu Bob gehen und ihn um seine Vorschläge bitten.

Beherzigen Sie diese Richtlinien auch bei sehr kurzfristigen Beziehungen. Oft entspricht unser Verhalten nicht den in diesem Buch beschriebenen Grundregeln, weil wir davon ausgehen, daß eine Beziehung nur von kurzer Dauer sein wird. Doch selbst in einem solchen Fall (und häufig entwickeln sich aus kurzen Zusammentreffen ja auch unerwartet längere Beziehungen), werden diese nur dann gut funktionieren, wenn jene hier besprochenen grundlegenden Eigenschaften wie gegenseitiges Verständnis, eine effiziente Kommunikation, Vertrauenswürdigkeit etc. vorhanden sind.

Ein in sich nicht stimmiges und deshalb für die Beziehung nachteiliges Verhalten können wir vermeiden, wenn wir immer so handeln, als ob die betreffende Beziehung längerfristiger Natur sei. Das heißt nicht, daß wir in eine kurze Beziehung dieselben Energien investieren sollten wie in eine längere, doch sollten wir dieselben Verhaltensrichtlinien beachten. Selbst wenn wir nur mit dem Mechaniker in einer Autoreparaturwerkstatt verhandeln, sollten wir uns rational, verständnisvoll, verständigungsbereit und vertrauenswürdig zeigen und keinen Druck auf den anderen ausüben. Wir sollten ihn als jemanden akzeptieren, dessen Interessen und Ansichten Beachtung

Bemühen Sie sich um kohärentes Verhalten: Achten Sie

	Gegenseitiges Akzeptieren: Nehmen Sie die anderen trotz aller bestehenden Meinungsverschiedenheiten ernst.	**Vertrauen Sie auf überzeugende Argumente anstatt auf Druck.**
Vernunft: Bringen Sie Emotionen und Vernunft ins Gleichgewicht.	Denken Sie nicht nur über die anderen nach – bringen Sie Ihnen Interesse entgegen.	Setzen Sie Ihre Gefühle ein, um die anderen zu überzeugen, und nicht, um sie unter Druck zu setzen.
Verständnis: Bemühen Sie sich, die Sichtweise der anderen zu verstehen.	Versuchen Sie die Ansichten der anderen zu verstehen, bevor Sie ein Urteil über sie fällen.	Versuchen Sie, die anderen zu verstehen, um sie besser überzeugen zu können.
Kommunikation: Halten Sie immer Rücksprache mit den anderen, bevor Sie eine Entscheidung treffen.	Sprechen Sie *mit* den anderen und nicht über sie.	Erkennen Sie gute Argumente an. Sprechen Sie nur für sich selbst; unterstellen Sie den anderen nichts.
Vertrauenswürdigkeit: Seien Sie selbst immer vertrauenswürdig, aber schenken Sie den anderen kein uneingeschränktes Vertrauen.	Setzen Sie sich mit den anderen auseinander, um Risiken abzubauen.	Vermeiden Sie Übertreibungen und hintergehen Sie die anderen nicht.
Vertrauen Sie auf überzeugende Argumente anstatt auf Druck.	Respektieren Sie das Recht der anderen auf eine eigene Meinung. Nehmen Sie sie ernst.	

darauf, daß alle Elemente miteinander in Einklang stehen		
Vertrauenswürdigkeit: Seien Sie selbst immer vertrauenswürdig, aber schenken Sie den anderen kein uneingeschränktes Vertrauen.	**Kommunikation: Halten Sie immer Rücksprache mit den anderen, bevor Sie eine Entscheidung treffen.**	**Verständnis: Versuchen Sie, die Sichtweise der anderen zu verstehen.**
Lassen Sie sich durch Ihre Gefühle nicht zu unberechenbarem Handeln hinreißen.	Gestehen Sie sich Ihre Gefühle ein. Seien Sie sich über die Gefühle der anderen bewußt.	Entwickeln Sie ein mitfühlendes Verständnis für die anderen.
Versuchen Sie realistisch einzuschätzen, welche Risiken Sie eingehen, wenn Sie den anderen vertrauen.	Halten Sie mit den anderen Rücksprache. Fragen Sie nach. Hören Sie aktiv zu.	
Seien Sie ehrlich. Erzählen Sie auch etwas über sich selbst, was nicht unmittelbar mit den anstehenden Problemen zu tun hat.		

verdienen. Ein dementsprechendes Verhalten wird uns den Umgang mit dem anderen erleichtern, egal ob wir wieder irgendwann mit ihm zusammentreffen oder nicht. Und es ist sehr wohl möglich, daß wir wieder einmal mit ihm zu tun haben werden.

Obwohl in diesem Buch alle für eine gute, funktionierende Beziehung nötigen Elemente jeweils für sich besprochen wurden, beeinflussen sie sich alle gegenseitig. Die folgende Übersicht demonstriert nur eine Möglichkeit, wie alle genannten Richtlinien ineinandergreifen und einander unterstützen können.

Achten Sie darauf, daß Ihr Verhalten und Ihre Überzeugungen miteinander in Einklang stehen

Wir werden sicherlich keine gute Beziehung aufbauen können, wenn wir uns die hier vorgeschlagene Strategie lediglich »überstreifen« und versuchen, damit unsere eigenen völlig konträren Überzeugungen und Wertvorstellungen zu verstecken. So schrieb einmal ein Geschäftsmann, der am Ende eines Seminars notieren sollte, was er gelernt hatte:

Ich muß »AUFRICHTIG« sein.

Das nachfolgende Gespräch ergab, daß er darunter lediglich verstand, daß er bei anderen den *Eindruck* der Aufrichtigkeit erwecken sollte. Er sah also keine Notwendigkeit einer echten Übereinstimmung zwischen seinem Verhalten und seinen Überzeugungen. Was er anstrebte, war eher eine Maske, die ihm den *Anschein* der Ehrlichkeit verleihen sollte.

Jeder Versuch, eine gute, funktionierende Beziehung aufzubauen, wird fehlschlagen, wenn er Ihren eigenen Grundsätzen und Wertvorstellungen zuwiderläuft. Ihr Vorgehen wird sich in jeder Hinsicht wirkungsvoller erweisen, wenn es ehrlich wirkt. Und das ist am ehesten dann der Fall, wenn es auch ehrlich gemeint ist. Falls die hier vorgeschlagenen Verhaltensmaßregeln Ihnen in irgendeiner Form zuwiderlaufen und nicht Ihren Überzeugungen entsprechen, sollten Sie beides, sowohl unsere Richtlinien als auch Ihre Überzeugungen, überprüfen. Nur so zu tun, als ob man aufrichtig wäre, ist nicht dasselbe, wie wirklich aufrichtig zu sein. Wenn Sie versuchen, sich ein Verhalten anzutrainieren, das nicht im Einklang mit Ihrem Denken und Fühlen steht, werden Sie große Schwierigkeiten haben, Beziehungen aufzubauen, die Ihnen eine gute Zusammenarbeit mit anderen ermöglichen.

Die in diesem Buch erläuterten Vorschläge sollen Sie nicht dazu verleiten, sich als jemand auszugeben, der Sie gar nicht sind. Wir haben hier sehr viele Vorschläge gemacht. Versuchen Sie einmal herauszufinden, wie sie Ihnen »passen«. Vielleicht werden Sie dann feststellen, daß sie wie maßgeschneidert für Sie sind und daß Sie, wenn Sie sie einmal »anprobiert« haben, doch ein etwas anderer Mensch sind, als Sie vorher dachten.

Es gibt kein für jeden Menschen geeignetes, gleichlautendes Patentrezept für eine gute Beziehung. Sie müssen für sich selbst eines finden, das Ihrer Persönlichkeit entspricht. Sind Sie zum Beispiel ruhig und zurückhaltend, dann hat es keinen Sinn, wenn Sie die Verständigung mit anderen verbessern wollen, indem Sie sich redselig und extrovertiert geben. Suchen Sie sich in diesem Fall lieber einen ruhigen Moment aus, um mit Ihrem Beziehungspartner zu sprechen. Zur Erweiterung Ihres eigenen Repertoires ist es sicherlich hilfreich, andere zu beobachten, doch sollten Sie niemanden imitieren oder vorgeben, jemand anderes zu sein, als Sie wirklich sind. Verzichten Sie niemals freiwillig auf jene Macht, die Ihnen die Übereinstimmung zwischen Ihren Äußerungen und Ihren Überzeugungen verleiht.

Gemeinsames Arbeiten an der Beziehung verstärkt den Effekt der hier vorgeschlagenen Strategie

In diesem Buch wurde ausschließlich erläutert, was jeder einzelne tun kann, um beide Parteien in einer Beziehung zu einer besseren Zusammenarbeit zu befähigen. Bewußt wurde die Bedeutung des eigenen Handelns betont, weil meist allzuschnell die andere Seite für Fehlschläge verantwortlich gemacht wird. Jeder von uns kann von sich allein aus, ohne fremdes Zutun, sehr viel für die Verbesserung einer Beziehung leisten. Die Gegenseite kann uns nicht verbieten, uns konstruktiv zu verhalten, und wir können unsere eigenen Interessen verfolgen, ohne auf eine positive Reaktion des Beziehungspartners warten zu müssen.

Noch konstruktiver wäre es jedoch, wenn wir mit der anderen Seite darüber sprechen, wie eine gute, funktionierende Beziehung aussehen sollte und auf welche Weise wir dorthin gelangen könnten. Sie könnten zum Beispiel die betreffende Person bitten, als Diskussionsgrundlage dieses Buch zu lesen und sich gegebenenfalls Anmerkungen zu machen. Oder Sie könnten ihr eine Checkliste oder einige Stichpunkte vorlegen, die Sie selbst nach den in diesem Kapitel beschriebenen Regeln erstellt haben, und ihr vorschlagen, daß Sie beide gemeinsam eine für Ihre Situation geeignete Aufstellung erarbeiten. Besonders für Beziehungen in der Arbeits- und Geschäftswelt sowie auf Regierungsebene bieten gemeinsame Workshops, Seminare und zwanglose Gespräche über die in diesem Buch angesprochenen Probleme eine gute Möglichkeit, ein beiderseitiges Interesse an der Bewältigung von Meinungsverschiedenheiten zu wecken.

Wenn wir aufrichtig darüber miteinander sprechen, wie wir am besten unsere Differenzen handhaben könnten, so wird dies mit Sicherheit Mißverständnissen entgegenwirken, die gegenseitige Verständigung verbessern und beiden Beziehungspartnern das Gefühl vermitteln, daß die andere Seite sie als jemanden akzeptiert, der fähig ist, einen Beitrag zur Lösung der gemeinsamen Probleme zu leisten. Eine gute, funktionierende Beziehung wird also noch besser funktionieren, wenn wir gemeinsam daran arbeiten.

Einige Bemerkungen zum »Wie du mir, so ich dir«-Prinzip

Manche Spieltheoretiker sind der Auffassung, daß man in bilateralen Beziehungen am besten eine auf Gegenseitigkeit beruhende Strategie anwenden sollte, die unter der Bezeichnung »Wie du mir, so ich dir« bekannt ist: Man behandelt den anderen genauso, wie man vorher von ihm behandelt wurde. Oft ist jedoch nicht ganz klar, ob dieser Rat lediglich für Beziehungsprobleme gelten oder auch auf Sachfragen angewendet werden soll. Da wir in diesem Buch zu dem Ergebnis kommen, daß es einer guten, funktionierenden Beziehung am ehesten dienlich ist, wenn beide Seiten in jeder Hinsicht unabhängig vom Verhalten der anderen Seite – also *nicht* nach dem Prinzip der Gegenseitigkeit – handeln, erscheint es angebracht, an dieser Stelle einige Bemerkungen anzufügen, die die Schlußfolgerungen der Verfasser mit den Ansichten der Vertreter des »Wie du mir, so ich dir«-Prinzips vereinbar machen.

Spieltheoretiker haben die Dynamik bilateraler Beziehungen mit einem Modell verglichen, das als *Prisoners' Dilemma* bekannt ist. Zwei Männer, die in Verdacht stehen, ein schweres Verbrechen begangen zu haben, werden getrennt voneinander inhaftiert. Der Staatsanwalt ist überzeugt, daß sie schuldig sind, doch fehlen ihm die für eine Verurteilung nötigen Beweise. Er stellt also jeden der beiden Verdächtigen vor die simple Wahl: gestehen oder nicht gestehen. Falls die beiden ihre Aussagen aufeinander abstimmen und keiner gesteht, haben beide lediglich eine einjährige Haftstrafe wegen illegalen Waffenbesitzes zu erwarten. Zeigen sich beide geständig, muß sich jeder von ihnen auf eine achtjährige Gefängnisstrafe gefaßt machen. Ist nur einer der beiden zu einem Geständnis bereit, muß derjenige, der nicht gestanden hat, mit zehn Jahren Gefängnis rechnen, während der andere als Kronzeuge auftreten kann und wahrscheinlich mit Bewährung davonkommen wird. Die Häftlinge haben jedoch keine Möglichkeit, Kontakt miteinander aufzunehmen.

Beide stehen nun vor einem Dilemma: »Wenn der andere gesteht, sollte ich das besser auch tun, denn acht Jahre Gefängnis sind besser als zehn. Gesteht er nicht, dann sollte ich lieber gestehen, denn so käme ich glimpflich davon. In diesen beiden Fällen ist es für mich also ratsamer ein Geständnis abzulegen, egal was der andere tut. Sind wir aber beide geständig, dann sind wir schlechter dran, als wenn wir beide dichthalten.«*

Dieses Modell läßt sich auch auf völlig alltägliche Situationen übertragen. Nehmen wir einmal an, wir beide überlegen uns, ob wir einander Weihnachtsgeschenke kaufen sollen. Ich hätte zum Beispiel die Gelegenheit, zu einem günstigen Sonderangebotspreis Hemden zu kaufen (die Sie sich, soviel ich weiß, wünschen), während Sie mir ebenfalls im Sonderangebot Socken kaufen könnten (von denen Sie wissen, daß ich sie mir wünsche). Jeder von uns beiden muß hier eine Entscheidung treffen, ohne zu wissen, was der andere tun wird. Wie großzügig sollte also jeder von uns beim Kauf eines Geschenks sein? Sind wir beide sehr gebefreudig, profitieren wir ebenfalls beide davon. Wenn Sie jedoch knauserig sind, dann komme ich zunächst besser weg, wenn ich mich ebenfalls geizig zeige. Und auch wenn Sie Großzügigkeit an den Tag legen, habe ich Vorteile, wenn ich weniger freigebig bin. So erscheint es für mich zunächst günstiger, auf jeden Fall nicht so viel zu schenken. Und für Sie gilt dieselbe Logik. Aber dennoch: Wenn wir beide geizig sind, wird keiner von uns von den Sonderangeboten profitieren. Hier liegt also das Dilemma.

Die folgende Tabelle verdeutlicht, welche Wahlmöglichkeiten uns das *Prisoners' Dilemma* läßt. Die individuellen Entscheidungen werden entweder durch K (kooperieren: großzügig sein) oder V (Verrat begehen: geizig sein) angegeben.

---

* Dies ist eine überarbeitete Version einer Zusammenfassung in: Duncan R. Luce und Howard Raiffa, *Games and Decisions,* New York 1957,S. 95.

Ihr Verhalten / *Mein Verhalten*	**Kooperieren**	**Verrat begehen**
Kooperieren	(KK) Ich gewinne, Sie gewinnen.	(KV) Ich verliere in jeder Hinsicht. Sie gewinnen in jeder Hinsicht.
Verrat begehen	(VK) Ich gewinne in jeder Hinsicht. Sie verlieren in jeder Hinsicht.	(VV) Ich verliere. Sie verlieren.

Läßt man dieses Spiel immer wieder in einer Computersimulation ablaufen, so ergibt sich als beste Strategie (das heißt, jene Strategie, die nach häufiger Wiederholung die besten Ergebnisse erzielt), die man in Unkenntnis der Strategie der anderen Seite einschlagen kann, eine kooperative »Wie du mir, so ich dir«-Taktik: Man geht zu Beginn kooperativ vor und ist »großzügig« und verhält sich dann anschließend bei jedem Schritt genauso wie die Gegenseite bei ihrem vorausgehenden Schritt.

Im beschränkten Rahmen dieses Modells mag das »Wie du mir, so ich dir«-Prinzip sehr wohl die bestmögliche Lösung darstellen. Und zur Klärung mancher Sachfragen mag das *Prisoners' Dilemma* sicher ein geeignetes Modell darstellen, mag also das »Wie du mir, so ich dir«-Prinzip die passende Strategie sein. Wie schon bemerkt wurde, ist reziprokes Verhalten bei Verhandlungen über bestimmte Sachprobleme angemessen und fair.

Manche Leute ziehen daraus den Schluß, daß das »Wie du mir, so ich dir«-Prinzip ebenso eine vernünftige Strategie für den Aufbau von Beziehungen, und hier insbesondere im Bereich der Außenpolitik, darstellt. Robert Axelrod bemerkt in seinem Buch *The Evolution of Cooperation* (New York 1984), daß das »Wie du mir, so ich dir«-

Prinzip »auch zur Verbesserung der Kooperation auf internationaler Ebene dienlich sein könnte«. Ja und nein. Bei bestimmten Sachproblemen mag es von Vorteil sein, erst zu handeln und dann vom anderen ein reziprokes Verhalten zu fordern. Charles Osgoods »GRIT«-Vorschlag *([Graduated Reciprocation in Tension-Reduction]* Urbana 1961) basierte auf dieser Theorie. Doch um eine funktionierende Beziehung aufzubauen, um also unsere Meinungsverschiedenheiten besser zu bewältigen, wäre das »Wie du mir, so ich dir«-Prinzip der falsche Ansatz. Hierfür gibt es zwei Gründe:

1. In bezug auf Beziehungsprobleme läßt sich ein bilaterales Verhältnis nicht mit dem *Prisoners' Dilemma* vergleichen. Bei diesem Dilemma ist es, sofern Sie geizig sind, für mich von Nachteil, großzügig zu sein. Was jedoch das gegenseitige Verständnis anbetrifft, so riskiere ich, wenn ich mich bemühe, Sie zu verstehen, auf keinen Fall Nachteile, unabhängig davon, ob Sie nun ebenfalls versuchen, meine Auffassungen, Wertvorstellungen etc. zu begreifen. Je besser ich Sie verstehe, desto berechenbarer wird für mich Ihr Handeln, selbst wenn Sie mich hintergehen wollten. Dies gilt für alle für eine Beziehung wichtigen Elemente, die in den Kapiteln 4 bis 9 besprochen wurden. Es ist auf jeden Fall günstig für mich, eine Verbesserung unserer Beziehung anzustreben – egal, ob Sie sich nun ebenfalls darum bemühen oder nicht. Das illustriert die Tabelle auf der folgenden Seite.

Obwohl in dieser Tabelle lediglich auf das Problem des gegenseitigen Verständnisses eingegangen wird, würden sich aus dem hier dargestellten Verhalten für alle anderen Elemente einer funktionierenden Beziehung jeweils die gleichen Resultate ergeben. Und diese unterscheiden sich deutlich von den Ergebnissen, die das *Prisoners' Dilemma*-Szenario hervorbringt. Jeder von uns wird mit Sicherheit Vorteile für sich erzielen, wenn er in bezug auf Beziehungsprobleme eine kooperative Strategie einschlägt, unabhängig davon, wie die andere Seite darauf reagiert. Es gibt hier also gar kein Dilemma.

2. Da Beziehungsprobleme nicht in das *Prisoners' Dilemma*-Schema passen, läßt sich für sie auch keine »Wie du mir, so ist dir«-Strategie empfehlen. Es kann sogar gefährlich sein, Beziehungsprobleme mit dieser Strategie anzugehen.

Ihr Verhalten / *Mein Verhalten*	**Kooperieren (Bemühen um Verständnis)**	**Verrat begehen (Kein Bemühen um Verständnis)**
Kooperieren (Bemühen um Verständnis)	(KK) Wir beide verstehen einander gut.	(KV) Ich verstehe Sie gut, aber Sie verstehen mich nicht.
Verrat begehen (Kein Bemühen um Verständnis)	(VK) Ich verstehe Sie nicht, aber Sie verstehen mich gut.	(VV) Wir verstehen einander nicht und sind deshalb bei der Lösung unserer Probleme wenig erfolgreich.

In diesem Fall können nämlich unsere eigenen Vorurteile fatale Kettenreaktionen auslösen. In Sachfragen mag es zwar recht einfach sein, exakt einzuschätzen, inwieweit uns die andere Seite einen Schaden zugefügt hat, bzw. was ihre Zugeständnisse wert sind, und uns dann zu überlegen, wie wir entsprechend darauf reagieren könnten. In dem *Prisoners' Dilemma*-Modell, wo sich nur zwei Wahlmöglichkeiten bieten, trifft dies sicherlich zu. In der Realität jedoch – und insbesondere bei Beziehungsproblemen – sehen wir das Verhalten der anderen von unserem eigenen subjektiven Standpunkt aus und werden es wahrscheinlich negativer beurteilen als unser eigenes Verhalten.

Als Folge werde ich Ihnen bei einer »Wie du mir, so ich dir«-Strategie Ihr in meinen Augen so negatives Verhalten mit gleicher Münze heimzahlen. Da Sie aber mein Handeln höchstwahrscheinlich negativer bewerten werden als ich selbst, werden Sie darauf mit einem Verhalten reagieren, das noch viel negativer ist als Ihr ursprüngliches Vorgehen. Da wir also die Qualitäten einer Beziehung wahrscheinlich jeweils höchst subjektiv bewerten, wird eine »Wie du mir, so ich dir«-Strategie ein wachsend destruktives Verhalten zur Folge haben. Das gilt besonders für Beziehungen zwischen verfeindeten Parteien, wo die Vorurteile gegenüber der anderen Seite besonders gravierend sind. Hier kann die Anwendung des »Wie du mir, so ich dir«-Prinzips auf Beziehungsprobleme auch bei den anstehenden Sachfragen leicht zu einer Eskalation destruktiver Maßnahmen und Gegenmaßnahmen führen.

Beispiele für eine solche Entwicklung gibt es in der internationalen Politik genug. Als die USA 1986 sowjetische UNO-Diplomaten auswiesen, verfuhr die UdSSR daraufhin mit einigen dort residierenden amerikanischen Diplomaten ebenso. Die USA vergalten dies mit der Ausweisung von weiteren sowjetischen Diplomaten, woraufhin die UdSSR schließlich das gesamte sowjetische Personal aus der US-Botschaft in Moskau abzog. Diese Eskalation hätte beinahe das später in diesem Jahr angesetzte Gipfeltreffen von Rejkjavik vereitelt und hat vermutlich auch zu den mäßigen Ergebnissen dieser Zusammenkunft beigetragen.

Das »Wie du mir, so ich dir«-Prinzip läßt sich wohl auf bestimmte, klar umrissene Sachfragen anwenden. So ist es vielleicht angebracht, daß ich Ihnen dieses Jahr ein ebenso schönes Weihnachtsgeschenk mache, wie Sie es mir im letzten Jahr haben zukommen lassen. Doch in bezug auf jene Eigenschaften, die für die gemeinsame Lösung von Problemen erforderlich sind, bin ich keinesfalls mit einem Dilemma konfrontiert; ich kann hier ohne Risiko eine vorbehaltlos konstruktive Strategie verfolgen. Selbst wenn Sie sich in einer Weise verhalten, die Ihnen selbst schadet, besteht für mich keine Notwendigkeit, es Ihnen gleichzutun. Zwei Köpfe sind besser als einer, doch einer ist besser als keiner.

Das Harvard Negotiation Project

Das Harvard Negotiation Project ist ein Forschungsvorhaben der Universität Harvard, das sich mit den Problemen des Verhandelns und mit der Entwicklung verbesserter Verhandlungs- und Vermittlungsstrategien beschäftigt. Es ist Bestandteil des »Program on Negotiation«, das eine Gruppe von Wissenschaftlern und Projekten bei Harvard, MIT, Tufts und anderswo umfaßt, welche sich um eine theoretische und praktische Verbesserung von Konfliktlösungsmöglichkeiten bemühen. Das Projekt beschäftigt sich mit folgenden Bereichen:

Forschung. Das Harvard Negotiation Project hat zur Entwicklung von Methoden wie dem Ein-Text-Verfahren beigetragen, das von den USA bei den Nahost-Friedensverhandlungen in Camp David im September 1978 angewandt wurde; weiterhin hat es an der Erarbeitung der Verhandlungsprinzipien mitgewirkt, die in unserem Buch *Das Harvard-Konzept* vorgestellt werden. Dieses Buch wurde in ein Dutzend Sprachen übersetzt und über eine Million mal verkauft. Schließlich zeichnet das Projekt auch mitverantwortlich für die in dem vorliegenden Buch dargestellte vorbehaltlos konstruktive Strategie zur Verbesserung des Umgangs zwischen Beziehungspartnern.

Ausbildung und Schulung. Im Rahmen des Harvard Negotiation Project werden verbesserte Ausbildungs- und Schulungsmaterialien für den Gebrauch an Universitäten, in der Wirtschaft und anderswo entwickelt. Jedes Jahr werden im Rahmen der Weiterbildungsprogramme für Anwälte zwei einwöchige Seminare angeboten, die der Öffentlichkeit zugänglich sind. Englischsprechende Interessenten sollten sich an folgende Adresse wenden: Program of Instruction for

Lawyers, Harvard Law School, Cambridge, Massachusetts 02138; Telephon 001-617-495-3187.

Veröffentlichungen. Das Projekt erarbeitet auch Materialien wie *International Mediation: A Working Guide* (in Vorbereitung); Checklisten für Verhandlungssituationen; Fallstudien und Modelle für Praktiker, Lehrer und Studenten. Lehrmaterial kann bestellt werden bei: Program on Negotiation Clearinghouse, Pound Hall 513, Harvard Law School, Cambridge, Massachusetts 02138; Telephon 001-617-495-1684.

Konfliktlösung. Im Streit befindliche Parteien – sei es nun auf politischer, wirtschaftlicher etc. Ebene – haben die Möglichkeit, am Harvard Negotiation Project teilzunehmen. Auf diesem Wege erfahren die am Projekt beteiligten Wissenschaftler (und auch die Konfliktparteien selbst) mehr über das Wesen von Verhandlungsabläufen, und die betroffenen Teilnehmer können eventuell von den im Rahmen des Projekts erarbeiteten Lösungsvorschlägen profitieren.

Amerikanisch-sowjetische Zusammenarbeit. Das Harvard Negotiation Project steht in ständigem Kontakt mit sowjetischen Kollegen und bemüht sich, gemeinsam mit ihnen die Schwierigkeiten in den Beziehungen zwischen den beiden Supermächten zu analysieren und bessere Konfliktlösungsmöglichkeiten zu entwickeln. Dieses Vorhaben, das zu einem großen Teil von der New Yorker Carnegie Corporation unterstützt wird, umfaßt die Erforschung der gegenwärtig angewandten Verhandlungsmethoden, gemeinsame Berichte, die sowohl in den USA als auch in der UdSSR veröffentlicht werden, und das fortgesetzte Bemühen, einen konstruktiven Beitrag zu den Verhandlungen zwischen den Supermächten zu leisten.

Ausführliches Inhaltsverzeichnis

38,- RR 15.9.89
23.3.89